可持续财务治理：理论与实证

陈庆保　著

中国财经出版传媒集团
中国财政经济出版社
北京

图书在版编目（CIP）数据

可持续财务治理：理论与实证／陈庆保著．--北京：中国财政经济出版社，2023.3
ISBN 978-7-5223-1927-8

Ⅰ.①可… Ⅱ.①陈… Ⅲ.①财务管理—研究 Ⅳ.①F275

中国国家版本馆CIP数据核字（2023）第014918号

责任编辑：彭 波　　责任印制：史大鹏
封面设计：卜建辰　　责任校对：徐艳丽

可持续财务治理：理论与实证
KECHIXU CAIWU ZHILI：LILUN YU SHIZHENG
中国财政经济出版社 出版
URL：http：//www.cfeph.cn
E-mail：cfeph@cfeph.cn

社址：北京市海淀区阜成路甲28号　邮政编码：100142
营销中心电话：010-88191522
天猫网店：中国财政经济出版社旗舰店
网址：https：//zgczjjcbs.tmall.com
北京财经印刷厂印刷　各地新华书店经销
成品尺寸：170mm×240mm　16开　15.25印张　236 000字
2023年3月第1版　2023年3月北京第1次印刷
定价：68.00元
ISBN 978-7-5223-1927-8
（图书出现印装问题，本社负责调换，电话：010-88190548）
本社质量投诉电话：010-88190744
打击盗版举报热线：010-88191661　QQ：2242791300

前　言

一般的研究都认为财务治理只是公司治理的一部分，财务治理与公司治理为从属关系，财务治理主要研究股东、债权人和管理者之间的财务利益协调问题。股东利益范式主导的财务治理理论，过度强调股东财富，导致股东尤其是控股股东与其他利益相关者之间的利益冲突，已经逐步发展为兼顾更多利益相关者利益的共同治理。尤其是在当前可持续发展呼声日益高涨的时代，企业越来越多地主动或被动承担对环境和社会的责任，在财务资源和财权的配置方面需要更多地考虑环境和社会的需要，以促进自身和整个社会的可持续发展，实现全体利益相关者总价值最大化，可持续财务治理应运而生。

从目前讨论较为热烈的ESG来说，其涵盖了环境、社会和治理三个方面，其中治理主要指的就是公司治理。这里的公司治理是一个较为狭义的理解，即股东与管理者以及股东之间的利益冲突问题。可持续财务治理则不仅关注公司治理领域（狭义）由于代理问题产生的财务治理问题，更重要的是要研究ESG中环境保护和社会责任两个方面的财务治理问题。对可持续财务治理的研究，既具有实践上的重大意义，也将是对财务理论的重要创新，期望能够带来一些理论贡献。

本书在对可持续发展和财务治理相关理论展开论述的基础上，分别从环境责任和社会责任两个层面对可持续财务治理进行讨论，并按照环境和社会的不同维度作了实证分析，其中社会层面区分了外部社会责任和内部社会责任。由于对公司治理层面的财务治理问题的研究非常丰富，而且理论框架已经成型，其中包括管理层权力影响企业责任承担、债权人参与企业绿色治理等方面的研究，因此笔者也就不再赘述。

本书的写作参考了大量中外文文献，对于这些文献的作者，特致以衷心的感谢！

可持续财务治理属于新领域的理论问题，本书的研究只是初步探究。由于作者认知能力有限，研究中有很多的不足之处，恳请读者朋友们批评指正。

陈庆保

2022 年 12 月

目录

第一章　绪　　论

第一节　研究背景和研究意义

一、研究背景

可持续发展（Sustainable development）的概念的明确提出，最早可以追溯到1980年由世界自然保护联盟（IUCN）、联合国环境规划署（UNEP）、野生动物基金会（WWF）共同发表的《世界自然保护大纲》。1987年以布伦特兰夫人为首的世界环境与发展委员会（WCED）发表了报告《我们共同的未来》。这份报告正式使用了可持续发展概念，并对之做出了比较系统的阐述，产生了广泛的影响。目前，有关可持续发展的定义有100多种，但被广泛接受影响最大的仍是世界环境与发展委员会在《我们共同的未来》中的定义。该报告中，可持续发展被定义为："能满足当代人的需要，又不对后代人满足其需要的能力构成危害的发展。它包括两个重要概念：需要的概念，尤其是世界各国人民的基本需要，应将此放在特别优先的地位来考虑；限制的概念，技术状况和社会组织对环境满足眼前和将来需要的能力施加的限制。"1992年6月，联合国在里约热内卢召开的"环境与发展大会"，通过了以可持续发展为核心的《里约环境与发展宣言》《21世纪议程》等文件。随后，中国政府编制了《中国21世纪人口、环境与发展白皮书》，首次把可持续发展战略纳入我国经济和社会发展的长远规划。1997年的党的十五大把可持续发展战略确定为我国"现代化建设中必须实施"的战略。可持续发展主要包括社会可持续发展、生态可持续发展、经济可持续发展。

我国已进入特色社会主义建设的新时代，可持续发展是中国特色社会主义现代化的时代要求，是为了实现共同富裕目标和环境友好的高质量发展。

共同富裕是中国式现代化的基本内涵和重要特征，分配制度是促进共同富裕的基础性制度。党的二十大明确提出坚持按劳分配为主体、多种分配方式并存，构建初次分配、再分配、第三次分配协调配套的制度体系，引导、支持有意愿有能力的企业、社会组织和个人积极参与公益慈善事业。

从世界范围来看，第二次世界大战结束后，很多新兴国家现代化过程中由于不注重解决收入分配差距，造成社会动荡，没有几个国家迈过了现代化的门槛。当前，全球收入不平等问题依然突出，发展成果难以惠及最广大的民众。一些国家特别是发展中国家贫富分化较为严重，中产阶层塌陷，贫困人口增多，导致社会分裂、政治立场极化、民粹主义泛滥，现代化进程停滞不前。新冠肺炎疫情和俄乌冲突更是进一步加深了不平等的程度。这就启示我们，在现代化进程中，必须坚决防止两极分化，促进共同富裕，创造和谐安定的社会环境。和谐的社会环境不仅能为中国式现代化提供良好的社会氛围，而且能为现代化提供强大的社会动力。习近平总书记指出："发展了，还有共同富裕问题。物质丰富了，但发展极不平衡，贫富悬殊很大，社会不公平，两极分化了，能得人心吗？"可以说，共同富裕既是一个经济领域的问题，又是一个社会领域的问题。实现共同富裕的过程，就是一个不断化解社会矛盾、释放社会正能量、促进经济高质量发展的过程。

同时，中国式现代化又是绿色发展和人与自然和谐共生的现代化。党的二十大提出尊重自然、顺应自然、保护自然，是全面建设社会主义现代化国家的内在要求。建设社会主义现代化国家必须牢固树立和践行绿水青山就是金山银山的理念，站在人与自然和谐共生的高度谋划发展，要推进美丽中国建设，坚持山水林田湖草沙一体化保护和系统治理，统筹产业结构调整、污染治理、生态保护、应对气候变化，协同推进降碳、减污、扩绿、增长，推进生态优先、节约集约、绿色低碳发展。作为人口和工业大国，2020 年，我国的碳排放达到 102.43 亿吨，占据了全球的 31.73%，占比高，影响大。我国在这一背景下积极承担国家责任，在联合国大会上提出了双碳的目标。计划在 2030 年之前，就使我国二氧化碳的排放达到一个峰值，之后便不会再增加，也就是"碳达峰"。达到碳达峰之后，便要实现碳排放的降低，通过技术手段进行节能和减排，通过环境手段植树绿化来吸收二氧化碳，来达到相对程度上的中和，也就是 2060 年要达到“碳中和”。

促进共同富裕的第三次收入分配如社会捐赠以及其他社会责任的承担和环境保护，理论上都属于公共品提供（生产），因为这些政策或产品（服务）具有公共品的特征。在中国式现代化建设过程中，在政策的鼓励和引导下，很多的企业积极承担社会责任和环境责任，在一定程度上提供（生产）这类公共品，需要在财务资源的配置和财权的分配方面做出相应的安排，以形成一种责任承担的长效机制。同时，政府也需要进一步改进和完善激励和约束，以更好地引导、鼓励和配合企业持续承担社会和环境责任。因此，本书试图探究企业承担社会责任和保护环境的财务治理机制和绩效。

二、研究意义

（1）理论意义。本书基于中国式现代化以及中国经济进入高质量发展阶段的背景，将可持续发展理念嵌入财务治理研究中，研究了可持续财务治理的内涵及其主要内容，并实证分析了可持续财务治理机制和绩效，拓展了基于全体利益相关者的财务治理理论，丰富了可持续发展和财务治理方面的研究文献。理论上可能的贡献在于：本书从公共品视角研究基于环境和社会责任的财务治理绩效，拓展了财务治理绩效的研究视野，丰富了学科交叉融合研究的内容；本书对企业社会责任的分析，分别从内部和外部、法定和伦理不同维度展开，对于分类研究基于社会责任承担的财务治理问题提供了新的视角。

（2）现实意义。本书从契约理论和公共品视角，对企业承担社会责任以及开展环境保护的财务治理机制和财务治理绩效进行了理论和实证分析。这不仅能够为财务治理嵌入社会责任和环境资源约束的合理性提供经验证据，也能够为优化企业承担社会责任和环境责任的财务治理机制提供借鉴参考。本书的研究内容及相关观点和结论，对企业和政府完善环境和社会方面的制度规范具有参考价值，对于建立和完善我国企业环境责任承担和社会责任承担的长效机制具有积极的现实意义，有利于促进我国经济高质量发展。

第二节　研究内容及研究方法

一、研究内容

本书主要研究可持续财务治理及其治理绩效问题。全书共分为八章内容。

第一章为绪论，首先阐述了本书的写作背景和写作意义，然后是研究内容和研究方法。

第二章为研究综述，对相关国内外研究现状进行了综述，主要整理总结了社会责任及其治理绩效、环境责任及其治理绩效方面的国内外文献。

第三章主要讨论可持续财务治理的概念及其内容。在阐述财务治理和利益相关者等概念或理论的基础上，指出传统财务治理向可持续财务治理的转变的必要性。接着探讨了可持续财务治理的两个基础即环境责任和社会责任，在此基础上阐述了可持续财务治理的内容。

第四章讨论可持续财务治理绩效问题。本章从公共品视角讨论企业环境责任承担和社会责任承担与公共品供给的关联，引出财务治理效率衡量的问题，紧接着探讨了可持续财务治理绩效的评价问题。

第五章到第七章，从环境责任和社会责任的不同维度对可持续财务治理的治理绩效进行了理论和实证分析，其中社会责任区分了外部社会责任和内部社会责任。

本书在最后一章讨论了建立和完善促进企业责任承担的长效机制。

二、研究方法

本书所采用的研究方法主要有规范研究和实证研究两种。

本书每一章的内容都涉及规范研究方法，具体包括理论分析、归纳与总结等。第四章到第六章，运用实证分析方法，从环境责任和社会责任的不同维度对可持续财务治理的治理绩效进行了基于大样本或个案的研究。实证分析中注重采用定性分析与定量分析相结合。

三、可能的创新点

首先，研究视角的创新。本书紧紧围绕可持续发展这一时代主题，以广义财务治理机制为切入点，探究企业责任承担中的可持续财务治理问题和促进企业责任承担的长效机制。

其次，综合运用多学科知识。由于可持续财务治理涉及面广，涵盖问题复杂，涉猎的学科领域广泛，往往存在学科理论交叉现象。本书通过财务学、经济学、公共管理学、生态学、社会学、政治学等多学科的理论知识的综合运用，为问题的论述提供有力的理论支持。

最后，从公共品视角来研究企业责任承担尤其是环境责任承担，有一定的理论创新价值，为政府和企业之间就社会责任和环境责任的沟通与合作构建了理论框架。

第二章　研究综述

第一节　社会责任承担及治理绩效研究综述

一、社会责任承担与财务绩效

许多学者对社会责任承担与企业财务绩效的关系展开了理论和实证研究，得出了正相关、负相关或者无显著相关等不同结论。

（一）国外研究综述

1. 研究结论为正相关

国外研究方面，Stanwick 和 Stankwick（1998）分别选取了 1987～1992 年符合样本条件的一百余家公司，考察了企业社会绩效与三个组织变量之间的关系：组织规模、财务绩效和环境绩效，多元回归分析结果表明，企业社会责任水平与财务绩效之间存在密切关系，同时企业的盈利能力允许和鼓励管理者实施提高企业社会责任水平的计划。Orlitzky，Schmidt 和 Rynes（2003）对 52 项前人研究进行分析，发现企业履行社会责任与财务绩效间显著正相关。Gerig A. Mill（2006）以英国信托公司为例，分析了社会责任投资对企业财务绩效的影响，研究表明，当企业从传统的投资目标转向社会责任投资时，财务绩效有了较为显著的变化。Margolis，Elfenbein 和 Walsh（2009）对 167 项样本研究发现，企业社会责任与企业财务绩效间存在显著正相关性。Astara 和 Beneki（2016）等学者的研究表明，企业社会责任披露与海湾合作委员会国家伊斯兰银行的财务表现之间存在显著的正相关关系。Maqbool 和 Zameer（2018）收集了 28 家在孟买证券交易所（BSE）上市的印度商业银行，为期 10 年（2007～

2016 年)，研究结果表明，企业社会责任对印度银行的财务绩效有正向影响。

以公益捐赠为例，国外还有学者研究了企业捐赠行为与税负的关系。例如，Galaskiewicz（1985）认为企业对外捐赠行为会影响相关企业税收政策，企业可以通过进行捐赠活动享受税收优惠。Reece（1979）和 Slater（2009）均认为税前扣除优惠对企业慈善捐赠有着重要的影响，会促进企业对外捐赠的力度。

2. 研究结论为负相关或相关性不显著

Brammer 等（2006）利用企业股票回报率检验了企业社会责任与财务表现的关系，发现两者存在负相关关系，而且研究发现不同的行业对两者的关系具有较大的影响。Matthew Brine，Rebeeea Brown 和 Greg Hackett（2007）以 277 家企业为样本，研究了澳大利亚企业的社会责任与财务绩效的关系，以资产回报率、销售回报率作为财务指标，结果显示两者没有显著关系。而 Peloza 和 Papania（2008）提出了一个框架来检查企业社会责任和企业财务绩效之间的关系，指出并不是所有的管理者都像追求社会目标一样追求经济业绩，有些人甚至认为财务回报是次要的。因此，不应期望企业社会责任和财务绩效之间存在一致的关系。Kamatra 和 Kartikaningdyah（2015）则是通过对特定年份的行业同行进行比较，重新审视企业社会责任和财务绩效之间的关系，也最终引出企业社会责任和经营绩效之间并不存在因果关系。

Aigner（2016）的研究表明，CSR 公司和非 CSR 公司之间的平均财务业绩没有显著差异。

除此之外，Awaysheh，Heron 和 Perry 等（2020）则通过对 24 家公司 2009 ~ 2012 年的数据研究发现，企业社会责任对不同财务绩效指标的影响有所差异，但对资产回报率（ROA）、股本回报率（ROE）、净利润率（NPM）和每股收益（EPS）产生影响均不显著。

（二）国内研究综述

1. 研究结论为正相关

杨自业、尹开国（2009）对 A 股上市公司进行问卷调查获得的数据并通过一系列实证分析，实证研究的结果显示，A 股上市公司的社会责任行为与其财务绩效之间有明显的正相关关系，并阐述了公司越是关心顾客需要，满足顾客需求，越能够增加产品销量或是提高对服务的市场需求，提高社会声誉，在市场上占取更大份额，从而有助于提高财务绩效。

张兆国等（2013）采用 GMM 方法以 2007 ~ 2011 年 A 股上市公司为样本，研究了企业社会责任与财务绩效间的交互跨期影响，认为当期财务绩效对当期社会责任有显著正向影响，滞后一期的社会责任对当期财务绩效有显著正向影响。因此，在研究社会责任与财务绩效时，必须考虑两者间的交互跨期影响。朱乃平等（2014）基于两阶段决策模型从技术创新的角度，以 2009 ~ 2011 年我国高新技术企业为研究样本，就企业社会责任承担对财务绩效的影响进行了研究，实证研究结果表明社会责任承担对企业长期财务绩效有促进作用。

张静（2017 年）以房地产行业为主要研究对象，发现房地产公司积极履行自己的社会责任，与企业财务管理绩效呈现出显著的正相关，其中，企业对客户履行社会责任能够产生很好的效益，且正向效果显著。董雪（2018）以中国保险行业为主要研究对象，借助国内 24 家人身险公司和 30 家财产险公司 2009 ~ 2017 年面板财务统计数据，通过对其欠债情况进行了回归分析，发现该类型企业承担客户的社会责任会对经营业绩产生正向且显著的影响。

刘颖然（2020）认为企业履行社会责任不仅能提升企业声誉，还能保障利益相关者的权益，最终体现在企业财务绩效的提升上。曹笑天等（2020）认为企业社会责任行为有助于财务绩效的提升，履行企业社会责任更好的上市公司将拥有更好的财务绩效。

杨姗姗（2020）得出以下研究结论：企业社会责任对公司财务绩效具有积极影响，无论是否引入公司治理的调节，都不会影响企业社会责任对财务绩效的积极影响；董事会规模越大，独立性越高，企业社会责任对公司财务绩效的积极影响越显著；专注长期投资回报的投资者持股可以增强企业社会责任对公司财务绩效的积极影响。李来儿、李梦悦（2020）实证表明，企业财务绩效的好坏会受到企业履行社会责任情况的影响，且两者变化的方向一致，且煤炭企业向利益各方履行好社会责任，对自身财务效益的提高起推动作用。另有一些学者认为企业承担社会责任对财务绩效的影响具有滞后性，当期的财务绩效未必会有显著效果，但是可以带来长远的经济效益。王化中、李超（2019）

提出企业社会责任的承担对财务绩效的作用存在滞后效应，积极承担社会责任会获得社会支持，为企业未来发展储存后备力量，可以使企业可持续发展，带来长远的回报；公司治理调节社会责任可以促进财务绩效，通过自身治理会形成高效监督机制，提高社会责任带来更高的效益。叶建木、崔照阳（2019）建立的随机效应模型实证表明，商业银行社会责任对财务绩效有显著正向影响，但效益具有滞后性，且非国有商业银行比国有商业银行两者的关系更显著。雒京华、赵博雅（2022）同样研究发现，履行社会责任与企业当期财务绩效正相关，且对滞后一期、两期的企业财务绩效具有不同幅度的促进作用。南美格（2022）在以沪市 A 股上市的非金融企业为样本的实证研究中，利用多元线性回归模型假设检验中发现，前期企业履行的社会责任对当期的财务绩效有显著影响，因此企业履行的社会责任在当期财务绩效表现中或许不太明显，但是后期的财务绩效将会有一定的表现。

2. 研究结论为负相关或相关性不显著

也有学者研究表明，企业承担社会责任如对产品责任，会造成企业利润的降低，对企业绩效提升产生阻碍作用。例如，杨汉明等（2011）实证研究结果显示，社会责任与财务绩效呈负相关。李晓莉（2012）选择了社会贡献率作为企业经营管理绩效评估指标，通过综合分析 2009 年之前的 746 个 A 股上市企业的财务报表数据来获得与其相关的数据，并通过构建一个多元线性回归的模型来深入分析社会责任与企业财务报表利润之间的关系。实证研究结果表明，履行社会责任对于企业短期绩效的提升和改善作用不显著，员工履行社会责任对于企业短期绩效的影响不显著。

丁栋虹、陈学猛（2013）运用新古典经济学的分析方法，实证结果显示，不同的社会责任的承担与履行对企业绩效的影响不同，其中，履行消费者责任与财务绩效呈显著负相关。蔡阳（2018）依据已有的研究成果，分别从客户和消费者权益责任等五个方面提出研究假设，构建模型，进行描述性统计分析和多元回归分析。实证结果发现，江苏省上市公司履行客户和消费者权益责任与财务绩效负相关。鹿立阳、张静茹、崔运周（2022）以 56 家文化娱乐业企业上市公司在 2010 ~ 2020 年的面板数据为样本进行实证研究，结果表明，文化娱乐业企业在履行对消费者的社会责任方面仍有待提高。

二、公益捐赠与企业财务绩效

国内还有学者研究了企业公益捐赠与财务绩效之间的关系。朱迎春（2010）基于我国2007年A股上市公司慈善相关数据，采用双对数回归模型进行实证研究。研究表明，企业慈善捐赠支出与企业的所得税税率呈显著的正相关；企业慈善捐赠行为受利润水平的制约，企业慈善捐赠支出与利润显著正相关。

袁放建、陈思同（2016）在对我国民营上市公司2010～2013年连续四年有捐赠行为的企业实证分析发现，民营企业慈善捐赠和企业绩效具有显著的正相关关系，且具有政治关联的民营企业慈善捐赠对企业绩效的正向影响作用要显著高于没有政治关联的企业。

另有学者专门研究了社会公益捐赠对企业税负的影响，黄晓瑞、吴显华（2015）运用五个维度分析得出税收激励作为一项政策工具对企业的慈善捐赠发挥着积极作用，但由于相关法律不完善，捐赠数据缺乏透明公开等原因，其实施成效有所折扣。彭飞、范子英（2016）在2008年新实施《企业所得税法》的政策调整下，基于2006～2012年我国民营企业调查数据进行研究，发现新实施的捐赠抵税政策降低了企业捐赠成本，对企业的捐赠力度产生了正向影响，而且这一影响在中小企业中更为显著。吴文值、王帅等（2022）以2008年企业公益捐赠支出税前扣除比例的政策调整为背景，基于2006～2020年沪深A股上市公司数据，以企业捐赠倾向、捐赠规模、捐赠强度为被解释变量，实证分析发现，捐赠免税上限的提高显著降低了企业的实际税负，降低企业的捐赠成本，对企业的捐赠倾向和捐赠强度均有长期影响，极大地促进了企业的第三次分配。沈弋、徐光华等（2020）基于2008～2013年我国A股制造业上市公司，经过实证分析，发现由于企业社会责任文化的一致性，慈善捐赠程度较高的公司也会承担较多的税负，且国有企业和政治关联型民营企业有着更强的社会责任文化。朱金凤、黄丹丹（2020）等基于2017年我国《企业所得税法》修正案允许企业捐赠支出结转以后三年抵扣这一制度背景，选取2015～2018年沪深A股非金融企业上市公司为研究对象，通过实证分析，发现我国新修订的捐赠结转政策对企业慈善捐赠有激励效应，且对非国有企业的作用更强。

三、内部责任承担与企业财务绩效

对于企业责任承担与企业绩效的关系，也有学者从企业承担内部社会责任角度展开了研究。陈向军（2015）从员工激励的角度，研究了企业如何鼓励员工内部创业、提升职工的职业技能，分析了企业实施非薪酬激励与财务绩效之间的关系，发现企业内部创业社会责任的履行可以提高企业的财务绩效，促进企业快速发展。凤亚红、郭裕莉（2019）则也表明企业对员工履行社会责任与财务绩效有正向关系，在一定程度上能够促进财务绩效的提升。李伟（2021）选取员工薪资水平对财务绩效影响进行实证研究，发现企业承担员工社会责任对财务绩效的影响是负的且效应显著。

还有学者从企业内部分配平等的角度如缩小薪酬差距，对企业社会责任承担与企业绩效的关系展开了研究，代表性观点有锦标赛理论、行为理论和倒“U”形理论。

国外研究方面，Lazear 和 Rosen（1981）最早提出锦标赛理论，认为高管薪酬差距与公司绩效是正相关关系，即差距越大，高管会越努力工作，获得越多的报酬，公司绩效也随之增加。此后，许多学者对锦标赛理论的有效性作了实证研究。Winter – Ebmer 和 Zweimüller（1999）证明了公司内部薪酬差距对公司绩效具有积极作用，但是随时间的推行，其积极效应会减弱。Kato 和 Long（2011）以中国上市公司为例，证明公司内部薪酬差距对公司绩效具有正向推动作用。在新兴市场的背景下，结果也同样证明高管人员与普通员工的薪水差异对公司的收益性产生了积极性的影响，同样证实了锦标赛理论的设想。

行为理论则认为差距的拉大在公司凝聚力的形成方面具有消极影响，与此同时还会在公司绩效的提升方面具有负向作用，与锦标赛理论持相反的观点。Martins（2008）通过研究证明较大的薪酬差距容易使组织成员之间产生隔阂、引起不公平感、不利于合作、阻碍组织发展，对公司价值的实现产生消极影响。Xiao、Gao 和 Xie（2014）以 131 家上市公司数据为研究基础，选择 2008 ~ 2012 年平衡面板数据作为数据基础，结果显示，薪酬差距、不公平性程度与公司成长性关系密切。同时，在明确高管—员工薪酬差距的过程中，高管控制权也是关键因素。高管与普通员工之间不恰当的薪酬差距设计方案对公司成长性的负向作用受高管控制权力大小的影响更加明显。

Shaw、Gupta 和 Delery（2002）研究发现，薪酬差距不仅可以激发员工更加努力工作，进而提高绩效，也会抑制员工间合作的积极性。Braakmann（2008）在研究过程中所采用的研究对象是德国公司，结果表明，对于不同层级的员工，其薪酬差距对公司绩效的影响不同，对于白领员工来说，两者之间呈现倒“U”形曲线。

国内研究方面，卢锐（2007）、俞震（2010）等研究认为其薪酬差距越大，企业未来的业绩也会越好。胥佚萱（2010）、常健（2014）以同一类型的公司样本进行研究，但两者在指标测度方式上存在一定差异。前者在测度解释变量薪酬差距时采用前三名高级管理人员的平均薪酬与全部普通员工的平均薪酬的比值，为测定公司绩效，使用资本收益率进行截面回归分析及时间序列分析；后者则是将整个高级管理人员定义为高管，高级管理人员团队以外的人员定义为员工，从而进行测量。两者验证了高管与员工薪酬差距对公司绩效具有正向影响这一结果。孙俊成、叶陈刚和唐剑（2019）以上海和深圳的上市公司为例，研究结果与锦标赛理论的运作一致。行为理论方面，卢锐（2007）利用我国上市企业的数据，采用多元回归方法证明管理层权力的增加会使高管与员工薪酬差距逐渐增大，但绩效随之减少，即薪酬差距与公司绩效呈负相关关系。乔焱宁（2018）借用 A 股上市公司数据，研究结果发现，高管与员工薪酬差距对公司绩效的影响更符合行为机制。贾伟（2019）着重研究薪酬差距对创新绩效的影响，将上市的 2012 ~ 2016 年创业板制造业公司作为探讨基础，用高管团队平均薪酬来测度高管薪酬，从生命周期角度出发，得出高管与员工薪酬差距对创新绩效同样具有负性显著影响的结论。倒“U”形理论方面，王永乐和吴继忠（2010）根据我国 354 家 A 股上市公司 2003 ~ 2005 年的数据，取相应指标的均值来研究两者关系，对于不同等级的职员，薪酬差距的加大对提升公司经营成果具有促进作用；而对于同等级别职员，薪酬差距的缩小反而会促进公司经营成效的提高，锦标赛机制和行为机制互为补充。蔡云、陈淑玉和任成（2019）采用面板门限回归分析的方法证明了两者之间是倒“U”形关系，即企业绩效会随着薪酬差距的扩大而增加，在到达一定高度后便开始减少。

四、企业社会责任承担的非财务绩效及价值创造机制

关于企业社会责任承担与财务绩效的关系，有不同的研究结论，造成争议的原因在于，财务绩效对企业竞争优势的反映程度较差，而且财务绩效指标多样化。因此需要从非财务绩效等其他方面展开讨论。

郝云宏、汪月红（2008）较早作了关于员工责任对公司管理绩效影响方面的研究，对全国各个地区和行业160多名不同年龄、不同工作岗位、不同管理文化水平的员工开展了一项抽样调查，研究了员工责任对于企业整体管理绩效的影响。研究中发现不同类型的员工责任对于企业管理者绩效的影响也不一样。

刘芳雄（2008）认为企业履行社会责任的驱动因素包括法律与政策遵循驱动、社会与利益相关者驱动、市场与利益驱动。辛杰（2008）、郭志文等（2012）问卷调查的结果显示，目前中国企业履行社会责任的主要动因是为了企业自身发展与价值创造目标，而不是纯粹为社会福利作贡献。这些研究表明社会责任的价值创造效应是目前中国企业履行社会责任的根本动力机制。社会责任能否为公司创造价值成为决定企业是否愿意履行社会责任，以及履行到何种程度的关键因素。

胡珺、王红建等（2017）以2003~2014年的沪深300家A股上市公司为样本进行研究，发现慈善捐赠与产品市场的竞争强度呈显著的正相关，广告营销和产品创新会强化企业慈善捐赠的产品市场效应，相对于国有控股企业，非国有控股企业的慈善捐赠行为在产品市场中的竞争效应更强。何菊莲（2020）通过实证研究发现，人力资本心理养护对非财务绩效有显著影响。

五、价值链生态与企业价值创造

对于构建价值链生态的重要性和价值链生态怎样影响企业财务绩效或价值创造，国内外学者都开展了较多的研究。

国外方面，1985年，Michael E. Porter 在《*Competitive Advantage*》一书中提出价值链理论，并在此基础上延伸了虚拟价值链、行业价值链、价值网络等

相关理论。Marshall（1997）从供应链的角度，研究了产业链上各个企业的分工协作关系。这一理论拓展了价值链的概念，使之上升到产业链的高度。Porter（1998）又在其原来研究理论的基础上提出了价值体系的概念，价值体系拓宽了其原来关于企业价值链理论的描述，更加体现了企业价值整合空间的协调作用。Alexandre 等（2014）认为企业管理已然进入了跨网络竞争的时代，在市场竞争中的成败不再是单一个体，而取决于管理层整合公司内外部商业关系链条的能力。Zurita 等（2016）在研究中也认为如今企业的竞争则需要整个企业进行合作、协调、协作和整合。

国内方面，厉无畏（2001）提出在完善提高价值链的过程中，能较大幅度地降低最终产品成本，实现更高的增值。李万立（2005）通过分析特斯拉的价值链生态，得出企业应当打破市场分割，建立产业联盟，对自身能力和市场进行准确定位，同时积极推广创新的运营模式。这对我国新能源汽车的发展提出了建设性的建议。赵领青（2011）提出在全球价值链下，我国中小企业应当通过选择合适的价值创造模式，追求价值的增长。企业必须进行业务、组织、制度等公司治理方面的改革，建立价值创造型的财务管理体系，以在全球价值链中保持竞争优势。孙丽华和倪庆东（2016）认为企业作为供给侧结构性改革的微观经济主体，应当充分享受供给侧结构性改革的政策红利，通过价值链的资源配置，可以有效地降低价值链各节点成本，全面提升企业竞争力。卫颖（2016）建议把价值链管理作为先进的管理思想，凭其普适性与先进性延伸到企业的诸多管理领域，从而能够提升企业的核心竞争力实现企业价值最大化。谢丽娟等（2016）从产业链角度出发研究如何提高国有企业效率。

六、企业责任承担与财务治理

国外学者较早就开展了企业责任相关的财务治理问题研究。Fama 等（1983）较早探讨了社会责任承担与股权结构之间的关系，认为内部人（管理者和控股股东）拥有较高的股权比例有更好的壕沟防护效应，因此内部人更倾向于承担较多的社会责任。Williamson（2000）认为治理结构是决策制定的正式程序和过程，利益相关者可以通过在治理结构中的地位结构性地影响企业的决策。Tirole（2001）提出以利益相关者团体治理模式取代传统的治理模式，有助于企业社会责任行为的内部化。Frank 和 Cor（2007）对荷兰公司的治理模式的研究表明，社会责任是内化于公司治理的，利益相关者可以影响代表公司利益的董事。Graff Zivin 和 Small（2005）认为，如果公众对于个人给予社会的赞助和持有股权份额的企业给予社会的赞助没有偏好的区别，则企业的市场价值独立于其社会责任支出。Amir Barner（2005）的实证分析则表明，企业社会责任条件下存在内部人与中小股东的利益冲突问题，内部人为了个人的声誉利益，倾向于对企业社会责任进行过度投资；提高内部人在企业拥有的股权比例，能够有效缓解此类冲突并改善治理质量。Ruth V. Aguilera 等（2006）认为，机构投资者重视企业从社会和环境问题中获得回报的利益动机、适应新兴产业标准的关系动机和道德动机构成了驱动企业社会责任承担的内在激励。企业为能够获得机构投资者的持续投资，就必须主动积极承担社会责任。

Yohances E. Riyanto 等（2007）引入企业内部股东和管理者的代理关系以及非股权投资利益相关者的负外部性因素后构建企业治理模型，说明企业社会责任行为是内生的，企业承担社会责任能够降低股东监督成本并引导管理者更加努力地工作。David P. Barron（2007）提出了社会责任承担与管理者薪酬之间的关系模型，研究了管理者薪酬设计与企业社会责任支出之间的关系，认为由于信息隐藏、隐性努力和有限的可观察性，股东和管理者之间仅限于显性业绩绩效标准（如企业利润、社会责任支出等）的薪酬契约是次优的。Francesco Perrini（2008）认为，由于社会责任支出可能减少企业利润，建立社会责任承担的激励机制是理论和实践必须解决的重大问题，关键是社会责任战略必须通过正式的管理规则进入具体的管理过程。由于契约的专门化投资问题、长期关系和较低的可测度性还有经营的不确定性和可用资源的稀缺，企业为利益相关者配置所有权与为股东配置所有权是不同的。Flammer 和 Kacperczyk（2016）研究认为，社会责任的声誉效应能够提高员工对企业的认可度和满意度，激励员工提高工作努力程度。

国内方面，张兆国等（2008）认为应从企业内部与外部治理机制着手，改变股东至上的公司治理模式，建立一套让企业承担社会责任的公司治理机制。王建琼等（2009）以沪深两市 744 家制造业上市公司为研究样本进行实证分析，得出独立董事比例与企业社会责任呈正相关的结论，同时认为国有控股企业履行社会责任情况较差。汉祥等（2010）认为公司治理与企业社会责任具有共同的理论溯源，都源自于现代企业的诞生，将两者有机结合起来，对企业的可持续发展有重要意义。宣杰等（2014）认为，在公司治理因素中董事会规模、行政机制与企业社会责任呈正相关；股权制衡度、未领取薪酬董事比例与融资机制和企业社会责任呈负相关。姬海莉（2014）以100家上市公司为研究样本，采用最小二乘法对公司治理与企业社会责任进行回归分析，实证结果表明，公司治理因素中独立董事、审计委员会及政府持股比例对企业社会责任中股东权益部分具有正向影响。

邓学衷（2014）认为由于企业社会契约的动态性和易变性，企业需要与社会契约的关系人甚至公众构建良好的合作关系，企业处理财务关系的重点已经不再局限于规避风险或提高声誉，而是要通过社会责任战略，扩展隐性财务关系，利用契约关系人的资源和专长，从维持最低标准或寻求资助转变为改善就业、提高整体生活质量和生活标准，以此来改善自身的核心价值创造能力。赵新华（2019）认为利益相关者的关注使公司治理与企业社会责任实践正趋向于相同的发展方向。童瑞杰等（2019）认为公司治理水平的提升会对企业社会责任水平的提高产生更积极的影响。焦然、温素彬、张金泉（2021）则是基于WSR方法论，研究发现企业履行社会责任有助于提升营运资金管理效率，当企业积极履行社会责任时，可以充分满足客户在产品价值方面的需求，与客户构建有效的沟通机制，促进较高的认知水平产生。在高水平认知的作用下，利益相关者对企业履行社会责任产生的激励作用感知更强，进而以更加积极的行动强化营运资金管理效率。

对于企业公益捐赠有关的治理问题，贾明、张喆（2010）研究发现，高管的政治关联会促进企业的慈善捐赠行为，政治关联度高的企业更倾向于慈善捐赠行为且捐款水平更高。高永强、何晓斌等（2011）认为企业家的政治身份以及行业身份对企业慈善捐赠行为以及捐赠水平有显著的正面影响，但企业的党政身份对慈善捐赠无明显影响。高勇强、陈亚静（2012）等基于2008年全国民营企业调查数据，研究表明，我国民营企业一方面利用慈善捐赠来实施产品差异化战略；另一方面利用慈善掩饰外界对员工薪酬福利水平低、企业环境影响大等问题的关注。戴亦一、潘越等（2014）以地方政府换届选举的独特视角，实证检验其对企业慈善捐赠行为的影响。并从产权性质、新任官员来源、地区市场化程度三个维度对这一影响进行更深层的研究。他们发现地方政府换届对企业慈善捐赠倾向和规模都有正向作用，而且产权性质、新任官员来源、地区市场化程度都会显著增强这一正向影响。张敏、马黎珺等（2013）采用上市公司数据进行实证检验得出，企业的慈善行为具有明显的政企纽带效应，企业的慈善捐赠越多，从政府手中获得的补贴也越多，且相对于非国有企业来说，国有企业慈善捐赠的政企纽带效应更为显著。

企业内部责任承担方面，李清堂（2016）指出强化员工人文关怀与心理疏导是实现可持续发展的现实必要性。人文关怀和心理疏导通过两者的互为作用过程，把解决人的物质、精神和发展需求有机地统一起来，实现人质量的全面提升，人的综合素质的提高，人的可持续发展的全面实现。冯彦磊（2019）通过问卷统计发现，一些技术型人才不仅满足于薪酬待遇，更注重非薪酬福利，并指出企业需要为员工做好更科学的晋升体系、做好常态化人才培训，让个人发展与企业发展相结合。唐玮等（2020）经过实证发现，拥有良好的诚信文化的企业创新绩效表现良好，说明企业要注重员工的诚信观并进行引导。薄浩南（2020）在对野外作业员工压力舒缓对策的研究中发现，员工长期处于高风险和单调又强度高的工作，身心出现不适，有些员工出现心理疾病等问题，没有宣泄渠道让员工缺乏归属感、降低了工作的效率。黄培光（2020）也提到了非薪酬激励的运用，可以更好地发挥其激励效能，提高企业人力资源管理水平。

第二节　环境责任承担及治理绩效研究综述

一、环境责任承担与企业财务绩效

（一）国外研究综述

国外学者较早就开展了环境责任承担影响企业绩效的研究，学者们普遍认为碳绩效和财务绩效呈现正相关，因为严重的污染和排放会造成与诉讼、补救方面的财务风险。

Michael E. Porter 和 Claasvander Linde（1997）提出，好的环境法规能带来环境治理和企业财务绩效双赢的局面。Robert D. Mohr（2002）建立模型分析环境法规引发的技术转型带来的利弊，最终结果表明，环境法规或政策可以减轻污染并同时提出企业生产效率。从短期来看，环境保护政策导致国家层面失去的贸易的收益，而从长期看来这种成本会被创新和转型的长期收益所抵消。Wagner 和 Schaltegger（2004）基于资源基础论和能力理论，认为执行积极的环境战略能改善企业的财务绩效。

René Kemp 和 Serena Pontoglio（2011）提出市场手段能更好地促进创新，而环境政策仅仅是刺激了创新技术的传播。

Misani 和 Pogutz（2015）将环境绩效分为过程和结果两个维度，清晰地提供了有关环境绩效的测量角度；Kevin Xiaoguo 等（2016）运用内容分析法，从加大环保工艺的研发投资力度、升级现有的生产设备和工艺、减少资源和能源消耗、采用绿色工艺规划支持系统、采用循环技术和材料对绿色工艺创新进行测度，认为绿色工艺创新能够直接产生经济绩效，且绿色工艺创新能够为绿色产品创新提供资金、技术、管理经验及人力资本等相关要素。

Criado Gomis、Jing－Wen Huang 等（2017）认为执行绿色创业导向的企业更有可能发现环境压力中蕴藏的市场机会，对现有工艺流程的绿色改进等绿色创新实践，积极回应利益相关者的绿色需求从而有效削减污染，减少排放，满足环境保护需求，取得持久的绿色核心竞争力。

Jan Weiss，Andreas Stephan 和 Tatiana Anisimova（2018）以瑞典环境政策为例，分析了瑞典环境法规对造纸业的创新和绩效影响，进一步研究了波特假说中环境政策的弹性对企业创新能力的影响，文中使用创新产出指标以评估企业创新活动带来的环境和绩效两个方面的收益。

Frederiek Schoubben 和 Korte Nieuwstraat（2018）研究了碳成本转嫁消费者的能力，通过 2005～2012 年 368 家上市公司为样本进行研究分析，结果表明，即使碳绩效表现不佳，企业仍可以通过将碳成本转嫁消费者来维持财务绩效的良好表现。

Tommy Andrian 和 Yvonne Augustine Sudibyo（2019）通过多元回归模型和抽样调查法，研究了碳排放信息的披露与财务绩效之间的联系，认为碳信息披露在一定程度上对于财务来说是有益的，公司为了使自身的企业形象得到维护，会更加努力地去经营和维护，从而起到一定的激励效果，最终导致财务绩效得到一定的提升。

也有学者研究得出了不同的结论。Feichtinger（2005）证实企业通过学习效应及实施更加严格的环境政策来减少污染排放会对企业利润带来负面影响。Ella Mae Matsumura、Ella Mae Matsumura 和 Sandra C. Vera – Munoz（2014）认为，企业碳排放与绩效的关系是一种负相关的关系。

（二）国内研究综述

国内方面，陈诗一（2010）研究了节能减排对国内工业企业会占用生产资源导致短期内出现损失，但随着时间的增长这种损失会慢慢减少，最终反亏为盈创造环境和工业双赢的局面。

黄晓杏、胡振鹏等（2015）运用问卷调查法收集了中国中部地区 6 个省会城市制造企业的数据，绿色工艺创新的测量标准为节能设备、新的生产工艺和绿色技术能力，得出结论：绿色工艺创新对绿色动态能力具有正向影响，绿色动态能力对企业绩效有正向影响，同时绿色动态能力在绿色工艺创新和企业绩效之间有显著的中介作用。

葛钰杰、孙红梅（2019）以电力行业和钢铁行业为例，选取粤电力 A、太钢不锈、华能国际、宝钢股份、国电电力以及马钢股份六家典型上市公司进行了实证研究，研究数据表明，高污染、高能耗企业在环境保护政策的落实下对企业财务绩效有明显的正面作用。

李维安等（2019）对上市公司绿色治理指数分架构、机制、效能、责任四个维度以及 12 个评价要素构建指标体系，结果表明，上市公司绿色治理指数对公司盈利能力代表的短期绩效没有显著影响，但对提高公司的成长性产生了积极作用。

张国清、陈晓艳和肖华（2020 年）从环境治理过程、结果维度对企业财务绩效进行了实证检验，得出结果，环境治理过程是好的对企业绩效产生的影响就会是正面的，环境治理的过程是差的就会产生负面影响。解学梅等（2020）通过研究得出绿色工艺创新对企业环境绩效具有正向影响，而对企业财务绩效的作用具有滞后效应的结论。

张爱美、李夏冰、金杰、吴卫红和杨雪宁（2021年）研究了环境规制不同对企业绩效造成的影响。汪明月、张浩、李颖明和王子彤（2021）则研究了绿色技术创新带来的绩效从哪些方面体现。李奇松和陈立芸（2021年）分析了碳信息披露、利益相关者需求与企业价值的关系，研究表明，碳信息披露在一定程度上与企业价值呈负相关关系，并且利益相关者需求中的股东、债权人与职工的需求对企业价值和碳信息披露起着完全中介作用。朱琪玮等（2021）研究了绿色工艺创新能促进企业可持续发展绩效，且更能改善企业环境社会责任绩效。陈雳（2021）介绍了在企业发展环境保护相关技术或项目时，可以通过绿色债券进行融资来降低筹资成本。金昕等（2022）研究认为绿色工艺创新对企业绩效具有显著促进作用、绿色工艺创新对企业绩效的直接预测作用受到未吸收冗余的正向调节，但未受到已吸收冗余的调节效应影响的结论。

二、环境责任承担与财务治理

李强、朱杨慧（2014）研究了外部压力和公司治理对于环境信息披露的影响，外部压力对企业的环境信息披露质量起到了积极的作用，而有效的公司治理能明显改善环境信息披露质量，尤其是股权制衡机制、董事会和独立董事作用显著。周志方、李瑾瑾、曾辉祥（2020）将利益相关者分为政治和经济两个方面，来明确利益相关者与碳绩效之间的关系。政府层级为代表的政治利益相关者分别与股东、债权人、消费者这几个经济利益相关者呈现不同的交互作用。崔也光、李博、孙玉清（2016）研究了公司治理和财务状况与碳信息披露质量、股东对于管理层的监管力度、董事会对企业内部事务的关注度以及公司内部规章制度的完善程度都有助于企业加强对碳排放的关注。研究同时表明，只有在满足既定发展需要的前提下，公司才会进行碳信息的自愿披露，而公司盈利指标和规模大小这两项指标在一定程度上可以作为界定标准。

罗喜英、文芳（2020）研究了碳目标如何反作用于财务治理。他们从业绩波动和内外部治理的角度研究，认为业绩波动对碳披露具有正向作用，也就是良好的碳绩效可以作为吸引股东、稳定业绩的一种财务治理手段，但该披露会随着业绩稳定而削减，具有不确定性，而独立董事的比例对于该效应具有削弱作用，他们会进行长期有效的监督。

陈小蓓、陈雪婷（2021）实证分析了媒体压力与融资约束对工业企业碳排放的影响机理，从外部压力的角度研究对财务治理的影响。媒体压力会对企业碳排放产生抑制作用，即媒体压力越大，企业碳排放量越少。同时企业面临的融资约束越大，碳排放量也越大。余敏江、朱雨新（2021）通过嵌入式理论从社会治理的角度进行研究，一方面借由硬嵌入即国家干预这一“有形的手”和市场这一“无形的手”；另一方面借由软嵌入即文化价值观、双重嵌入同时干预和影响企业的财务治理，来最终达到碳目标。而孟韵（2021）关于碳信息披露和财务治理的关系研究表明，存在一种相互促进反馈。碳信息披露水平越高，企业的财务绩效也会越高，企业碳信息披露的水平越高。企业积极承担社会责任，企业声誉得到提升，能够带动企业稳定发展。

第三章　可持续财务治理

——财务治理的时代要求

第一节　财务治理理论回顾

一、公司治理与财务治理

“治理”包括控制、指导、操纵等多重含义，在企业中率先运用和发展，进而对政府管理产生影响，使政府对社会的管理方式由管理向治理转变。“治理”的内涵是指使相互冲突的不同利益得以调和并且采取联合行动的持续过程，强调平等、多元等社会价值观。

财务治理源于公司治理，因此我们首先来看公司治理的概念。公司治理是一个多角度、多层次的概念，可以从狭义和广义两个方面去理解。

狭义的公司治理基于股东价值最大化，是指权益所有者（股东、债权人）对经营者的一种监督与制衡机制。公司治理的目标是保证股东利益的最大化，防范经营者背离权益所有者利益，以及防范权益所有者之间的利益侵犯。广义的公司治理基于企业价值最大化目标，是通过一套包括正式及非正式的制度来协调公司与所有利益相关者之间的利益关系，以保证公司决策的科学化，从而最终维护各个利益相关者的利益。公司治理是现代企业制度的核心，其内涵是丰富而深刻的，既体现为企业各参与方的一种契约关系，又体现为企业所有权（剩余索取权和剩余控制权）的一种制度安排，同时，它还体现为企业内部各种权利（包括剩余索取权、剩余控制权、经营者选择权等）的约束和制衡机制。

公司治理中财务方面的事务和运行机制属于财务治理范畴。财务治理是指公司的各种索取权人为了保障他们在公司的索取权不受侵犯，利用经济激励与约束机制对公司实施的控制。因此一般认为，财务治理是公司治理的核心内容，主要解决财权的合理配置和设计有效的激励与约束机制。

公司治理从多个方面影响财务治理。首先，公司治理的逻辑决定着企业财务目标的确立，在“股东至上”主义支配下，企业的财务目标表现为股东财富最大化，企业的财务目标体现了物质资本所有者的意志，在“共同治理”逻辑的支配下，企业的财务目标往往表现为企业价值最大化，企业的财务目标综合考虑了股东、债权人以及企业职工等利益相关者的利益；其次，企业所有权与经营权分离的程度决定着企业财权在企业内部不同理财主体间的分割，两权分离的程度越高，企业的财权就越倾向于经营者，反之则反是，财权在不同理财主体间的分割受制于企业两权分离的程度，而且本身也是企业两权分离的重要内容；最后，财务治理机制的有效运作必须以企业的法人治理结构为依托，只有充分发挥股东大会、董事会、监事会的作用，才能切实处理好财权的合理配置问题、经营者理财主体的激励与约束问题，才能使企业的财务治理机制真正落到实处。

财务治理之所以必要，除了利益冲突的原因外，还在于不同利益主体之间存在信息不对称，导致合约的不完备和不对等。这一方面是由于各个利益主体的有限理性和客观现实的复杂性引起的，另一方面是因为财务治理结构的层次性所带来的信息问题。财务治理需要解决的问题包括：信息的不完备和不对称；权利不对等，表现在拥有决策权的主体不一定拥有相对优势的信息，而拥有信息优势的主体不一定拥有决策权；监督与激励。

二、财务治理概念的演变

公司治理有广义和狭义的区分，据此可将财务治理区分为广义财务治理和狭义财务治理。

狭义的财务治理源自狭义公司治理以及股东价值最大化理念，指权益所有者（股东、债权人）对经营者以及权益所有者之间的经济监督与约束机制，主要包括股权治理和债权治理。

广义财务治理源自广义公司治理以及企业价值最大化理念，指公司各个利益相关者之间的经济监督与约束机制，不仅包括股权治理和债权治理，还包括基于客户的财务治理、基于供应商的财务治理、基于消费者的财务治理等。

可持续财务治理则是基于广义财务治理的共同治理架构，以全体利益相关者综合价值能最大化为目标。可持续财务治理是对环境和社会负责的全面治理。

按照财务治理源自公司治理的逻辑，多数认为财务治理是一种权力（主要是指财权）的分配机制，其目标是解决利益冲突（主要认为是财务利益）。从可持续财务治理来说，本书认同可持续财务治理必然涉及财权的安排或配置，同时认为可持续财务治理的目标不仅仅是解决财务利益冲突，而是包括因为财务利益冲突而产生的更广泛的其他利益，可持续财务治理的侧重点在于更广泛的长期利益（包括财务和非财务）。因此，财务治理的利益相关者也不仅仅限于股东、债权人和经营者，而且包括公众、社区、政府、客户、供应商、非营利民间组织等。

三、财务治理的客体是财权

财务治理本质是财权配置，财权是财务治理的核心概念，是现代财务区别于传统财务的根本标志，财权理所当然地成为财务治理的客体。

财务治理客体，即财务治理对象。财务治理是指投资者、经营者、职工、债权人、供应商、顾客和政府等利益相关者对财权的合理有效配置，以及由此形成的权责利相对应的一系列制度安排。财务治理主体将其拥有的一定财力投入企业中，并获得相应的权力，由此获得财权，与企业产生了财务关系，从而对企业财权进行合理有效的配置，实现财务治理目标。财务治理主体对财权的配置贯穿于治理的始终，财务治理客体是财务治理主体为保证其自身的利益而追逐的对象。

财务治理主体根据自己拥有资本的性质对财权进行合理有效的配置，拥有了一定的财权，处理与公司的各种财务关系，形成财权、财责、财力的相对应。财务治理的本质是财权配置，所以财务治理的客体就是财权。因此将财权的内涵概括为某一主体对财力所拥有的支配权仍是比较准确精辟的。

财权是财务治理的核心概念，是现代财务区别于传统财务的根本标志，它贯穿于财务治理的始末。财务治理无不体现财权配置，财务治理围绕着财权逐步展开，财权理所当然地成为财务治理的客体。财务治理就是公司在各利益相关者之间进行财权配置，以此形成相应的激励与约束机制，最终形成权责利的相对应。

结合本书的研究目的，本书所讨论的财权主要强调财务决策权，我们将重点研究可持续财务治理中财务决策权在更广泛的利益相关者之间的配置，以及不同的配置可能导致的财务治理绩效的差异。因为财务监督权、财务执行权主要归属于股东、管理者等部分利益相关者，财务收益分配权也属于股东、高管等部分利益相关者，对于环境保护和社会责任其他方面的利益相关者，较难分享和参与，本书将对利益相关者对财务决策权以外的其他权利的配置不做重点讨论。

第二节 利益相关者与企业责任承担

一、利益相关者如何影响企业承担社会责任

利益相关者为了实现各自的利益，向企业投入各种资源，这些资源的数量和质量是企业创造价值的基础，企业对所创造的价值进行分配以满足利益相关者的利益要求，其中包括对承担社会责任方面的要求。因此，利益相关者影响社会责任的前提是价值创造，也就是为所有利益相关者创造价值。在价值的分配中，不同的利益相关者对企业承担社会责任的要求是有差异的，作用机制也是不同的。

理论上分析，我们可以认为利益相关者所提供的资源越重要（关键），企业满足其利益要求的程度也越高，关键的利益相关者对企业承担社会责任产生更重要的影响。以下从政府、股东和消费者三个关键的利益相关者角度开展详细讨论。

1. 股东如何影响企业承担社会责任?

股东是企业净资产的所有者，拥有一定的剩余索取权和剩余控制权，属于企业的关键利益相关者。股东向企业投入财务资源，这些财务资源再转化为企业的各种有形或无形的物质资本，物质资本是企业生存发展所必需的基础资

源，是企业创造价值的重要载体。股东为了保证其利益得到满足，会积极参与企业治理，股东非常关注企业的长期绩效。股东是否具有较强的社会责任意识，是否能够认识到承担社会责任在企业价值创造中的作用，是否能够引导企业在价值分配过程中积极承担社会责任，所有这些都是影响企业承担社会责任的重要因素。

2. 政府如何影响企业承担社会责任？

政府作为影响企业承担社会责任的关键利益相关者，在企业经营中投入各项公共资源，其利益要求表现为企业要满足一定的公共利益，其中包括企业应当承担社会责任。政府主要通过设计和实施一系列激励与约束制度来影响企业承担社会责任。一方面，政府通过制订和完善有关的法律法规以规范企业行为，这些法律规范为企业承担社会责任提供支持和依据，同时也会有一些引导或鼓励政策，以经济手段或行政手段鼓励和支持企业社会责任承担。另一方面，政府会约束不承担社会责任的行为，通过设立执法机构，强化监管和执法以惩罚有不负责任行为的企业，增加其运营成本，从而影响其市场竞争能力。通过上述途径，政府是企业承担社会责任的重要力量。

3. 消费者如何影响企业承担社会责任？

价值创造是企业承担社会责任的前提，具有较强价值创造能力的企业才能为利益相关者提供利益保障，也就是说，经济实力在很大程度上决定了企业承担社会责任的能力大小。企业价值创造要通过消费者（或客户，以下统称消费者）的行为来实现。企业承担社会责任会对消费者的行为、决策产生重要影响，消费者更倾向于购买具有较好社会责任表现的企业的产品或服务，对没有承担社会责任的企业会采取抵制行动。为了得到消费者的支持，企业会积极承担社会责任，树立良好的声誉形象。因此可以说消费者是企业承担社会责任的关键利益相关者，消费者的选票会影响企业的生存与发展，从而给企业承担社会责任带来市场动力。

二、企业承担社会责任如何影响利益相关者？

企业承担社会责任与利益相关者的利益满足之间是交互作用的，也就是说，企业承担社会责任也会对利益相关者（行为以及最终的利益满足）产生重要影响。各个利益相关者向企业投入了专用性资源，这些资源投入转化为企业价值创造的各种资本，包括有形资本和无形资本。在利益相关者价值最大化的财务治理目标导向下，企业需要关注和尽量满足各个利益相关者尤其是关键利益相关者的利益要求，才能够让其维持和追加资源投入。当企业积极承担社会责任以满足利益相关者相应的利益要求时，利益相关者就会继续投入资源，企业的价值创造得以持续；反之，如果企业不承担社会责任，利益相关者则可能减少资源投入，甚至会采取激烈的措施，如股东“用脚投票”、员工怠工罢工或者政府出面惩罚。因此，企业社会责任的承担情况对利益相关者的行为以及最终利益的满足都有重要的影响。

理论上分析，我们可以认为企业对某一利益相关者承担的责任越多，该利益相关者越会产生积极的反应，进一步会投入更多的资本，对企业价值创造的贡献越大。也就是说，企业社会责任的承担会影响利益相关者的行为。

1. 企业承担社会责任对股东的影响

股东是企业的关键利益相关者，这一点无论从哪一个角度来说都毋庸置疑。企业承担社会责任怎样影响作为关键利益相关者的股东的行为及其利益实现呢？按照信息不对称理论，企业承担社会责任可以向市场传达积极向善的信号，增进外界对企业的信任，从而减少信息不对称，这对股东包括潜在的股东的决策和行为都有积极影响，如股东对企业信心增强，股东会增加资源投入，股东会更积极参与企业治理，企业价值的市场表现会更好，从而吸引更多的潜在投资者，这些都有利于企业更好地创造价值以满足股东的利益要求。对于承担社会责任不良表现的企业，股东及市场会做出消极反应，股东可能减少资源投入，不能吸引潜在的投资者，从而不利于企业价值创造甚至引起价值毁损。沈红波等（2012）采用事件研究法研究了紫金矿业污染事件对其股价的影响，发现股票市场对企业污染环境会产生惩戒效应。

2. 企业承担社会责任对政府的影响

政府作为社会公众的代表，投入企业的是公共资源，其对企业的利益要求主要是公共利益，因此政府非常关注企业社会责任的承担情况。企业承担社会责任，也正是满足政府的期望，因此就可以获得来自政府的支持和鼓励，如税收方面的优惠、市场准入等。这些从政府取得的支持或奖励，无论是政策方面的还是资源方面的，都会有利于企业价值创造。有学者研究表明，作为企业承担社会责任的重要形式的捐赠行为，是替代政府向社会提供部分公共产品，会赢得政府更多的奖励或补助。对那些不承担社会责任的企业，或者有不良社会责任行为的企业，政府则会更多地予以管制和惩罚，使这样的企业不具有市场竞争能力，甚至于退出市场，其部分资源可以被政府作为公共资源投入积极承担社会责任的企业中。

3. 企业承担社会责任对消费者的影响

消费者是企业价值创造的决定性力量。当前社会，消费者越来越关注企业社会责任承担情况。企业承担社会责任可以正向影响消费者对产品或服务的评价和购买意向，进而提高消费者对产品或服务的忠诚度，以及消费者对企业的认同感。对承担社会责任的企业，只要产品或服务的质量能够保证，其品牌地位或声誉会提升，市场占有率也会有很好的表现，从而有利于企业的价值创造。反之，企业承担社会责任表现较差的企业，消费者通常会对其产品或服务有抵制行为，难以获得消费者的选票。

第三节　企业财务治理需要贯彻可持续发展理念

一、可持续发展理论及实践要求

1. 可持续发展的内涵

可持续发展（Sustainable development）概念的明确提出，最早可以追溯到1980年由世界自然保护联盟（IUCN）、联合国环境规划署（UNEP）、野生动物基金会（WWF）共同发表的《世界自然保护大纲》：“必须研究自然的、社会的、生态的、经济的以及利用自然资源过程中的基本关系，以确保全球的可持续发展”。1987年以布伦特兰夫人为首的世界环境与发展委员会（WCED）发表了报告《我们共同的未来》，正式使用了可持续发展概念，并对之做出了比较系统的阐述，产生了广泛的影响。有关可持续发展的定义很多，但被广泛接受影响最大的仍是WCED在《我们共同的未来》中的定义："能满足当代人的需要，又不对后代人满足其需要的能力构成危害的发展"。1992年6月，联合国在里约热内卢召开的环境与发展大会，通过了以可持续发展为核心的《里约环境与发展宣言》《21世纪议程》等文件。随后，中国政府编制了《中国21世纪人口、环境与发展白皮书》，首次把可持续发展战略纳入我国经济和社会发展的长远规划。1997年党的十五大把可持续发展战略确定为我国"现代化建设中必须实施"的战略。可持续发展主要包括社会可持续发展、生态可持续发展、经济可持续发展。

可持续发展战略已成为当今一个应用范围非常广的概念，不仅应用于经济、社会、环境等方面，而且在教育、生活、艺术等方面也经常应用。为适应这种变化，其含义也需要重新表述。上述联合国世界环境与发展委员会的定义基本确切，但将其定位于处理"当代人"与"后代人"之间的利益关系，却有些偏狭，因在"当代人""后代人"也存在可否持续发展的问题，并非仅在"当代人"和"后代人"之间存在该问题，而这一定义显然不能涵盖"当代人""后代人"之间的利益处理问题，可持续发展的概念实际上解决的是当前利益与未来利益、眼前利益与长远利益的关系问题，因此，可持续发展这一概念可重新表述为："既顾及当前利益、近期利益，又顾及未来利益与长远利益，当前、近期的发展不仅不损害未来、长远的发展，而且为其提供有利条件"。这一定义具有普遍适用性，可解释所有领域的可持续发展，可使人明白只要实施了竭泽而渔、杀鸡取卵之类只顾当前利益、眼前利益而不顾及未来利益与长远利益的短期行为，皆可看作与可持续发展对立的"非可持续发展"，不见得非得对后代人造成损害的才是"非可持续发展"，而仅仅损害当代人未来利益与长远利益的便不是"非可持续发展"，消除联合国世界环境与发展委员会的定义易给人造成的这种误解。

可持续发展是以保护自然资源环境为基础，以激励经济发展为条件，以改善和提高人类生活质量为目标的发展理论和战略。它是一种新的发展观、道德观和文明观。其内涵为：(1) 突出发展的主题，发展与经济增长有根本区别，发展是集社会、科技、文化、环境等多项因素于一体的完整现象，是人类共同的和普遍的权利，发达国家和发展中国家都享有平等的不容剥夺的发展权利；(2) 发展的可持续性，人类的经济和社会的发展不能超越资源和环境的承载能力；（3）人与人关系的公平性，当代人在发展与消费时应努力做到使后代人有同样的发展机会，同一代人中一部分人的发展不应当损害另一部分人的利益；（4）人与自然的协调共生，人类必须建立新的道德观念和价值标准，学会尊重自然、师法自然、保护自然，与之和谐相处。

2. 可持续发展的三大原则

（1）公平性原则。

公平性原则所讲的公平包括本代人之间的公平、代际间的公平和资源分配与利用的公平。

可持续发展是一种机会、利益均等的发展。它既包括同代内区际间的均衡发展，即一个地区的发展不应以损害其他地区的发展为代价；也包括代际间的均衡发展，即既满足当代人的需要，又不损害后代的发展能力。该原则认为人类各代都处在同一生存空间，他们对这一空间中的自然资源和社会财富拥有同等享用权，他们应该拥有同等的生存权。因此，可持续发展把消除贫困作为重要问题提了出来，要予以优先解决。经过多年的努力，中国已经消除了绝对贫困，同时一部分人已经富裕了起来，但是收入不平等、机会不公平等问题依然严重。在中国社会主义现代化建设进入新发展时代背景下，党和政府提出了早日共同富裕的奋斗目标，这是对可持续发展公平性原则的拓展深化，是公平性原则在中国经济高质量发展中的实践要求。党的二十大报告指出，中国式现代化是全体人民共同富裕的现代化。共同富裕是中国特色社会主义的本质要求，也是一个长期的历史过程。党和政府坚持把实现人民对美好生活的向往作为现代化建设的出发点和落脚点，着力维护和促进社会公平正义，着力促进全体人民共同富裕，坚决防止两极分化。

（2）持续性原则。

人类经济和社会的发展不能超越资源和环境的承载能力，即发展的概念中包含制约的因素。主要限制因素有人口数量、环境、资源，以及技术状况和社会组织对环境满足眼前和将来需要能力施加的限制。最主要的限制因素是人类赖以生存的物质基础——自然资源与环境。因此，持续性原则的核心是人类的经济和社会发展不能超越资源与环境的承载能力，从而真正将人类的当前利益与长远利益有机结合。党的二十大报告指出，中国式现代化是人与自然和谐共生的现代化。人与自然是生命共同体，无止境地向自然索取甚至破坏自然必然会遭到大自然的报复。必须坚持可持续发展，坚持节约优先、保护优先、自然恢复为主的方针，像保护眼睛一样保护自然和生态环境，坚定不移走生产发展、生活富裕、生态良好的文明发展道路，实现中华民族永续发展。

（3）共同性原则。

各国可持续发展的模式虽然不同，但公平性和持续性原则是共同的。地球的整体性和相互依存性决定全球必须联合起来，认知我们的家园。可持续发展是超越文化与历史的障碍来看待全球问题的。它所讨论的问题是关系到全人类的问题，所要达到的目标是全人类的共同目标。虽然国情不同，实现可持续发展的具体模式不可能是唯一的，但是无论富国还是贫国，公平性原则、协调性原则、持续性原则是共同的，各个国家要实现可持续发展都需要适当调整其国内和国际政策。只有全人类共同努力，才能实现可持续发展的总目标，从而将人类的局部利益与整体利益结合起来。党的二十大报告指出，中国式现代化是走和平发展道路的现代化。我国不走一些国家通过战争、殖民、掠夺等方式实现现代化的老路，那种损人利己、充满血腥罪恶的老路给广大发展中国家人民带来深重苦难。中国坚定站在历史正确的一边、站在人类文明进步的一边，高举和平、发展、合作、共赢旗帜，在坚定维护世界和平与发展中谋求自身发展，又以自身发展更好维护世界和平与发展。

3. 可持续发展要求实施生态经济模式

要实现可持续发展，就必须改变传统的经济与环境二元化的经济模式，建立一种把两者内在统一起来的生态经济模式。

（1）生产过程的生态化。在生产过程中，建立一种无废料、少废料的封闭循环的技术系统。传统的生产流程是“原料－产品－废料”模式。这里追求的只是产品，但加入生产过程与产品无关的都作为废料排放到环境中。而生态模式的生产中，废料则成为另一生产过程的原料而得到循环利用。封闭循环技术系统即节约资源，又减少了污染，在对生物资源的开发中，应当是“养鸡生蛋”而不应该是“杀鸡取蛋”。（2）经济运行模式的生态化。我们应当运用经济的机制刺激和鼓励节约资源和环境保护，把节约资源和环境保护因素作为经济过程的一个内在因素包含在经济机制之中。为此，第一，我们应当重视社会能量转换的相对效率，并使它成为评价经济行为的重要指标之一。新经济学应当依据净能量消耗来测定生产过程的效率，把利润同能量消耗联系起来。第二，应该把“自然价值”纳入经济价值之中，形成一种“经济－生态”价值的统一体。在这里，资源的“天然价值”应当作为重要参考数打入产品的成本。资源价值应遵循着“物以稀为贵”的原则。随着某些资源的减少，资源的天然价值就会越高，使用这些资源制造的产品的价格也就应当越高。这种经济机制能够抑制对有限资源的浪费。第三，应当建立一种抑制污染环境的经济机制。我们应当看到清洁、美丽的适合人类生存的环境本身就具有一种“环境价值”。为此，应当把破坏环境的活动看成产生“负价值”的活动而予以经济上的惩罚。（3）消费方式的生态化。传统的消费方式也是一种非生态的消费方式。传统经济模式中生产并不是为了满足人的健康生存的需要，而是为了获得更大的利润。因此，生产不断创造出新的消费品，通过广告宣传造成不断变化的消费时尚，诱使消费者接受。大量的生产要求大量消费，因此，挥霍浪费型的非生态化生产造成了一种挥霍浪费型消费方式。这种消费方式所追求的不是朴素而是华美，不是实质而是形式，不是厚重而是轻薄，不是内在而是外表。这种消费方式的反生态性质主要表现在以下方面：第一，它追求一种所谓“用毕即弃”的消费方式。大量一次性用品的出现，不仅浪费了自然资源，而且污染了环境。我们的许多消费品都是在还能够使用时就被抛弃，因为它已落后于消费时尚。第二，在消费中追求所谓“深加工”产品，也是违反生态原理，特别是违反热力学第二定律（熵定律）的。所谓“深加工”产品只是追求形式上的翻新。对原料每加工一次，就有部分能量流失。总之，近代西方工业文明所形成的发展模式是一种非持续性的发展模式。要实现可持续发展，就必须在发展理念和发展模式上有一个革命性变革。

4. 我国可持续发展的目标是共同富裕

实现共同富裕是中国式现代化的基本内涵和重要特征。进入中国特色社会主义新时代，特别是进入新发展阶段，习近平总书记始终把共同富裕作为中国式现代化的基本内涵和重要特征来看待，他指出：“共同富裕是社会主义的本质要求，是中国式现代化的重要特征”。他强调，中国式现代化就是实现共同富裕的现代化。

中国式现代化有很多目标，其中一个主要方面就是实现共同富裕，这是由现代化的社会主义性质决定的。2021 年 2 月，习近平总书记赴贵州看望慰问各族干部群众时强调，共同富裕本身就是社会主义现代化的一个重要目标，要坚持以人民为中心的发展思想，让群众看到变化、得到实惠。不能实现共同富裕的现代化，既不是社会主义现代化，更不是中国式现代化。中国式现代化是体现社会主义本质要求的现代化，而共同富裕就是本质要求之一，必须坚持以人民为中心的发展思想，自觉主动解决地区差距、城乡差距、收入分配差距，促进社会公平正义，逐步实现全体人民共同富裕，坚决防止两极分化。

党的二十大报告明确提出健全基本公共服务体系，提高公共服务水平，增强均衡性和可及性，扎实推进共同富裕，并首要提出要完善分配制度。分配制度是促进共同富裕的基础性制度，应当坚持按劳分配为主体、多种分配方式并存，构建初次分配、再分配、第三次分配协调配套的制度体系。从第三次分配来说，报告强调引导、支持有意愿有能力的企业、社会组织和个人积极参与公益慈善事业。

二、财务治理中贯彻可持续发展理念是时代要求

传统的财务治理模式更多地关注股东或者财务利益相关者的利益，较少强调企业社会责任承担和环境责任承担。根据以上对可持续发展理论的回顾以及在我国经济社会发展中贯彻可持续发展理念的实践要求，企业只有积极地承担社会和环境责任，才能做到与时俱进、长期健康发展。

第四节 环境责任及其治理模式

案例导入：世茂股份全面落实“绿色生长计划”肩负企业社会责任

党的二十大报告中提出，推动绿色发展，促进人与自然和谐共生，促进经济社会发展全面绿色转型，建设美丽中国。今年，我国两会的政府工作报告中将“碳中和”列为我国生态经济建设的工作重点。在拥抱绿色地球的呼声中，

更多的人开始追求一种可持续的健康生活。世茂股份提出“绿色生长计划”，承诺在未来十年内“把碳排放减少15%，耗电与耗水强度分别减少10%”作为控制目标，真正实现低碳环保。

一直以来，世茂股份通过深化绿色运营管理、举办绿色公益活动、构建绿色低碳消费及办公场景、增设光伏发电等绿色能源，将绿色理念贯彻在开发、设计、运营、管理等商业服务全生命周期，履行节能减排的社会责任，为促进我国商业地产的绿色低碳发展贡献力量。

绿色运营，深化商业环境责任

随着“碳中和”城市建设进程的不断推进，世茂股份将“绿色运营”的理念深入商业运营过程中，以绿色租赁或绿色倡议的形式，将节能环保的责任渗透至租户商家的行为之中。

世茂云上厦门观光厅2022年全年推行“绿色包装，低碳云上”活动，为世茂云上厦门观光厅绿幕纪念照及海天漫步纪念照拍摄定制纸质相框，取消外层塑料包装袋，减少塑料制品的使用，和顾客宣导环保概念。全年共计减少使用塑料包装袋约12000个，为节能环保做出贡献。

厦门世茂Emall推广减塑和减包装的活动，制定了2022年0塑料和减少顾客包装物使用的目标，与水吧商家约定使用可降解吸管，截至2022年11月29日，预计节省了塑料203.22千克。

厦门集美世茂广场2022年推行“减塑低碳”活动，向顾客宣导环保概念，全年共计减少使用塑料包装袋约50000个，预计节省了塑料112千克，为节能环保做出贡献。

世茂股份与阳光中科（福建）能源股份有限公司签署“光伏开发战略合作框架协议”，在石狮世茂摩天城试点光伏发电。项目已于2021年底竣工，在石狮世茂摩天城商业屋顶安装约6000平方米的光伏方阵，为购物中心场内200多家商店、餐厅、室内游乐园、电影院等场所提供清洁电力。截至2022年10月，已发电54万度，预估每年可减少二氧化碳排放585吨，相当于每年种树5265棵。

绿色公益，让低碳成为日常

世茂股份对健康环保的追求不仅停留于商业运营日常，更以高质量的服务体系和环保主题活动，将绿色生长计划延展到美好生活日常，为低碳城市建设贡献自己的力量。

在环保公益方面，世茂股份积极开展链接更多公众的环保举措。以绿色生长计划，通过日常的小行动助力环保大目标，让环保成为更多人的生活方式，让绿色与温暖真正落地，凝聚个体的力量，赋能环保事业。

在成都世茂大厦，物业人员日常的点滴践行地球一小时，邀请写字楼白领及现场消费者将空瓶做成好看的花瓶插上绿植，变废为宝，创造一个独一无二的绿色角落。

植树节、地球日期间，长沙世茂环球金融中心及世茂52+开展空瓶改造计划、春日环保市集、低碳科普展等环保活动。联动VC咖啡、无国界料理等品牌，回收使用后的空酒瓶、饮料瓶等，联动场内品牌一起签署《环保公约》，并邀请白领参与空瓶改造变废为宝、绿植微景观DIY、现场不插电音乐live show表演等绿色活动，呼吁大家在日常生活中践行低碳环保的行为准则。

在多个商管项目，世茂股份引导员工循环利用纸张，单月节约A4纸，倡导员工绿色出行，3公里内步行、5公里内骑车、10公里内选择公共出行等绿色低碳的方式；宣贯节约用电理念，拒绝白昼灯、长明灯、无人灯。

低碳城市，从绿色建筑出发

在产品研发与建筑方面，世茂股份不断追求可持续、健康、高品质，为城市生态构筑美丽新地标，致力于实现建筑的“绿色革命”。从建筑设计，到材料性能；从室内环境，到室外景观，追求节能减排全覆盖。

世茂旗下所有自持写字楼均参加《WELL健康——安全评价准则》（WELL Health - Safety Rating for Facility Operations & Management，HSR）验证，覆盖旗下八大写字楼项目：北京世茂大厦、上海世茂大厦、成都世茂大厦、厦门海峡世茂大厦、深圳前海世茂大厦、长沙世茂环球金融中心、南京雨花世茂智汇园和南京河西世茂智汇园。

国际WELL CORE健康建筑认证是全球首个针对人员健康舒适的建筑标准。长沙世茂环球金融中心侧重室内环境的营造，围绕人类健康的11大系统，以100项指标的严格把控，在空气、水、光、营养、舒适、精神等方面带来有益影响，全方位保障人员健康，成为湖南首个WELL CORE注册项目。

项目新风采用初效板式过滤和中效静电过滤的两级过滤系统，PM2.5一次通过净化效率大于90%，微生物一次通过净化效率大于90%，有效改善和提高室内空气质量。地下车库通风采用CO浓度控制系统，实时检测车库CO浓度，根据车库内CO浓度控制送、排风的启停，有效改善地下车库的空气环境质量。

南京雨花世茂智汇园以绿色生态为着力点，以低碳科技为手段，打造集高精尖人才聚集、商办服务配套为一体的新生活方式目的地。园区可开合的Low－E玻璃幕墙，一方面可加强建筑体内空气流通性，另一方面可大大降低因辐射而造成的室内热能向室外的传递，达到理想的节能效果。

厦门集美世茂广场中庭大面积天窗，保证室内充足光线；同时通过设置内遮阳及彩釉点，又有效保证了中庭温度适宜，极大地减少了商场的能耗，注入环保设计理念。

新时代的绿色可持续发展之路，对企业管理提出更高的要求。世茂股份"绿色生长计划"，正是基于人与自然和谐共生的现代化战略，把节能环保的理念落实到每个环节；持续深度参与并推进生态城市建设，共建低碳排放体系；不断整合各业态优势资源，以长期主义共筑"碳中和"事业。

未来，世茂股份还将持续进行高质量、绿色健康的产品实践，深度参与绿色可持续发展事业，不断整合各业务板块和产业链优势资源，汇聚各方向善力量，以长期主义的坚持与努力，在绿色可持续发展的责任之路上，勇毅笃行。

一、环境责任

《中华人民共和国宪法》指出，国家承担改善和保护生态环境、生活环境质量的责任，也就是说，国家承担环境污染的预防与治理责任。根据利益相关者理论，不仅仅是国家需要履行环境污染预防和治理的责任，企业也应该履行相应的责任。环境责任指的是以企业在环境中所处地位为标准，确定其在生态环境的保护与治理中所要履行的责任，是企业在满足自身利益需要的过程中，因为生态环境保护、自然资源消耗所必须履行的有关法律义务和道德义务。

企业环境责任行为主要源自国家对环境治理的规制，因此有必要对我国环境治理的历史和现状进行系统的梳理。

纵观我国环境治理的发展历程，以环保理念的形成及发展、主管部门的设立、关键会议举办或参与、环保相关法律法规的颁布等节点为标志，可以将新中国成立以来我国环境治理的发展历程大致分为六个阶段，这六个阶段也是对应着企业环境责任承担的逐步深入的要求。

改革开放前：环境治理的起步阶段

从1949年新中国成立到1978年改革开放，这一时期是我国环境治理的起步阶段。新中国成立初期，国家以促进重工业发展为导向，实行“赶超型”发展战略，如大面积的毁林开荒等。一方面由于当时技术水平较低，资源配置效率低；另一方面由于全社会的环保意识缺乏，导致废气、废水、固体废物等污染物随意排放。虽然当时的生态环境资源丰富，资源环境承载能力较强，但是不加限制的经济活动还是给生态环境带来了很大的负面影响。

1972年6月，我国政府派代表参加了联合国召开的第一次人类环境会议，会议发布了《人类环境宣言》，我国政府开始认识到环保问题的重要性。随后在1973年8月，我国召开第一次全国环境保护会议，并制定了我国第一部环保相关的政策文件《关于保护和改善环境的若干规定（试行草案）》。1974年10月，我国政府在环保领域的首个领导机构——国务院环境保护领导小组成立。到1978年2月，环境保护被写入《宪法》。至此，我国的环境治理工作从空白开始逐渐起步。

1978～1991年：以经济建设为重心的阶段

1978年12月，党的十一届三中全会召开，我国开始实行改革开放，各项工作重心转向经济建设。这一时期我国的环保意识逐渐增强，环保工作是以“行政命令”为主的防治措施，工作成效明显提高，但是经济增长与环境保护之间的关系没有理顺，为了追求经济增长（GDP）时常以牺牲环境为代价，环境恶化未能得到明显遏制。

1979年9月，第五届全国人民代表大会常务委员会审议通过并颁布《中华人民共和国环境保护法（试行）》，提出了“谁污染谁治理”的原则。1983年12月，在第二次全国环境保护会议上，环境保护被确立为基本国策。1988年，环保管理职责从城乡建设部被分离出来，单独成立了国家环境保护局（副部级）。1989年12月26日，第七届全国人民代表大会常务委员会审议通过并正式颁布《中华人民共和国环境保护法》，标志着我国环保法治建设取得重大进展，环保工作开始从以“行政命令”为主的单一管理体制向行政管理、经济管理、法治管理结合的多元管理体制转变。

1992～2002 年：社会主义市场经济背景下的可持续发展理念

1992 年年初，邓小平发表“南方谈话”后，我国开启了社会主义市场经济体制建设，同年召开的党的十四大明确提出我国经济体制改革的目标是建立社会主义市场经济体制，这一进程一直持续到 2002 年。

1992 年，我国参加联合国环境与发展大会，明确提出可持续发展战略，1996 年制定的“九五”计划中再次明确转变经济增长方式，实施可持续发展战略，这一战略的核心思想是“经济发展、保护资源和保护生态环境协调一致”，这标志着我国就环境保护提出了明确的治理理念。

1998 年，国家环境保护局升级为国家环境保护总局（正部级），2001 年全国环境保护部际联席会议制度建立，推动各部门在环境保护工作中相互协调。这一时期，在环境治理思路上体现出了由末端治理向全过程控制转变的态势。在治理手段上，随着社会主义市场经济体制逐步完善，环境保护中的行政管理手段逐渐弱化，市场手段作用逐渐强化。同时，法治管理手段逐步细化，如国家环境保护总局于 1999 年 1 月发布《环境标准管理办法》，于同年 7 月发布《环境保护行政处罚办法》等法律法规。

经过这一阶段的发展，国民环保意识极大增强，人们普遍认识到了环境保护的重要性，国家也拉开了环境污染治理的大幕。但是在实际经济发展过程中，环境保护仍然是服务于甚至是让位于经济增长。

2002～2012 年：生态文明理念的酝酿与提出

2001 年，中国加入世界贸易组织（WTO），开始加速融入全球化。2002 年党的十六大之后，我国经济开启了持续十年的高速增长，到 2010 年我国经济规模达到世界第二位。随着全球化进程推进，我国的环境治理逐渐成为全球环境治理的重要组成部分。

2003 年 10 月，党的十六届三中全会提出科学发展观，明确指出要统筹人与自然和谐发展。为全面落实科学发展观，2005 年 12 月，国务院发布《国务院关于落实科学发展观加强环境保护的决定》，该决定指出要将环境治理纳入领导干部考核范围，并将考核结果作为干部任用和提拔的重要参考。这一时期，我国的环境治理以科学发展观为统领，延续可持续发展理念，从生产、流通、消费等环节着手，实行全流程控制和源头治理。

2007 年 10 月，党的十七大报告首次提出了“建设生态文明”的战略任务，2011 年 3 月发布的国家“十二五”规划明确提出要实行绿色发展，建设资源节约型、环境友好型社会，这标志着我国政府在环境保护方面的治理理念发生了根本性转变，不再是孤立地看待环境问题，而是从系统的角度去认识环境，环境的理念升华为有机的、有内在联系的生态环境。2008 年，国家环境保护总局进一步升格为环境保护部，正式成为国务院组成部门，这意味着环境管理在我国已经占据了与工业、农业、交通等行业同样重要的地位。

经过这一阶段的发展，环境保护的地位上升到了与经济增长同等重要的地位。但是由于长期以来经济增长依靠要素投入的粗放增长方式，以及经济结构不合理等原因，环境保护与经济增长之间的矛盾依然显著。

2012～2019 年：系统推进生态文明制度体系建设

2012 年 11 月，党的十八大报告指出要“大力推进生态文明建设”，并将生态文明建设纳入中国特色社会主义事业“五位一体”总体布局，由此，生态文明建设上升为国家战略。2013 年 12 月，党的十八届三中全会提出建立系统的生态文明制度体系；2014 年 10 月，党的十八届四中全会强调“用严格的法律制度保护生态环境”，由此加快了我国生态文明制度建设的体系化和法制化进程。

在生态文明理念方面，习近平总书记提出了“我们既要绿水青山，也要金山银山。宁要绿水青山，不要金山银山，而且绿水青山就是金山银山”的绿色发展理念，他明确指出，“决不能以牺牲生态环境为代价换取经济的一时发展”。由此可见，进入新时代后，环境保护与经济增长之间的关系已经发生根本转变，一改过去环境保护要服务于甚至让位于经济增长的情况，环境保护已经成为经济增长的外部硬约束。2018 年，党的十八大将污染防治作为决胜全面建成小康社会的三大攻坚战之一。

在法律制度建设方面，党的十八大以来，大气污染防治、水污染防治、土壤污染防治、环境保护税、核安全等领域都制定颁布了相应的法律法规，《海洋环境保护法》《草原法》《固体废物污染环境防治法》《环境噪声污染防治法》等法律法规相继修订并颁布实施。2015 年被称为“史上最严”的《环境保护法》开始实施，2018 年“推动生态文明协调发展”写入《宪法》。

在组织保障方面，2016 年 1 月，中央环保督察组正式亮相，开始代表党中央、国务院对各省（区、市）党委和政府及有关部门开展环境保护督察。

2018年，新组建的生态环境部正式挂牌，将原本分散在各部门的环保职责整合，相比原环境保护部，进一步充实了污染防治、生态保护、核与辐射安全三大职能领域。

2019年有两次重要会议对生态环境治理体系和治理能力提出重要要求。党的十九届四中全会审议通过了《中共中央关于坚持和完善中国特色社会主义制度、推进国家治理体系和治理能力现代化若干重大问题的决定》。其中，第十部分“坚持和完善生态文明制度体系”从四个方面对生态环境保护制度做出明确规定。中央全面深化改革委员会第十一次会议审议通过《关于构建现代环境治理体系的指导意见》，明确了七个体系，即领导责任体系、企业责任体系、全民行动体系、监管体系、市场体系、信用体系、法律政策体系。

2019年7月，第二轮第一批中央生态环境保护督察正式启动，8个督察组陆续进驻上海、福建等6个省（市）和中国五矿集团有限公司等两家中央企业，开展新一轮的例行督察。

2020年以后：双碳目标的提出

2020年9月22日，“双碳”目标首次提出。国家主席习近平在第七十五届联合国大会一般性辩论上庄严宣布：中国将提高国家自主贡献力度，采取更加有力的政策和措施，二氧化碳排放力争于2030年前达到峰值，努力争取2060年前实现碳中和。

同年，中共中央办公厅、国务院办公厅印发了《关于构建现代环境治理体系的指导意见》，提出目标是到2025年，建立健全环境治理的领导责任体系、企业责任体系、全民行动体系、监管体系、市场体系、信用体系、法律法规政策体系，落实各类主体责任，提高市场主体和公众参与的积极性，形成导向清晰、决策科学、执行有力、激励有效、多元参与、良性互动的环境治理体系。科技部等九部门也联合印发《科技支撑碳达峰碳中和实施方案（2022～2030年)》，从加强科技支撑碳达峰碳中和涉及的基础研究、技术研发、应用示范、成果推广、人才培养、国际合作等多个方面，提出了10项具体行动。

2020年，中国明确提出2030年“碳达峰”与2060年“碳中和”目标后，“双碳”被正式写入了2021年的政府工作报告。

2021年10月，中共中央、国务院印发《关于完整准确全面贯彻新发展理念做好碳达峰碳中和工作的意见》，首次提出了“双碳”的“1+N”顶层设计。该意见指出，要推动产业结构优化升级，制定能源、钢铁、有色金属、石化化工、建材、交通、建筑等行业和领域碳达峰实施方案。2021 年 12 月，中共中央办公厅、国务院办公厅印发了《农村人居环境整治提升五年行动方案（2021～2025 年）》，并发出通知，要求各地区各部门结合实际认真贯彻落实。文件指出，2018 年农村人居环境整治三年行动实施以来，推进农村人居环境整治的工作取得了较好的进展，但是，我国农村人居环境总体质量水平不高，还存在区域发展不平衡、基本生活设施不完善、管护机制不健全等问题，与农业农村现代化要求和农民群众对美好生活的向往还有差距，应当加快农村人居环境整治提升。

与一些发达国家在基本解决环境污染问题后再转入强化碳排放控制阶段不同，当前我国生态文明建设面临的是协同推进生态环境根本好转和碳达峰碳中和战略任务。2021 年 12 月中央经济工作会议提出的“要正确认识和把握双碳目标，坚定不移推进，但不可能毕其功于一役”的定调，“双碳”工作的思路愈发清晰。

2022 年 10 月 16 日，中国共产党第二十次全国代表大会在北京召开，习近平总书记代表第十九届中央委员会向大会作报告。党的二十大报告将“人与自然和谐共生的现代化”上升到“中国式现代化”的内涵之一，再次明确了新时代中国生态文明建设的战略任务，总基调是推动绿色发展，促进人与自然和谐共生。党的二十大报告指出，“要推进美丽中国建设，坚持山水林田湖草沙一体化保护和系统治理，统筹产业结构调整、污染治理、生态保护、应对气候变化，协同推进降碳、减污、扩绿、增长，推进生态优先、节约集约、绿色低碳发展。”党的二十大报告中，关于“推动绿色发展，促进人与自然和谐共生”的表述还涉及“积极稳妥推进碳达峰碳中和，立足我国能源资源禀赋，坚持先立后破，有计划分步骤实施碳达峰行动，深入推进能源革命，加强煤炭清洁高效利用，加快规划建设新型能源体系，积极参与应对气候变化全球治理”等内容。

二、环境治理模式

企业环境责任承担与不同的环境治理模式紧密相关，不同的治理模式对应着不同的企业环境责任承担行为，同时也影响到企业环境责任绩效。环境治理模式主要存在三种类型，分别是命令控制型、经济激励型和自治协商型，三种类型的环境治理模式的理论依据分别来自环境治理的国家干预主义理论、市场自由主义理论和社会中心主义理论。

（一）命令控制型：环境国家干预主义理论

环境治理具有公共物品的属性和特征，有较强的公共性、社会性和公益性，表现为“消费的非排他性”和“非竞争性”，导致环境治理的“集体行动困境”“零和博弈”和“负和博弈”，增加环境治理的社会成本。针对环境治理的特性，很难发挥价格、供求、竞争等市场机制的激励功能；同时，环境治理具有技术性、专业性和知识性，企业具有明显的环境信息优势，公众维护环境权益面临严重的“信息壁垒”和“成本压力”。

环境治理国家干预主义盛行于20世纪50~70年代，当时西方国家经历越来越严重的环境生态危机，公民的环境诉求高涨，强烈要求政府履行环境治理职能，当时的环境诉求具有很强的政治性。正是在这样的背景下，西方发达国家采取政府干预的手段，以命令和控制的方式推进环境治理，通过立法、行政命令和政策，强化威慑型规制，提高环境违法者的违法成本和法律责任。

环境国家干预主义主要通过立法、执法、司法等法律机制发挥功能，政策工具包括：其一，健全环境标准，市场准入标准和退出标准、产品的环境标准、技术规范和技术标准、排放标准以及生产工艺等强制性准则；其二，实施威慑型执法，采取单向度执法的方式，加大对环境违法行为的查处；其三，加大环境违法责任，以明确环境企业的违法行为、违法责任及承担责任的方式，促使环境企业遵守法律、法规。

命令控制型环境治理模式的优点表现在：其一，契合环境行政规制的制度惯性。命令控制型环境治理符合我国行政主导型国家的历史传统，是一种自上而下的环境监管，它强调高压、强制和服从、接受，环境治理的效率较高，直接处罚环境污染企业，惩罚环境违法行为，通过环境企业违法成本收益的变化来遏制环境企业的违法行为，形成高压威慑。其二，具有系统的法律保障。命令控制型环境治理突出环境立法、执法、司法等法律的功能，构建了系统的环境法律、法规，明确了环境标准、准入条件以及环境主体的权利义务、权力责任，具有法律上的先定力、强制力、执行力。其三，治理效率高。命令控制型环境治理模式是以法律强制为基础，如果环境企业不遵守环境法律法规，是要受到环境法律的制裁的，并且这种威慑型治理模式也是通过加大环境企业的违法成本来实现环境企业的守法，这种强制执行的路径对环境企业具有很强的威慑性和制裁性。

命令控制型环境治理模式是一种是事后矫正、补救模式，环境执法处罚、环境司法诉讼及环境违法行为的监督问责，都是在环境违法行为发生后公权力采取的强制干预措施，这种以强制、制裁、威慑和问责为方式的单向度监管，容易制约环境治理的绩效。其一，命令控制型模式实施成本巨大。由于政府的层级关系（央地关系）、政府财政的预算约束、环境规制领域的专业知识以及具体环境违法行为的复杂性，导致政府单向度的环境规制过程中缺乏足够的环境信息，强制实施国家环境治理的法律制度，其信息成本、执行成本和监督成本巨大。同时，政府具有“理性经济人”思维，有可能被企业“俘获”，甚至出现监管机构与企业的“合谋”。其二，容易遭到企业的抵制。命令控制型环境治理模式强调政府的行政高权和单向执法，容易导致企业的抵制和不合作。缺乏对企业的差异化、个性化、针对性的政策，往往“一刀切”；缺乏对政府执法方式的双向度的考量，忽视企业的主体地位，环境治理过程中缺乏政府、企业、环境社会组织、公众等多元主体之间的协商、对话、合作，不利于激发企业的积极性、主动性和创造性。其三，阻碍环保技术的创新推广。命令控制型环境治理模式重要的政策工具是环境标准，导致企业只要达到国家环境标准即可，无法对企业开展环境技术创新、引进应用新环境技术和设备形成有效激励，企业从技术创新中没有收益，却要承担技术创新投入的成本。企业还担心采用新技术后，政府会单方面提高环境标准，一旦环境标准定得过高，中小企业可能根本不去想如何提高环境治理技术，而是直接“俘获规制者”或者“数据造假”。

（二）经济激励型：环境市场自由主义理论

20 世纪七八十年代，随着新制度经济学的发展，发达国家环境治理政策逐渐转向以所有权为核心的市场自由主义路径，强调以市场机制为核心，通过价格信号、供求规律和税费机制来影响环境企业的行为，降低环境治理的成本，激励企业创新环境治理技术。

环境市场自由主义的理论基础是“庇古税”和“科斯定理”，力求通过市场方式改变企业行为，促进企业环境污染成本内部化。其一，环境税费制度，引导企业采取先进的排污技术、设备和手段，降低污染排放总量，减少环境污染；其二，价格引导机制，排污权交易激发了企业创新环境治理技术，采取新的生产工艺，降低环境污染排放，激发环境企业自觉履行环境法律法规；其三，生产者责任制度，将环境责任延伸至生产环节，通过环境押金、鼓励金制度，激励企业从源头上防控环境污染。环境市场自由主义的理念是通过市场机制、价格信号、财税补贴、押金等方式，激励企业环境治理的自主性、自觉性和自治性，具有事前预防和过程规制功能。

经济激励型环境治理模式主要针对环境企业的行为进行过程性治理，强调环境企业主动性，尊重环境企业的差异性，具有成本较低、效果持久和促进环境技术创新等优点。其一，有利于激发企业的积极性。经济激励型环境治理模式改变传统了命令控制型环境治理模式的结构，更多地通过财税激励的方式来调整环境企业的决策行为，并不对企业直接进行责任处罚，容易得到企业的接受，能够激励企业采取有利于降低环境污染排放的行为和技术，激发环境企业的积极性、主动性和创造性，降低了环境污染治理社会总成本。其二，有利于创新和推广环境治理技术。经济激励型模式通过排污权交易制度，激励环境企业创新、引进、推广绿色技术、设备和装备，环境企业能够从新技术、新设备、新工艺中获利，从而发挥亚当·斯密“无形之手”的功能。其三，有利于强化环境治理的风险防控。经济激励型环境治理通过市场信号、价格机制和供求规律来引导环境企业的决策、生产行为，将环境风险纳入决策过程，是一种事前的环境风险防控机制，能更好地维护环境公共利益，保障公民环境权益，降低环境污染给社会和公众带来的“人为风险”。

经济激励型环境治理模式建构在产权清晰、信息对称、法律完善的基础上，随着我国市场经济体制的深化改革，环境治理市场机制已初步建立，环境产权主体逐步明晰，如碳排放交易体系已初见成效。同时，我国环保产业体系基本建成，各类环保企业分工较为明确，有力地支撑了环境治理市场机制的运行，有利于经济激励型的环境治理模式的推广。

（三）自治协商型：环境社会中心主义理论

自20世纪80年代以来，环境社会中心主义理论通过民主协商、合作治理、社会参与来解决环境治理风险，构建政府与企业之间的信任关系和合作格局，以契约、自愿、自治为方式，实现环境污染治理内在化、自觉化和习惯化。

针对环境污染的不确定性、流动性、不可知性、不可修复性等特征，以治理理论为基础，强调多元主体的沟通、交往、互动，通过环境保护偏好、行为习惯和价值观念的培养来引导环境企业的行为，促进环境企业、行业的自我规制，规避“政府失灵”“市场失灵”及“有组织的不负责任”等，实现环境治理的“交往理性”“沟通理性”和“公共理性”。

环境社会中心主义理论的政策工具有：其一，信息披露制度，环境企业主动披露环境相关的信息，接受政府、监管机构和公众的监督；其二，企业自愿协议，建立在政府和企业相互信任的前提下，自觉遵守环境法律、法规，履行环保社会责任；其三，环境标志与环境管理体系、技术条约、环境网络，环境企业加入政府、部门制定的环境标志与环境管理体系，配合政府履行环境污染治理技术条约，融入环境治理网络的行为。

自治协商型环境治理建构于风险社会的视域下，统筹考量环境风险的客观性、专业性、主观性、流动性、代际性等，具有以下优点：其一，建构环境自我规制的原动力。相比较于前面两种类型环境治理模式，都是基于外部的制裁、激励和驱动，影响环境企业的行为。而自治协商型环境治理模式强调环境企业的内部原动力建构，将环境治理作为企业的行为习惯、价值追求、企业文化和精神信仰，强化企业的自主行动，激活了环境企业的原动力。其二，事前防控，社会成本低。这种环境治理模式强调环境企业的行动自主，事前防控，主动采取有利于降低环境污染的技术、设备和工艺，而不是等待事后惩罚、制裁和矫正。环境企业自觉遵守环境法律、法规，主动配合政府落实环境政策，降低了环境治理的信息成本、执法成本、司法成本、监督成本等社会总成本。其三，有利于环境治理制度的创新。自治协商型环境治理模式重视环境公共领域的建构，强化环保第三方组织的参与，发挥环保社会组织在环境公共政策制定中的利益诉求、利益表达、利益整合、利益导向、利益协调、利益保障功能，强化政府、市场、社会组织、公众、媒体等多元主体在环境治理结构中的互动、交流、协商、沟通、共治，促进环境治理“工具理性”和“价值理性”的统一，推动环境治理制度的创新。

但自治协商型环境治理模式属于较高形态的环境治理模式，强调环境主体的自主、环境公民的自觉和环境社会组织的自律，对环境主体的参与意识、参与能力、协商技巧以及法治精神均有较高的要求。自治协商型环境治理模式强调环境治理的自主性、自觉性和自治性，但也面临“无政府主义”的尴尬。环境污染具有很强负外部性，实施环境污染治理需要企业投入很大的成本和精力，在缺乏有效的制度约束、法治威慑、责任追究的前提下，环境企业很难自觉履行环境守法责任，自觉采取降低环境污染的新技术、新设备和新工艺。另外，不管是环境企业、环境社会组织的治理，还是多元主体的协商都面临协商成本较高的问题，可能阻碍了这种模式的推广。不过，随着我国环保社会组织的发展，公众参与环境治理的热情高涨，较多的企业在环境治理方面已经由被动逐渐转为被动加主动，为自治协商型环境治理模式功能发挥创造了基本条件。

第五节　社会责任的内涵和价值创造机制

案例导入：中国节能和谐共生的责任承担实践

中国节能的社会责任承担首先表现在客户方面。中国节能秉承“聚合点滴真情，精心服务客户”的服务理念，不断完善客户服务体系建设，切实保障消费者的正当权益；保证客户信息安全，保证消费者和客户的知情权，为消费者及客户全面了解集团提供便利条件，为客户创造更多价值。中国节能工业节能有限公司注重消费者（客户）隐私权的保护，未发生消费者（客户）信息泄露的情况；中国节能资产经营有限公司规范过程管理，有效保证客户对产品和服务满意，客户满意度达99.3%。

外部社会公益方面，中国节能始终倾心倾力投入社会志愿服务，积极履行社会责任，以真情大爱回馈社会，致力推动志愿服务细水长流、遍地开花。2020年，集团公司对外捐赠支出5972.87万元。中国节能积极践行“一带一路”倡议，持续推进援外业务，积极开拓国际工程项目。2020年，中国启源签订援塞拉利昂外交培训学院、乌兹别克斯坦汽车启动用铅酸电池等多个国际贸易项目；中国地质跻身2020年度全球最大250家国际承包商前百强，列第96位。同时，中国节能始终关注海外项目所在地的社会民生，坚持属地化经营，推行本地化采购政策，着力带动当地经济社会发展；积极参与当地社区活动，推动职工与当地文化交流，致力打造海外“朋友圈”。中国地质中东分公司自2017年起先后5次向朱拜勒孤儿协会、Wahaj妇女慈善协会等当地8家慈善机构累计捐款3230585沙币，折合人民币581.5万元。新冠肺炎疫情发生后，中国节能第一时间成立疫情防控工作领导小组，迅速研究部署疫情防控工作。领导小组以习近平总书记重要讲话精神为指导，先后下发多份通知，制订相关预案，动员专业力量，采取有力措施，坚决遏制疫情扩散，坚决打赢疫情防控阻击战。承担及时清运和处理火神山医院医疗废物的紧急任务，为保障医院安全正常运行作出重要贡献；下属中节能生态、中国环保等企业全力配合属地卫生健康防疫部门开展医废处置、特殊固废处理、街区消毒等工作；下属中环水务、中节能国祯等企业以各种方式确保属地居民用水安全和污水处理设施平稳可靠运行；下属中国地质、万润公司等根据集团公司统一安排，积极从海外采购防疫一线所需紧张的防护服、口罩等物资，切实做好物资保障工作；下属新时代健康产业集团、中环装备、万润公司等企业针对市场需求，全力开展产品研发和配送供给。公司总计疫情防控捐款3317.57万元，投入疫情防控的第一线的员工1.4万人。2020年9月，在全国抗击新冠肺炎疫情表彰大会上，中节能生态荣获全国抗击新冠肺炎疫情先进集体，中节能生态党委荣获全国先进基层党组织荣誉称号。2020年10月，中央企业抗击新冠肺炎疫情表彰大会上，集团公司所属中国环境保护集团有限公司荣获“中央企业抗击新冠肺炎疫情先进集体”称号，中节能生态所属广西清洁技术公司黄均平荣获“中央企业优秀共产党员”及“中央企业抗击新冠肺炎疫情先进个人”称号，集团公司办公室刘志宏荣获“中央企业抗击新冠肺炎疫情先进个人”称号。中国节能经济开发生态健康产品，形成完整绿色生态产业链，初步探索走出一条“生态资源种植→采集和初加工→有效利用→价值实现→回馈社会”的生态健康产业发展及扶贫道路，实现了经济、社会、生态效益和谐统一与良性循环。自2020年3月起，新时代健康产业集团开启“健康中国行·科普云课堂”，邀请中医学、营养学等众多领域健康专家走进直播间，在线带来中医防疫及养生、免疫力提升、慢病防控、营养健康等科普公益讲座。

中国节能始终倾心倾力投入社会志愿服务，积极履行社会责任，以真情大爱回馈社会，致力推动志愿服务细水长流、遍地开花。2020 年，集团公司对外捐赠支出 5972.87 万元。中国节能积极践行“一带一路”倡议，持续推进援外业务，积极开拓国际工程项目。2020 年，中国启源签订援塞拉利昂外交培训学院、乌兹别克斯坦汽车启动用铅酸电池等多个国际贸易项目；中国地质跻身 2020 年度全球最大 250 家国际承包商前百强，列第 96 位。同时，中国节能始终关注海外项目所在地的社会民生，坚持属地化经营，推行本地化采购政策，着力带动当地经济社会发展；积极参与当地社区活动，推动职工与当地文化交流，致力打造海外“朋友圈”。

内部员工责任承担方面，坚守健康安全发展底线，办“员工幸福”的企业。中国节能充分发挥员工工作的积极性、主动性、创造性，维护员工合法权益和健康安全，关心员工职业发展，让员工受到尊重，使员工与公司共成长。在 24 家二级公司组建了工会，长效开展班组长培训、技能竞赛、远程教育等，提高员工能力素质；设立了羽毛球、乒乓球、篮球、足球、保龄球、台球等多个俱乐部，定期举办“瑜伽”培训课、书画摄影讲座、“聚创天下”趣味运动会、“万步健走”等活动，关爱员工身心健康公司。出台《职务职级管理办法》和《薪酬管理办法》，实施“青苗、青松、青山、青云”工程，让员工职务晋升有规可循，让员工共享集团发展成果。同时，公司积极创造条件，吸纳大学生、农民工和军转干部就业，被评为“全国拥军先进单位”。公司在年初召开安全生产工作会议对安全生产作出部署，开展了污染源排放调查，收集污染源排放企业数量、污染物种类等信息，编制环保管理暂行规定，组织开展环保达标 100 天活动；定期开展安全知识竞赛和消防安全演练，编制《安全生产小册子》《安全生产简报》等，严肃处理安全事故，举一反三，不断降低事故率；引入杜邦安全生产体系，结合标准化活动，大力开展风险隐患排查，努力形成全员管安全、要安全的氛围。公司建设了“五室一厅”（洗衣室、保健室、美发室、健身室、图书室、员工餐厅），餐厅还定期征集意见，定期检测蔬菜农药和水质，并在内网公示，接受监督；定期安排员工体检，每年春节前开展“面心实”活动，关爱基层困难员工，员工满意度达 98.45%。

一、企业社会责任（CSR）的渊源

1924年，美国学者谢尔顿（Oliver Sheldon）在其著作《*The Philosophy of Management*》中就提出了“公司社会责任”的概念。从可查阅的资料获知这是迄今为止对“公司社会责任”的最早描述。他把公司社会责任与公司经营者满足产业内外各种人类需要的责任联系起来，并认为公司社会责任含有道德因素在内。

20世纪30年代，在美国公司法学界又产生了著名的多德—贝利论战，两位学者就“公司的经理人员是谁的受托人”展开了大讨论。多德（Dodd）教授率先指出，公司对雇员、消费者和公众负有社会责任，尽管这些社会责任未必见诸法律而为公司的法定义务，但应当成为公司管理人恪守的职业道德。随后，贝利（Berle）教授立即发表异议：商业公司存在的唯一目的就是为股东营利，公司管理人只有对股东有相当于受托人的责任，如果要求管理人对股东之外的其他人负责，那么，所有者控制公司、管理人应对所有者承担受托人义务的公司法规则就会被削弱乃至颠覆，在公司承担社会责任的名义下，各种各样的利益群落都会向公司提出财产要求，作为市场经济基础财产私有就会被动摇，结果将导致类似一场经济内战的社会财富再分配。

然而，直到1953年，被称为“企业社会责任之父”的伯文（Howard R. Bowen）发表了《商人的社会责任》一书，关于企业社会责任的现代辩论才真正开启。伯文在文中对企业社会责任定义为：商人按照社会的目标和价值，向有关政策靠拢、作出相应的决策、采取理想的具体行动的义务。

1961年，Eells和Walton进一步发展了企业社会责任的观念，他们认为“当人们谈论有关企业社会责任时，他们正在考虑的是公司、企业给社会带来的负面影响，以及在处理公司与社会之间关系应当遵循的伦理准则”。

1970年9月13日，诺贝尔奖得奖人、经济学家米尔顿·弗里德曼在《纽约时报》刊登题为《商业的社会责任是增加利润》的文章，指出“极少趋势，比公司主管人员除了为股东尽量赚钱之外应承担社会责任，更能彻底破坏自由社会本身的基础”，“企业的一项、也是唯一的社会责任是在比赛规则范围内增加利润。”社会经济观认为，利润最大化是企业的第二目标，企业的第一目标是保证自己的生存。“为了实现这一点，他们必须承担社会义务以及由此产生的社会成本。他们必须以不污染、不歧视、不从事欺骗性的广告宣传等方式来保护社会福利，他们必须融入自己所在的社区及资助慈善组织，从而在改善社会中扮演积极的角色。”

1975 年，Davis 和 Blomstrom 在《经济与社会：环境与责任》一书中，给社会责任下了一个更为明确的定义，他们声称“社会责任是指决策制定者在促进自身利益的同时，采取措施保护和增进社会整体利益的义务”。

1976 年，经济合作与发展组织（OECD）制定了《跨国公司行为准则》，这是迄今为止唯一由政府签署并承诺执行的多边、综合性跨国公司行为准则。这些准则虽然对任何国家或公司没有约束力，但要求更加保护利害相关人士和股东的权利，提高透明度，并加强问责制。2000 年，该准则重新修订，更加强调了签署国政府在促进和执行准则方面的责任。

20 世纪 80 年代，企业社会责任运动开始在欧美发达国家逐渐兴起，它包括环保、劳工和人权等方面的内容，由此导致消费者的关注点由单一关心产品质量，转向关心产品质量、环境、职业健康和劳动保障等多个方面。一些涉及绿色和平、环保、社会责任和人权等的非政府组织以及舆论也不断呼吁，要求社会责任与贸易挂钩。迫于日益增大的压力和自身的发展需要，很多欧美跨国公司纷纷制订对社会作出必要承诺的责任守则（包括社会责任），或通过环境、职业健康、社会责任认证应对不同利益团体的需要。

20 世纪 90 年代初期，美国劳工及人权组织针对成衣业和制鞋业所发动“反血汗工厂运动”。因利用“血汗工厂”制度生产产品的美国服装制造商 Levi - Strauss 被新闻媒体曝光后，为挽救其公众形象，其制定了第一份公司生产守则。在劳工和人权组织等 NGO 和消费者的压力下，许多知名品牌公司也都相继建立了自己的生产守则，后演变为“企业生产守则运动”，又称“企业行动规范运动”或“工厂守则运动”，企业生产守则运动的直接目的是促使企业履行自己的社会责任。

但这种跨国公司自己制定的生产守则有着明显的商业目的，而且其实施状况也无法得到社会的监督。在劳工组织、人权组织等 NGO 组织的推动下，生产守则运动由跨国公司“自我约束”（self - regulation）的“内部生产守则”逐步转变为“社会约束”（social regulation）的“外部生产守则”。

1999 年 1 月，联合国秘书长安南在世界经济论坛的发言中首次提出“全球契约”的概念。他指出，全球化在带来人类社会发展的同时也带来了经济、社会和政治范围的失衡，必须制定一套促使跨国公司在全球努力改善人权、劳工和环境的原则。

2000 年 7 月，《全球契约》论坛第一次高级别会议召开，参加会议的 50 多家著名跨国公司的代表承诺，在建立全球化市场的同时，要以《全球契约》为框架，改善工人工作环境、提高环保水平。《全球契约》行动计划已经有包括中国在内的 30 多个国家的代表、200 多家著名大公司参与。

2002 年，联合国正式推出《联合国全球协约》（UN Global Compact）。协约共有九条原则，联合国恳请公司对待其员工和供货商时都要尊重其规定的九条原则。

2010 年 11 月，国际标准化组织（ISO）正式发布了社会责任指南国际标准（ISO 26000），作为首个社会责任领域的国际标准为企业社会责任的实践提供了统一的规范。

二、企业社会责任的含义及维度

（一）企业社会责任的含义

从广义理解，企业社会责任包括涉及社会利益的法定责任和同样涉及社会利益的道德责任。法定社会责任是指由法律、行政法规明文规定的企业应当承担的社会责任，如果企业违反法定社会责任，则应当承担相应的法律后果。道德上的社会责任是指虽然没有法律的直接规定，但社会伦理道德要求企业承担的社会责任，强大的社会舆论压力可能促进企业承担道德责任。

但对于企业社会责任的含义，学者都从不同角度展开了研究，有着不同的理解，没有一个统一的定义。随着社会的进步和人民生活水平的提高，社会对企业的要求已不再仅仅是以合适的价格提供合格的产品和服务，而是转向质量要求、生产生活环境的改善以及社会公益等多个方面，这些都应属于企业社会责任的内容。从理论研究来看，理论界对企业社会责任有几种不同的观点。

(1) 超越股东观。该观点基于利益相关者理论，认为企业除了需要考虑股东的利益外，还要关注其他利益相关者的利益，企业社会责任是指既要实现股东利益最大化，也要最大限度地实现员工、顾客、债权人、供应商和政府等其他利益相关者的利益。(2) 超越盈利观。该观点认为企业社会责任是指企业不能以利润最大化作为唯一目标，而应当在实现盈利的过程中，最大限度地维护社会利益。这种观点源于企业责任包括企业经济责任和企业社会责任，企业社会责任是相对于企业经济责任来说的，企业经济责任即为创造利润，企业社会责任则是企业在经济责任之外所承担的责任。(3) 企业社会互动观。该观点认为企业不仅是一个经济组织，也是社会组织。社会为企业的生存发展提供了各种资源和条件，企业理应维护与社会的关系，积极应对社会对企业的期望和要求，表现出企业和社会之间的互动关系。

进入21世纪，“企业公民”成为企业社会责任概念的新解读，从公民的视角看待企业在整个社会中的作用和地位，认为企业要承担政府的部分职能，在管理公民权方面起社会作用。

根据以上对企业社会责任的界定，笔者认为，企业社会责任具有两个鲜明的特征。首先，企业社会责任的不完全性。这是指企业不能够满足社会责任相关的所有利益相关者的所有利益要求。其原因在于：企业资源的有限性和隐性契约的非强制性。企业资源是有限的，而企业承担社会责任是有付出的，因此需要对利益相关者的社会责任利益需求进行调整和平衡。企业是一系列契约的组合体，尤其是企业社会责任更多的是与隐性契约有关，隐性契约的非强制性会弱化契约对企业的规范和约束，企业有可能出现推卸和逃避责任的行为，因此企业只能有限度地承担社会责任。其次，企业社会责任具有双赢性。企业社会责任承担虽然会增加企业成本，但企业社会责任具有价值创造的积极作用。企业履行社会责任可以促进社会共同富裕和可持续发展，实现社会利益，也可以增强企业声誉，获取更多的利益相关者的更多的支持和认可，提高内部员工的忠诚度，获得更多政府对企业的支持，最终会提高企业的竞争能力和综合实力，实现自身利益。

（二）企业社会责任的维度

以上各种观点基本上都属于广义企业社会责任的表述。根据ESG治理理念，以及本书研究目标的需要，本书将单独讨论环境保护和价值链生态有关的企业责任，即将这两个方面不划分入企业社会责任讨论的范畴，因此后面讨论的企业社会责任，属于狭义上的企业社会责任范畴。对于企业社会责任，本书将区别外部社会责任和内部社会责任两个不同的维度分别进行研究。其中，外部社会责任明确为社会公益（代行政府部分职能，对社会公众履行社会责任）和价值链责任，具体包括公益捐赠、产品质量安全、隐私数据保护、价值链责任、社区沟通、公司税收贡献、扶贫和乡村振兴等；内部社会责任即对企业内部员工的社会责任，具体包括员工福利与健康、人力资源发展、员工薪酬平等（员工与高管薪酬差距）、性别及性别平衡政策、人权政策及违反情况、反强迫劳动、反歧视等。

这里有必要厘清当前较为流行的ESG概念与前面所定义的企业社会责任的区别。ESG源于一种投资理念，被翻译为责任投资，其内容包括环境（Environmental）、社会（Social）和公司治理（Corporate Governance）三个方面，具体来说，环境方面包括企业对气候的影响，企业对自然资源保护、废物及消耗防治、环境治理、绿色技术、环保投入、绿色办公、员工环境意识、发展可再生能源的可能性、建造更环保建筑的可能性等；社会方面包括员工福利与健康、产品质量安全、隐私数据保护、公司税收贡献、精准扶贫、产业扶贫、乡村振兴、性别及性别平衡政策、人权政策及违反情况、反强迫劳动、反歧视、供应链责任管理、社区沟通等；治理方面包括反不公平竞争、风险管理、信息披露、公平的劳动实践、董事会独立性、股权结构（股权制衡）、董事会多样性、会计政策、薪酬体系、道德行为准则、中小股东利益、债权人利益等。投资者基于以上ESG三个维度对投资企业进行评估，以做出投资决策。本书所讨论的企业社会责任与ESG中的社会维度在内容上基本一致，同时将公司治理中员工薪酬（主要指员工与高管的薪酬差距）的内容也纳入了内部社会责任。

三、企业社会责任的价值创造机制

企业社会责任承担意味着社会责任支出或投资，为股东、管理者和债权人之外的其他利益相关者创造价值，当得到社会的正反馈即有了声誉效应和社会效益后，才有了声誉等社会资本。不同于股东或债权人先投入财务资本（与股东相关的关系资本以及知识资本），再通过企业经营活动和投资活动创造财务绩效后企业回报投资者，社会责任承担更多地表现为企业先给予利益相关者回报（企业开展社会责任投资，利益相关者利益获得满足），然后才能取得相应的资本投入（声誉等社会资本以及知识资本等）。站在股东或债权人的角度，先有资本投入，后有回报；但站在客户、社会公众等其他利益相关者角度，则是先享有利益，后有资本投入。股东或债权人投入的更多的是财务资本，客户、社会公众等其他利益相关者投入更多的是非财务长期资本，这种长期资本投入更有利于企业价值创造和可持续健康发展。

企业是营利组织，企业社会责任投资的驱动因素主要来自以下几个方面：首先，自然资源和环境的约束。节能减排、环境保护是实现经济社会可持续发展的必然要求。无论是有关的国际协议还是各国各区域都提出了相应的减排目标，我国也提出了“30·60”双碳目标。绿水青山就是金山银山的发展理念正在不断实践。基于此，企业承担环境责任势在必行，从而驱动企业积极开展环境责任投资。其次，产品（或服务）市场的竞争压力。当今时代，客户对企业承担社会责任的情况越来越关注，更愿意购买有良好社会责任表现的企业产品（或服务），对企业的经营形成强大的外部市场压力。相较于没有进行社会责任投资的企业，开展了社会责任投资的企业具有明显的市场竞争优势，客户更多地认可后者。各方都希望能够制订一个通用的社会责任标准体系，同时配套有独立的认证认可机制，以提高社会责任承担的透明度和公信力，以推动社会责任承担。最后，价值观认同的期望。企业既是经济组织又是社会组织，作为企业公民，其行为体现了一定的价值观。社会责任承担非常明显地体现出一个企业的价值观，是对整个社会价值观的认同。特别是在我国社会主义核心价值观指引下，企业积极开展社会责任投资，是整个社会对企业在核心价值观认同上的一种期望。期望与现实越接近，社会责任承担就越能够提升企业声誉和品牌形象，形成基于价值观认同的相对竞争优势。

企业开展社会责任投资获得来自其他利益相关者的长期非财务资本，研究表明，这种资本的形成来自企业社会责任承担的行为效果、声誉效应和学习效应。

首先，企业社会责任承担产生行为效果。行为会产生效果，企业社会责任承担的行为理论上讲应当能够产生正能量的效果（实践中也可能有做无用功的情况，则另当别论），这种效果是指企业对社会进步和环境改善的持续贡献。企业社会责任承担行为的效果有可观察和不可观察两种类型。可观察的效果是指利益相关者直接经历的或企业在与利益相关者的相互作用中有关效果信息转移传递到了利益相关者；不可观察的效果是指利益相关者不能直接经历只能间断性地接收到相关的效果信息。

其次，企业社会责任承担给企业带来声誉效应。声誉是指企业及其社会责任承担的效果在相关利益相关者中的形象和认同。在企业的社会契约网络中，签有正式或非正式契约的利益相关者从外部或企业本身了解到企业社会责任承担行为的效果，并以此为依据对企业进行评价。企业声誉的建立是利益相关者依据相关信息对企业做出评价的过程，一般有直接和间接两种方式：通过企业的社会责任报告、媒体报道等直接与利益相关者沟通、交流以直接构建声誉；通过改进企业社会责任承担行为效果的外部信息来源以间接构建声誉。理论上企业社会责任承担产生的声誉，应当是能够被企业的社会责任承担行为效果所证实的有效声誉（真正的声誉），实际中进行虚假宣传所产生的虚假声誉则不能够被企业社会责任承担行为效果所证实或者与行为效果水平不符。

最后，企业社会责任承担给企业带来学习效应。组织理论认为，当组织的潜在行为范围随并购、信息传播和分布而发生变化时，组织的学习效应产生了。由于组织外部环境的日趋复杂，社会责任问题往往与主观倾向、特定背景的价值观相关，可能在政治、社会领域，以及客户和其他利益相关者之间存在不一致甚至冲突以及不确定性。从环境保护来说，其具有明显的时滞性、长期性和地理距离之间的因果关联，企业针对这些问题承担社会责任，可以增加专门知识、获取资源并促进企业能力的发展。根据企业内外部的契约关系，企业社会责任承担的学习效应可以分为常规学习效应和创新学习效应。前者是指企业从外部获得知识和能力，如通过学习已有的技术以解决生产中的社会责任问题；后者是指企业在社会责任承担过程中形成的新知识和技术。

中国经济已经进入高质量发展阶段，中国式现代化亟待企业在经营中积极承担社会责任。正如北京大学国家发展研究院周其仁教授所说，中国经济在过去数十年间的跌宕起伏，贯穿其中的一个逻辑就是“成本的变化影响经济绩效”，“综合比较成本优势，成就了中国在全球化中高速增长的奇迹”。因此，中国经济突围的两个方向：“一是扭转成本曲线，特别是体制性成本上升过快的不良势头，争取通过深化改革再次大幅度降低成本，延续中国经济参与全球竞争的比较优势；二是鼓励创新，培育中国经济的独到性优势”。综合本章前面讨论的内容可以认为，提高企业的环境保护观念、社会责任意识和治理水平，正是为了不断降低体制成本，不断深化体制改革，不断加快体制创新；而企业社会责任承担，恰恰可以在推动绿色低碳转型、实现社会和谐稳定公平、推进国家治理体系和治理能力现代化等方面，有所借鉴，有所助力，有所建树，帮助企业真正成为高质量发展范式的开拓者、倡导者和践行者。从这个意义上说，社会责任承担不仅是投资策略，还应当是价值观念、责任担当和行动自觉。

第六节　可持续财务治理的基本内容

可持续财务治理是以利益相关者理论和资源约束理论为基础，通过对企业财权的合理配置，以及有效的财务和非财务约束和激励机制，协调各个利益相关者之间的利益冲突，尤其是充分考虑环境利益相关者和社会责任利益相关者的利益诉求，以期建立一系列合理有效的利益制衡和补偿制度，最终实现企业所有利益相关者综合价值最大化。可持续财务治理的目标是实现利益相关者之间的财务和非财务利益平衡，尤其关注环境利益、员工利益和社会公益等。

一、可持续财务治理的主体

（一）财务主体和财务治理主体

首先需要注意区别财务主体和财务治理主体。财务主体是指具有独立财权，进行独立核算，拥有自身利益并努力使其最大化的经济实体。归纳起来，财务主体具有以下几个特征。

财权独立性。财权的取得并独立化是一个组织能否成为财务主体的根本条件。

经济性。财务主体所从事的财务活动均带有经济性。至于各种非经济性的实体，如各级行政机关和完全依赖国家拨款的事业单位，由于其资金收支实质上是国家财政资金收支活动，都不能构成财务主体，而属于财政管理的范畴。

目的性。财务主体从事财务活动应有自己的目标，并根据这一目标来规划自己的行动。

财务主体是一元性的，企业是真正的财务主体。企业与各个财务治理主体通过各种类型的契约相关联。财务治理主体是多元性的，包括主要利益相关者，即包括出资者、经营者、职工、债权人、顾客、供应商和政府。某一个财务主体外的财务主体（如债权人）也可能构成该财务主体的财务治理主体，然而，以上主体都不能与财务主体等同或与其并驾齐驱，只有企业才是真正的企业财务主体。这种财务主体的一元性与财务治理主体的多元性，既使企业作为市场竞争的主体具有了独立性，又使其内部财权划分具有了合理性。

股东作为企业直接投资者，在企业权益主体中处于中心地位，债权人、职工和供应商作为企业专用性资产的投资者与股东一样，与企业之间属于契约关系，是企业的直接利益相关者。而顾客、社区及政府对企业的经营有着重要的影响，同时他们也受到企业行为的影响，所以是企业的间接利益相关者。

财务治理主体不应仅局限于股东，而且包括经营者、职工、债权人、顾客、供应商和政府等广大利益相关者。因此，财务治理的主要执行者－经营者不仅要维护股东的利益，同时也要维护其他利益相关者的利益。

财务治理主体应是拥有企业一定财权或者能够有效影响财权发挥作用的独立主体。当财务治理主体拥有的财力或能力性质不相同时，其拥有的相应的权力也不相同，从而其拥有的财权也不相同。根据财务治理主体拥有财力的性质不同，可以将财力划分为股东和债权人拥有的财务资本、经营者和企业职工拥有的人力资本、顾客和供应商拥有的市场资本、政府和社会公众拥有的社会资本等。

（二）可持续财务治理主体的多元性

可持续财务治理主体的多层次性：企业的利益相关者众多，每个利益相关者（或团体）的利益需求、谈判能力或地位都不尽相同，导致财务治理主体多层次性。股东、经营者、员工、客户、政府、社区和非政府组织等单维度利益相关者构成治理主体的第一层次；不同利益相关者也可以基于共同利益诉求进行组合，形成利益相关者团体，这是治理主体的第二层次；每一个具体利益相关者维度内部，也有内部相互的利益冲突问题，如控股股东与中小股东，管理者与普通职工、客户之间、供应商之间等，形成了治理主体的第三层次。以下主要分析基于第一层面主要的可持续财务治理主体。

财务治理主体之一：股东和债权人

股东和债权人作为财务资本的拥有者，将其拥有的有形或者无形的资本投入企业中，由此拥有相应的权力。《公司法》第四条规定：公司股东作为出资者按投入公司的资本额享有所有者的资产受益、重大决策和选择管理者等权力。

股东会是公司的最高决策机构，拥有选择经营者、重大经营管理和资产受益等决策权力。重大经营管理决策权表现为：审议公司章程及有关出卖部分和全部财产的建议和财务报告，对公司合并和分立及解散等行使投票权，对公司的经营方向、投资方案等进行决策。对于股东会来说，他们拥有与股东权益有关的重大财务决策权、财务收益权、财务监督权等。股东会一般将财务监督权赋予监事会。因此，股东会的财权 = 财务资本 + 重大财务决策权、财务收益权等。

监事会是公司内部专职监督机构，是出资者监督权的主体。监事会对股东大会负责，以出资者代表的身份行使监督权。它一般由股东代表和适当的职工代表组成，董事、经理和财务人员不得兼任监事。作为监督机构，监事会享有监督董事会、经理阶层执行公司业务的权力以及审核公司财务状况的权力。监事会的财权 = 财务资本 + 财务监督权等。

董事会是由股东在股东会上选举产生的，作为股东的代表对经理层进行监督和控制，并批准关系公司经营管理的重大决策。董事会成员既是出资者，又受雇于全体股东，具有出资者和经营者的双重身份。在现代公司制度下，一般董事会的组成人员分为执行董事和非执行董事，前者担任具体业务的执行，后者则在参与董事会决议之余通常有业务查核和业务监督之权力，这主要是想通过与公司没有直接利益关系的非执行董事实现对董事会决策的监督。董事会的财权 = 财务资本、人力资本 + 重大财务决策权、财务执行权和财务监督权等。

对于债权人而言，他们拥有按时收回本金、定期收到利息、间接监督资金的使用、对企业的抵押资产的处置等权力。因此，债权人的财权 = 财务资本 + 本金收回权、收益分配权、间接监督权、抵押资产处置权等。

财务治理主体之二：经营者和职工

企业与员工之间不再是简单的雇佣与被雇佣的关系，员工为企业发展提供重要的人力资本，也应当参与企业剩余索取权的分享。因此，股东应与员工分享企业控制权。企业应当依法保护职工合法权益，尊重其人格，坚持按劳分配、同工同酬的原则，营造良好的工作环境和和谐的劳动关系，提高人力资本增值能力。

经营者和企业职工作为人力资本的拥有者，组织和进行企业的生产经营活动，拥有日常决策权、执行权等。

经营者包括董事会和经理层。这里主要讨论经理阶层拥有的财权。经理阶层的财权 = 人力资本 + 日常财务决策权、财务执行权、财务监督权等。职工的财权 = 人力资本 + 财务执行权等。

财务治理主体之三：顾客和供应商

顾客和供应商是市场资本的拥有者，其拥有求偿权、知情权等。顾客作出最有利于自己的选择时，必须了解有关的商品或服务的真实情况，为此需要享有知情权。顾客因购买、使用商品或接受服务受到人身、财产损害的，享有依法获得赔偿的权力。供应商是引致投资者，即他们的投资是由公司的产量或规模决定的，因而与公司休戚相关。顾客和供应商的财权 = 市场资本 + 求偿权、自主选择权、知情权等。

财务治理主体之四：政府

政府以社会管理者身份投入的资本，称其为社会资本。政府通过向企业征税来调节社会收入分配，维护公共的利益，稳定社会安定，维护社会的秩序，颁布法律法规来规范和约束企业的生产经营活动，其拥有协调权、征税权、行政奖惩权、监察权等。因此，政府的财权 = 社会资本 + 协调权、征税权、行政奖惩权、监察权等。政府与企业之间的财务关系不仅限于税收关系，对于即将响应政府号召，主动承担社会责任的企业，政府有激励政策如优惠税率、贷款支持、技术引进和人才支持等，这些政策优惠将为企业价值创造和持续发展带来新的机会。

财务治理主体之五：社区

企业承担社会责任能够让企业与社区和谐相处共同发展。对企业来说，为社区做贡献会有慈善捐赠等公益性支出，但良好的社区环境是企业长期健康发展的外部机制，有助于提高生产效率，间接提升企业的财务绩效。如果企业在经营过程中忽视甚至损害了所在社区的利益，则可能导致职工的生产生活受到排斥，甚至引起对企业的法律诉讼，使企业遭到经济和声誉方面的损失，不利于企业的长期发展。因此，将社区纳入企业财务治理，是发展一种和谐共存的财务关系，企业对社区开展公益活动是一种长期关系投资。

财务治理主体之六：其他

除了以上五个方面的治理主体外，可持续财务治理主体还包括其他更广泛的利益相关者，如新闻媒体、一般社会公众、科研界等。这些主体多数与企业之间没有直接的经济或其他利益关联，但会间接受到企业行为的影响。企业社会和环境责任的承担，无论过程还是结果，都将间接地影响包括社会大众等在内的利益相关者。同时，一般公众、新闻媒体和科研界等也会直接或间接地参与到企业财务治理中，可能通过自己的方式影响企业财权的配置和激励约束机制的设计和运行。

二、可持续财务治理的目标

可持续财务治理是一种强调责任承担的财务治理模式，不仅将传统的股东、债权人、管理者纳入财务治理结构中，还将公众、客户、政府、员工、社区等纳入财务治理的分析框架。可持续财务治理基于全体利益相关者的契约关系，以实现全体利益相关者均衡满意和企业综合价值最大化为目标，设计相应的财务治理激励和约束机制，并合理、相机配置企业财权。不同利益相关者（或团体）的利益表现有不同的内容，因此可持续财务治理的目标具有多样性，其中有些目标按照现有的计量技术尚难以用货币直接测度，只能采取一些间接的方法进行衡量。本书认同财务治理目标是利益相关者综合价值最大化。

企业的契约理论认为，现代企业是一系列契约的联结点，企业只是一个组织，企业的所有权应该属于签约人，即利益相关者。各利益相关者——股东、债权人、经理层、雇员等，都是企业产权主体，各方都有其自身的利益，共同参与构成公司的利益制衡机制，这是企业财务治理目标在确定过程中需要首先考虑的。如果试图通过损失一方利益而另一方获利，结果都将不利于企业的发展，因而应公平地对待各方，尊重各方的利益。现代市场经济条件下，企业财务治理的本质是一种以企业所有权安排为基础的财权在利益相关者之间合理配置与有效运作的过程，因此，财务治理所关注的也应当是企业全部利益相关者的利益。而且权衡利益相关者利益最大化的目标模式与我国对企业提出的“兼顾国家、集体和个人三者间的利益”的要求十分相似，体现可持续发展财务治理的特征。因此，财务治理的目标为利益相关者综合价值最大化。

三、可持续财务治理的内容

可持续财务治理的内容是基于环境和社会责任的代理问题，也就是设计有效的激励和约束机制，以降低各个利益相关者之间的利益冲突，促进企业可持续地承担环境和社会责任，以实现利益相关者综合价值最大化。与传统的财务治理一样，道德风险和逆向选择依然是可持续财务治理需要重点关注的治理内容。

基于社会责任的代理问题：有学者研究表明，在社会责任环境下，企业内部人为了个人的声誉利益，倾向于对企业社会责任过度投资，间接地侵犯了中小股东的利益；股东和管理者基于共同的利益导向，联合起来侵犯其他利益相关者的利益，如不重视员工的身心发展、不注重环境保护和产品质量安全。

道德风险是从事经济活动的人在最大限度地增进自身效用时做出不利于他人的行动。它一般存在于下列情况：由于不确定性和不完全的，或者限制的合同使负有责任的经济行为者不能承担全部损失（或利益），因而他们不承受他们的行动的全部后果。同样地，也不享有行动的所有好处。逆向选择，指的是市场交易的一方如果能够利用多于另一方的信息使自己受益而对方受损，信息劣势的一方便难以顺利地做出买卖决策，于是价格便随之扭曲，并失去了平衡供求、促成交易的作用，进而导致市场效率的降低。

在其他利益相关者没有参与到企业治理的情况下（不属于本书重点关注的内容；出于讨论的完整性），基于社会责任的代理问题主要来自股东、管理者和债权人之间的代理冲突。

基于责任承担的股东与管理者之间的代理问题：首先，道德风险问题。社会责任上升为股东的战略层面，成为企业的一项长期规划，但由于道德风险，管理者并不努力实施社会责任具体举措，或者认为薪酬激励不到位自身利益尚未满足，不认同企业承担社会责任，或者价值观念不同，或者将既定的社会责任投资投向有利于其个人声誉的方面，如管理者自己所在的社区、乡村或其他关联方。结果导致社会责任投资不足或者实际上未能达到预期效果。其次，逆向选择问题。为了个人声誉等私利，管理者可能过度投资于社会责任，特别是当企业拥有较多的自由现金流量时，以及管理者权力较大的情况下，管理者有动机将这部分现金流量投资到并非有利于股东利益的社会责任项目。由于逆向选择问题，股东可能倾向于减少授权管理者实施社会责任项目，最终导致社会责任投资不足。

基于责任承担的债权人与内部人之间的代理问题：首先，道德风险问题。企业与债权人签订含有社会责任条款的（如绿色融资）契约后，通过股利政策、现有债权价值的稀释、资产替代等方式转移债权人的收益，导致社会责任投资不足，或者放弃能够持续增进企业价值的社会责任投资。其次，逆向选择问题。利用信息不对称，企业可能在社会责任方面进行隐藏包装，以获取融资机构的信赖，获得优惠贷款（如绿色贷款）。但实际上企业可能并没有进行社会责任方面的长期投资，一旦经营不善导致债权人受损的可能性因此增加。

在社会和环境利益相关者参与企业治理的情况下，基于前面分析的社会契约的特征，各个社会责任的利益相关者之间存在利益冲突以及“搭便车”现象，导致社会责任治理中的代理成本。代理成本是指委托人选择代理人和设计、实施、维持适当的激励与控制制度的成本以及由完全解决这些问题的困难引起的剩余损失的总和（Jensen 和 Meckling，1976）。按照企业社会责任行为中企业与利益相关者不同组合的利益相关程度以及合作程度，将合作剩余作为衡量企业可持续发展的指标，那么社会责任的治理成本将随合作剩余的增加而减少。同时，当企业与利益相关者合作程度不断深化，协商谈判所需要的信息、时间等逐渐减少，知识和信息在企业和利益相关者之间以及各个利益相关者之间的传递会越容易，代理环节也将越来越少，最终降低了代理成本。反之，合作剩余的减少甚至为负数，则将导致代理成本上升，不仅导致企业的经济损失，还带来更多的社会问题和环境污染，这是可持续财务治理需要重点关注的，需要有完善的治理机制才能从根本上解决问题。

因此，可持续财务治理模式的治理相对于传统的财务治理，如股东至上主义治理模式，表现出自身的优势，也就是在财务治理引入和深度考虑社会和环境责任，将降低各个利益相关者在合作中的不确定性，不仅降低了社会契约的代理成本（还包括相关的知识成本等），也最终创造了社会效益和环境效益。

第四章　可持续财务治理绩效

第一节　基于公共品视角的企业责任承担及其绩效评价

一、公共品的概念解析

在标准的经济学教科书中，“公共品”概念的界定相当清楚。公共品具有两个特征：非竞争性（nonrival）和非排他性（nonexclusive），如果在给定的任意生产水平下，向额外的消费者提供该商品的边际成本为零，该商品是非竞争性的，如果人们不能被排除在消费某商品之外，该商品就是非排他性的（Pindyck 和 Rubinfeld，2013）。具备以上两个特征的通常被称为纯公共品，可细分为政策性公共品和一般性公共品，前者如政府的各类公共政策，包括福利政策、就业政策、分配政策以及各种调控经济的政策等；后者如国防、法律秩序、环境保护等。

但在现实中，严格符合纯公共品定义的产品并不多，更多的是介于纯公共品和纯私人品之间，具有不完全竞争性或不完全排他性的“准公共品”。从长期的视角看，公共品的属性并非一成不变。随着知识与技术的进步、环境与制度的变迁，某些公共品的“公共性”会逐渐被削弱，转变成私人品。但是，这并不意味着公共品的数量将因此而减少，随着社会发展程度的提高，社会公众对自由、公正等社会环境因素的关注日渐增强，某些致力于规范和保护公民平等权益的公共品必将随之而诞生。

二、公共品的供给

从萨缪尔森（Paul A. Samuelson）开始，针对“由谁来提供公共品”这个问题，传统讨论中至少存在三类观点：（1）公共品由政府提供才能解决效率低下问题（Samuelson，1958；Thompson，1968；Head 和 Shoup，1969）；（2）公共品可以通过私人供给，且符合帕累托效率（Buchanan，1965；Demsetz，1970）；（3）政府和私人联合提供公共品（Cornes 和 Sandler，1984；van Zandt，1993）。

20 世纪七八十年代，随着博弈理论的流行，实验经济学方法得以应用于公共品研究中。实验分析为公共品供给提出了全新的解释："公共品博弈"（public goods game）或"公共品自愿供给机制"（voluntary contribution mechanism，VCM）。正如 Ledyard（1995）所言，实验经济学使公共品理论"进入了一个新纪元"。与传统研究不同，VCM 将研究重心从效率转向动机，认为个人提供公共品的行为背离了经济学的基本假设。

具体分析来看，政策性纯公共品实际上是政府对社会价值的一种权威性分配，它只能由政府通过公共权力来强制性生产，公共生产是其唯一的选择。而对于一般性纯公共品和准公共品，政府采购制度的建立与发展为社会资源介入其生产过程提供了可能。那么在生产方式的选择上究竟由谁来投资生产更好呢？公共生产抑或是私人生产？随着发端于 20 世纪 80 年代的新公共管理运动的兴起，近年来的理论和实践发展方向是提倡公共品生产的市场化以及投资主体的多元化，从而将公共品的生产提供由传统的政府独立承担演变为市场介入与参与。

三、企业责任承担：公共品私人提供及其效率

由以上对公共品概念的解析可知，政府供给了多数的公共品，涵盖了环境保护、促进收入平等和公众身心健康等很多方面。改革开放以来，尤其进入经济高质量发展阶段，民众对生活质量的要求不断提高，同时环境与资源约束、收入差距和机会公平等问题也逐渐显现，政府财政约束、政府效率与迅速扩大的公共品社会需求之间的矛盾日益凸显，因此需要企业参与到公共品的供给中，主动或被动地承担社会和环境责任。

理论上分析，从生产角度看私人供给公共品，与政府提供公共品并无本质区别。由于公共品与私人品的划分是以产品在消费方面的"非竞争性"和"非排他性"为依据的，并未涉及任何生产方面的因素，而在生产环节，产品

和服务发生物理性的改变，或者发生一种技术转换，也并不因其产品在消费方面的属性而受到任何技术上的约束，因此，在产品的生产环节实际上并不存在公共品与私人品的区分，公共品生产方式的选择标准应该与私人品生产方式的选择标准无异，生产效率无疑是需要重点考量的因素。

（一）公共品政府供给、私人供给及其效率

传统观点认为，私人提供公共品由于其缺乏规模经济上的效率，因而导致其成本是高昂的。而政府则可利用其规模经济和“暴力潜能”的优势较为经济地生产。但诸多实证研究和经验总结得出的结论认为，相比较私人提供公共品，由于产权不明晰，政府提供公共品的过程中存在比较严重的代理问题，从而影响到供给效率；同时，由于政府及其代理机构的特殊性，使其不能像私人那样提供有效的激励，因此，相比较而言，私人供给效率会比较高。

（二）公共品国有企业供给、民营企业供给及其效率

学者对国有企业与私人企业供给公共品的效率及效率的影响因素进行深入了分析与探讨，得出的结论和观点都基本一致，即国有企业改革可以有效地重振企业，但必须满足的前提条件是：现金流动及公司的控制权能确实由政府转移到私有化后的专业经理人手中，政府也不能再用“经营补贴及职位报酬”等名目贿赂经理人而使公司负担其他政策目标。

学者们的研究逐渐明晰了所有权、产权与生产效率之间的关系：如果产权不清晰，各种责权利关系就没有合理配置，即政府与企业各自应当拥有的权利及应当承担的责任模糊不清，则无论生产资料所有权的归属如何，企业的经营效率都是难以改进的。不排除私有化或许会有助于产权的清晰，从而在一定程度上促进市场竞争机制发挥作用，提高效率，但从本质上分析，产权的清晰才是提高效率的必要条件，而不是私有化本身促进了效率的提高。

近年来，我国国有企业改革取得了明显的进步，国有企业按照商业一类、商业二类和公益类三个类别，全面完成功能界定与分类。国有企业分类改革、分类发展、分类考核、分类监管取得了积极进展和成效，国有企业功能定位更加清晰，与市场经济融合更加深入。其中，公益类国有企业的定位是聚焦保障民生、服务社会，高效率提供公共产品和服务，做好优质服务的提供者，因此

属于政府供给公共品的代理人。商业类国有企业在产权明晰、产权多元化和有效治理的情况下，也可以参与公益类国有企业提供公共品之外的其他公共品的供给，这一点与民营企业没有区别，区别还是在于效率的问题。

四、环境和社会责任相关公共品的私人供给

理论上，环境保护属于政府供给公共品的范畴，但实际上，除了公益类的国有企业作为政府的代理人生产这类公共品以外，政策管制的放松也允许非国有企业进入该领域，例如，有不少的非国有企业其主业为环境治理。即使主业与环境治理不相关，甚至高耗能、高污染企业（既包括商业类国有企业，也包括非国有企业），由于环境规制等约束，会主动或被动进行节能减排，对环境保护做出了贡献，这说明环境公共品也可以由市场提供。当然还有非营利民间组织也会参与到环境公共品的供给或生产中，这是环境公共品提供的第三种机制。因此，这里的问题不在于哪个主体供给环境公共品，而在于生产效率问题。例如，是政府提供补贴给排放企业去治理污染，还是政府直接治理污染；是企业缴纳罚款给政府再由政府治理环境问题，还是企业在治理环境方面主动有所投入（效果好可能还有来自政府的奖励）。

企业社会责任承担，按照外部和内部两个维度，其中对内部社会责任承担，严格意义上不属于公共品范畴，虽然有一定的外部性但不是很明显，如对自己的员工加强人力资本素质的培养和提升。对于企业外部社会责任承担相关的公共品，基本属于准公共品如扶贫项目、供应链方面的责任承担等，这些都具有较强的外部性，另外还有很多情况属于间接提供公共品。以公益捐赠为例，大多数情况下企业都是捐给非营利组织（包括政府和民间），再由非营利组织提供公共品或者私人品。非营利组织（non - profit organizations）是以个人和商业部门捐赠为基础、不以营利为目的、主要从事部分公共品供给、独立于政府和商业部门之外运作的一类私人的或公共的组织。非营利组织供给公共品可能在医疗保健、教育、研究等具有明显的外部性，但具有相当程度排斥性的公共品领域，也有用于社会法律服务、城市复兴、文化艺术等同样具有外部性，但具有较低的甚至不具有排斥性，也不具有消费的竞争性的公共品。这是由非营利组织的性质和收入来源决定的。从严格意义上说，非营利组织供给公

共品的活动包括提供和生产两个层次。非营利组织通过吸收各种捐赠和义务劳动供给公共品，属于提供公共品，与市场提供、政府提供并列，形成提供公共品的第三部门。非营利组织的捐赠额及其与同期政府支出额的对比可以表明它提供公共品的绝对和相对规模。但非营利组织在公共品生产中的作用更为突出，它是非营利组织提供并生产（如宗教、收入再分配、文化艺术、幼儿照看等）、政府提供非营利部门生产（医疗服务、社会法律服务）、市场提供非营利部门生产的集合。

社会公众通过自己的活动或市场交换不能满足的公共需要是多种多样的，而且随着经济社会的发展不断产生新的需求。面对多种多样的公共品需求，政府往往表现出财政约束或代理问题，不可能全部予以满足，如政府侧重满足短期需要，侧重于满足普遍性的、多数人的需求。还有就是政府的决策程序复杂，周期较长，政府部门内部利益冲突等。因此，企业直接提供或者通过非营利组织间接提供社会和环境相关的公共品，在某些领域或者符合一定的条件下，供给效率可能高于政府。可以说，政府、营利组织（主要指企业）和非营利组织是供给公共品的三个主体，三者具有不同的作用机制和领域，相互配合，相得益彰。

五、公共品提供与企业责任承担的绩效评价

政府提供公共品和企业责任承担（无论主动或被动），虽然最终目标是一致的，内容上也多有重叠，但在绩效评价内容和方法上有着较大的差别。

公共品提供的绩效相比较于企业投资收益的确定要困难得多，因为一般企业的投资收益都是可以货币计量的，而公共服务因为其固有的收费的困难性，尽管其社会效益或环境效益可观，但却很难以货币价格进行量化。

公共品提供的绩效一般从效率、满意度和公平三个维度展开。其中效率通常是指技术效率，即投入与产出之比，效率高意味着在给定的投入和技术条件下，资源没有被浪费，或资源能被更大程度的利用。效率评价是一种客观测量，属于政府内部评价，即服务机构采用数量化指标对公共服务实际成效进行的评价，其强调对服务绩效的成本效益分析，该模式也是公共服务绩效评价的传统模式。

满意度评价指的是公众主观评价，属于外部评价方式，它是基于公众对公

共服务质量感知而进行的定性化测量，需要在公共品提供的各个阶段建立完善的民意表达和民众监督制度，使得整个公共品提供的过程得到尽可能多的民意的支持。

公平分为市场导向和政府导向两种。市场导向的公平是以购买力为标准，如更高收入者能得到更高级的房子、更好的交通舒适度，这是私人服务和享受需求的基本含义；政府导向的公平是以必要性为标准，如人们应该得到的基本生活所需要的物品，还有基本的精神文化需求，这是基本需求和公共服务的含义。政府提供公共品的公平性评价标准首先是保障低收入人群的基本需求，即公共服务的均等化。政府并非市场竞争主体，自身不可能寻求市场公平，也不可能在提供公共服务中导入市场公平标准。

企业责任承担中如果提供了公共品，从公共品视角，当然也包括以上各个维度的绩效评价。但与政府不同，企业提供公共品一方面寻求政府导向的公平性，同时又寻求市场公平。这里的市场公平是指企业是一个处于市场竞争环境中的营利组织，责任承担以企业资源分配和消耗为前提，企业作为责任承担主体自然要求来自于市场的公平对待，能够获得长期回报和企业可持续发展，否则责任承担将不可持续。企业的责任承担涉及内外部利益相关者的利益，在财权配置和资源分配中必然导致利益冲突，解决好利益冲突才能实现利益相关者的利益均衡和企业综合价值最大化，才能够有可持续的责任承担。因此企业责任承担绩效除了效率、满意度等方面评价，还需要更多地从财务治理角度考虑其绩效测量。鉴于本书研究的主题为可持续财务治理，后文重点从可持续财务治理绩效的角度讨论企业责任承担绩效。

第二节　可持续财务治理绩效的评价

一、财务治理绩效及其评价方法

（一）财务治理绩效的含义

财务治理绩效，也被称为财务治理效率，是指财务治理收益（或利益）

与财务治理成本相比较的结果。早期研究财务治理效率主要基于股东价值最大化目标，认为有效率的财务治理，就是采用一系列制度安排最大限度地降低代理成本，即股东怎样控制和监督管理者的问题。在利益相关者理论出现以后，财务治理效率被认为是治理机制能在多大程度上降低各个利益主体的治理成本，以保证各个利益主体各自财务利益的实现。更多的研究基于财务治理收益与财务治理成本的对比。例如，张荣武（2007）认为，财务治理的本质是剩余财权配置，财务治理的目标是财务治理效率最大化，核心是剩余财务索取权与剩余财务控制权对应，基本衡量标准是财务治理收益与财务治理成本对比。白俊（2009）认为最有效的财务治理是在给定的治理成本条件下实现治理收益最大化，或者在给定的治理收益条件下实现治理成本最小化，即财务治理效率是治理收益与治理成本的比值，该比值越大则财务治理效率越高，反之亦然。

由于财务治理效率的衡量与企业绩效或财务绩效密切相关，财务治理绩效比财务治理效率更为贴切、更为准确地描述实际，因此后面将统一采用财务治理绩效这一术语。

（二）财务治理绩效的衡量

直接衡量财务治理绩效较为困难，一般采用某种替代变量。多数理论研究都认为财务治理绩效与企业绩效之间有很强的正相关性。财务治理绩效是对企业在一段时期内各个利益相关者的治理收益与相应的治理成本进行量化，以揭示治理功效的发挥程度以及治理目标的实现程度。这里的治理目标可以理解为利益相关者的利益满足，与企业所要实现的目标是一致的，而企业目标的实现可以用企业绩效来表达。因此，财务治理绩效好，意味着财务治理目标的实现程度高，也就是企业绩效好。

（三）财务治理绩效的内容

按照企业绩效的一般分类方法，可以对财务治理绩效作基本上同样的分类。例如，可以将财务治理绩效的内容分类为财务绩效与非财务绩效，或者客观绩效与主观绩效，还有长期绩效与短期绩效。

（1）财务绩效与非财务绩效。财务绩效是与企业生产经营相关的最基础的绩效，如净资产收益率、总资产报酬率、销售利润率、毛利率等。财务绩效指标不能够全面反映企业的生产经营情况和管理能力，过于重视财务绩效可能导致企业的短视行为，忽视长期可持续发展。非财务绩效涉及的面较广，包括与人力资源管理相关的如员工满意度、员工能力、组织承诺等，与市场销售有关的如顾客满意度、顾客忠诚度等，与研发有关的如研发投入强度，与质量管理有关的如质量绩效、运营绩效等。

（2）客观绩效与主观绩效。客观绩效是由组织提供的在组织中客观存在的数据，如财务报表相关的绩效度量。主观绩效是由评价者主观打分得到的结果，需要考虑的因素比客观绩效更多。例如，成长期的企业为了取得长远利益而放弃短期利益，反之，处于衰退期的企业则更容易用“杀鸡取卵”的方式获取短期的高额利润。采用客观数据衡量企业的绩效，必然是前者绩效低于后者，这样的结论显然不符合实际。采用主观绩效评价，即通过调查企业管理者或普通员工的主观感受以评价企业绩效，则可能更好地反映事实，但主观评价的缺点在于存在主观感知偏差等导致结果不够准确的情况。

（3）长期绩效与短期绩效。长期绩效是企业通过长期可持续发展取得的绩效，如市场导向的新产品新技术研发绩效、市场开拓绩效、运营成本控制绩效等，长期绩效的获得有赖于企业长远战略规划以及实施。短期绩效是企业当前经营成果的体现，受短期市场环境影响较大，如企业利润相关的绩效。

二、可持续财务治理绩效的评价方法

在早期的股东价值最大化治理目标导向下，财务治理绩效即可间接地采用股东价值予以衡量，股东价值属于企业绩效很重要的维度。但可持续财务治理基于利益相关者综合价值最大化目标，其治理绩效的间接衡量显然不仅仅只有股东价值一个维度，而是包括股东在内各个利益相关者的利益实现程度。

根据前述对财务治理绩效的各种分类，多数研究都采用多维度绩效对企业绩效进行衡量，即长短期相结合，财务与非财务兼顾，主观与客观并重。由于本书研究可持续财务治理，财务治理绩效将侧重于分析治理的长期财务绩效，以及非财务绩效或主观绩效。

以下分别从环境绩效和社会绩效两个方面展开讨论。

（一）环境绩效的评价

1. 环境绩效的含义

关于环境绩效的定义，学者们有不同的观点。Milgrom 和 Roberts 认为环境绩效衡量的是公司所能达到委托人目标的程度。Ruf 和 Carroll 等学者认为环境绩效是公司能够满足利益相关者对环境责任期望的程度。这两种定义都是相对抽象的。一些学者为了将环境绩效的定义具体化，从产出的视角定义环境绩效。Lankoski 认为环境绩效衡量了公司的生产经营活动对环境的危害程度或水平，所以环境绩效是表示环境影响的度量。除了产出的视角外，一些学者拓展了环境绩效的内涵。以 Wood 为代表的一批学者提出企业社会绩效，社会绩效可被用来构造环境绩效的概念，环境绩效是社会绩效的子范畴。Lenciu 和 Napoca 等学者将环境绩效的视角延伸到财务信息使用者的角度，认为传统的财务会计不能满足利益相关者的信息需求，财务会计过分看重经济绩效而忽视环境效益，因此有必要增加环境管理会计和可持续环境报告机制来弥补财务会计的不足，将环境绩效和财务绩效统一起来。Judge 和 Dougla 基于社会责任的视角定义环境绩效，环境绩效与自然环境息息相关，环境绩效代表着公司能够满足并且超过社会预期的效益，环境绩效要求公司对环境利益相关者负责，因此，环境绩效体现了公司对未来环境的前瞻性考虑。关于环境绩效的计量，James 认为生物圈、财务利益相关者、非财务利益相关者、媒体和公众是进行环境绩效计量的五大驱动力。Haines（1993）增加了一个驱动指标："在行业范围内取得环境优势的领导地位"。

我国学者杨东宁、周长辉（2004）提出，对企业环境绩效的考察应把握企业行为对自然环境造成的影响和企业的环境行为对企业自身组织能力的影响这两个维度。环境绩效的概念可以从两个方面来定义，从广义上讲是指企业的污染防治、资源利用和生态影响等方面所取得的综合效果被持续改善；从狭义上讲是指现有的环境标准中规定的、企业的可被直接检测的指标上的体现。

企业的环境管理水平可以由企业的环境绩效反映出来，环境绩效主要表现为环境质量的变化和价值变化两个方面，而价值变化是由环境质量的变化所引起的，环境绩效必将成为在这个经济快速发展的时期企业的新的竞争力。郑季良、邹平（2005）提出，环境绩效取得的成绩表现在企业防治环境污染、减少生态破坏、改善环境质量等方面。换句话说，企业环境绩效的优势，是通过约束或调整企业的行为控制生态环境的不利影响获得的，这些影响是由企业的项目活动造成的。

关于企业环境绩效与经济绩效相关性的研究，国外的学者提出的结论有正相关、负相关和不相关。Glad - win 等认为企业环境绩效与财务绩效（如股票市场价格）之间存在正相关关系，并且要为企业获得竞争优势创造有利条件，必须在环境保护方面的技术遥遥领先，才能获取经济绩效较大化；而 Rockness 等认为两者之间不存在显著的相关关系；Stanwick 等通过实证研究证明，环境绩效与经济绩效存在负相关关系。此外，Freedman 等认为企业环境绩效与财务绩效在长期内存在相关关系，但从短期来看两者不存在相关关系。Stanwick（1998）等人研究发现企业收益率与排污总量数据呈正相关关系，这是在对多个行业 100 多家企业进行研究的过程中发现的，这次研究同样表明，经济绩效与环境绩效呈现的是负相关关系，企业改善其环境绩效的原因是政府管制的压力形成的被动力量，而影响企业的竞争优势的因素是这种政府强制性和企业增大的成本。胡篙（2006）认为，环境绩效主要体现在两个方面：财务方面和环境质量方面。从财务角度来讲，财务上业绩的好坏就是环境绩效的体现；从环境质量角度来讲，对生态环境的保护和改善做出的贡献是衡量环境绩效的基础。总之，学术界从环境绩效与经济绩效的关系角度对环境绩效进行定义还存在很多争议，这样的争议会影响构建环境绩效评价指标体系和寻找绩效评价方法的进度。

综合以上观点，本书认同环境绩效是个广泛的概念，应当区分宏观意义上环境绩效和企业环境绩效的是不同的概念。前者国家或地区整体上讨论环境绩效（如环境质量），后者站在具体企业的角度理解环境治理绩效。从企业环境绩效来说，应当包括与环境相关的财务业绩和环境治理业绩两个维度，强调企业在减少对外部环境影响方面经过努力所取得的结果，环境治理绩效不仅包括治理结果好坏，也包括环境管理方面、努力程度的绩效，即过程绩效。

2. 环境绩效的评价的基本原则

WBCSD（World Business Council for Sustainable Development）于 1998 年提

出环境绩效评价的八项原则，作为构建企业生态效率指标的基础。

(1) 必须与环境保护、人类健康和改善生活质量有关；(2) 能使决策者改善企业的环境业绩；(3) 明确各行业的内在多元性；(4) 可进行比较和监控；(5) 须定义明确、可量化、透明化和可验证；(6) 须让利益相关者容易理解；(7) 须基于企业的运营、产品和服务的总体评估，尤其集中于其可直接管理与控制领域，在其中采用最少的基线资料；(8) 须考虑与运营或产品的上游和下游相关的问题。

WBCSD 所提出的八项原则既可以用于环境绩效评价，也可以用于企业一般的绩效评价和企业可持续发展能力的评价。

3. 环境绩效评价的方法

(1) 环境绩效评价指标体系构建——基于 BSC 和 GEVA。

企业进行绩效评价所依赖的财务指标最初是投资报酬率，但由于经常被经理人操纵，因而后来被改进为使用与股票市值高度相关的剩余收益指标，近几年来，中国央企开始被要求使用经济增加值（EVA）作为衡量其财务绩效的重要指标。经济增加值是对财务报表所要求披露但被会计准则曲解的项目进行调整后计算得出的结果。因为 EVA 和 BSC 都是以企业价值最大化为目标，且内容相互补充并具有兼容性，所以在 BSC 的财务维度可以使用 EVA 指标。而如今企业发展要更加考虑到环境影响，因而要对 EVA 进行改良，绿色 EVA 应运而生。绿色 EVA 等于 EVA 加上环境收益扣除环境成本，或者也可以借鉴绿色 GDP 的计算方法，用 EVA 扣除环境成本即可。

平衡计分卡（BSC）以公司战略为导向，从财务、顾客、内部流程和学习与成长四个维度来阐明和沟通企业战略。这四个维度层层递进，形成了一系列的因果关系链，不仅是财务与非财务考核手段之间的相互补充，还是短期收益与长期收益、外部计量和内部计量的平衡，如此构建起一个可以将企业战略目标转变为可供考评的指标的新框架。BSC 的发展过程中特别强调描述策略背后的因果关系，借助顾客维度、内部流程维度、学习与成长维度评估指标的完成而达到最终的财务目标。学习与成长维度是实现其他三个维度的基础，有能力的员工加上信息系统的完善，为内部流程维度的成功注入强大动力。内部流程维度作为四个维度的核心，生产流程的改善及管理水平的提高直接影响着产品质量，从而带来客户维度的满意，赢得客户这个关键维度。当企业满足核心客户的需求时，也获得了市场份额，最终创造更大的价值，实现财务维度的目标。运用 BSC 进行企业环境绩效评价，是构建基于环境的四个维度的具体指标体系。基于绿色 EVA 理论，以 GEVA 指标作为 BSC 框架下财务维度的评价指标之一，从而能够实现环境业绩和财务业绩的双重考量。

同时结合运用 ISO 14031：2013《环境管理环境绩效评价指南》。ISO 14031 是当前主要的环境绩效评价工具之一，在企业中具有广泛适用性。该指南从外部环境状况指标和内部环境绩效指标两个方面描述环境绩效评价指标，其中，内部环境绩效指标又分为管理绩效指标和经营绩效指标。ISO 14031 环境绩效指标体系如图 4－1 所示。

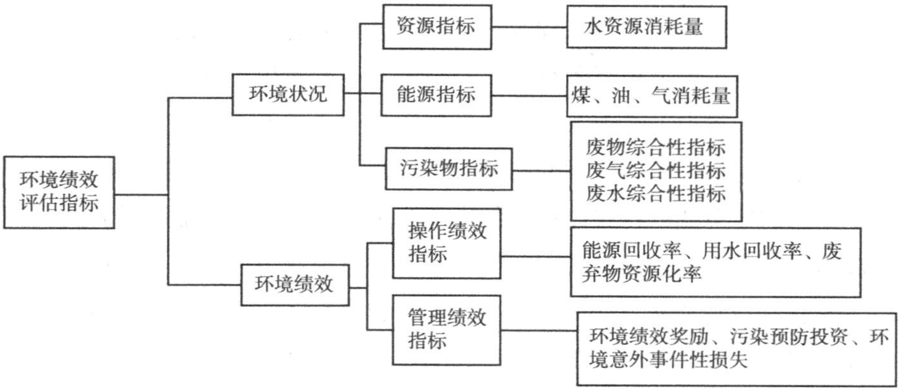

图 4－1 ISO 14031 环境绩效评估

具体四个维度的分析如下：

财务维度。财务维度作为传统的业绩评价指标，同时也是 BSC 的目标维度，该层面应选取与环境活动相关的财务绩效指标。以电力生产为例，绿电的销售量是电力企业关注的焦点，可以选取“绿电销售收入比率”和“绿电销售增长率”指标。在经营效益方面选取“绿电项目投资回报率”；基于碳排放价值链的构建选取“GEVA”指标，与之相对应，“环境收益增长率”是体现电力企业在碳排放背景下衡量企业环保持续发展能力的一个指标。

顾客维度。与财务维度目标相联系，只有受顾客青睐的绿色产品不断地被创造，才能真正提高企业的环境财务绩效。因此，在这个过程中企业应当关注是否满足核心顾客的需求。以电力企业为例，电力行业上下游产业链包括原材料和设备供应商、电网、销售商和消费者。而销售商和消费者是实际的顾客，他们对电力企业的环境问题有各自的关注点。消费者即产业下游的客户，通过“消费者满意度”指标来衡量其对使用清洁能源的满意程度，同时反映了消费者对于绿电的认识程度；通过“绿电市场占有率”指标来衡量销售商对于清洁能源的销售水平、经营能力和竞争力。电力企业在设计施工期间和运营中对生态环境可能造成不同程度的破坏，给周围的居民带来了不便和影响，所以“环境污染投诉发生次数”指标反映了社会公众对电力企业环境管理的满意度。

内部流程维度。建立 BSC 的顺序，通常是先制订财务和客户方面的目标与指标后，然后制订企业内部流程维度的目标与指标，这个顺序能够使企业抓住重点，专心衡量那些与股东和客户目标息息相关的流程。内部运营绩效考核应以对客户满意度和实现财务目标影响最大的业务流程为核心。

学习与成长维度。学习与成长的目标为其他三个方面的宏大目标提供了基础架构，是驱使前述三个方面获得卓越成功的动力。面对全球气候变化形势，世界范围内的能源战略将在碳排放约束下产生重大变革，节能减排和提高能效已经成为我国未来低碳经济发展的趋势。以电力企业为例，电力企业不能仅仅满足于现有的技术和能力，增加对企业学习和成长能力的投资刻不容缓。在学习和成长层面，应当围绕员工的能力、构建环保信息系统的能力以及环保教育的投入等方面来设计，如“单位产值环境工艺研发投入”“低碳环保制度的完善度”和“人均环保教育培训费”等。通过对环保工艺资金的投入、企业环境保护管理体系的创新和完善以及员工对低碳绿色的发展意识和能力的提高，将绿色低碳发展战略纳入企业各部门的经济责任考核中。

（2）基于 DEA 模型的环境绩效评价体系。

DEA 即数据包络分析方法（Data Envelopment Analysis，DEA），是对具有可比性的决策单元进行相对效率评价的一种数量分析方法，其综合了运筹学、管理学与经济学的知识，利用线性规划对多投入多产出的各个决策单元进行分析。

瑞典 Sten Malmquist 教授在 1953 年研究不同时期消费时提出了 Malmquist 指数，之后用于生产率的计算。Fare 等在 1994 年将 DEA 理论与 Malmquist 生产率指数相结合，构建了 DEA - Malmquist 指数模型。至此，DEA - Malmquist 模型多用于计算同一个决策单元相邻时期的动态效率变化。

DEA 有两种常见模型，分别是 CCR 与 BCC 模型，两种模型之间的区别是是否假设规模报酬可变，CCR 假设规模报酬固定，BCC 假设规模报酬可变。在 DEA 模型中，输入变量和输出变量之间的关系是非线性的，少量缺失变量的值可以通过一定的数据处理方法如功效系数法来计算得到。这种数据处理方法，评价结果的准确性不会受数据量纲不同的影响。近年来，DEA 模型被广泛应用于工业企业、物流行业企业以及金融行业等的绩效及管理效率的评价中。BCC 模型在 CCR 模型的基础上加入了规模效应的分析，相较于单纯的静态数据分析来说，涵盖了更多的变化因素。

DEA 模型中主要有以下六个概念：决策单元、生产可能集、生产前沿面、有效生产活动、技术有效、规模有效，这六个概念共同构成了一个完整的 DEA 模型进行绩效评价的过程。其中，决策单元是指具有相同或相似生产任务、外部环境及相同输入输出指标的评价对象；生产可能集是指根据各个决策单元的输入输出指标构建的所有生产活动的集合；生产前沿面是指多目标规划下的问题的一个有效解决方案；有效生产活动是指决策单元的输入输出指标经过分析处理之后位于生产前沿面的有效解决方案上的结果，具体表现为计算结果综合效率等于 1；技术有效是指在一个限定的生产条件下，保持输出量一定而输入量不能再减少；规模有效是指一个决策单元的生产规模达到最佳值，即输出量与输入量的变化率保持一致，规模无效又分为规模递增和规模递减，即输出量的变化大于或小于输入量的变化率。

DEA 建模的基本思路，是先利用综合决策单元的指标数据获取整个系统有效性，然后在有效性对各评价单元做出综合评估。假定决策单元都是有效性产量最前沿面，则该单元的 DEA 就具有有效性；假定决策单元没有位于有效率产量最前沿面上，则决定单元的 DEA 将失效。关于有效率产量最前沿面上，根据投影理论，将各个有效决策单元的投影面积与有效率产量最前沿面的面积比例加以求解。而关于非 DEA 的有效率决策单位，则按照投影理论将松弛变量投射至有效率产量最前沿面上加以估计。最后，可以通过松弛变量判断决策单位对 DEA 的调整力度和方向。

在各种 DEA 模型中，BCC 模型是应用较为广泛的一个模型。BCC 模型对综合技术效率进行拆分。

在BCC模型中计算结果中，综合技术效率 = 规模效率 × 纯技术效率，通过把综合技术效率分为规模效率和纯技术效率，可以直观地评价综合效率和技术效率以及规模效率之间的关系，以及导致DEA综合效率无效的原因，因为规模效率和纯技术效率分别反映了不同的内容，所以对于综合效率无效的决策单元也能更好地找到后续整改的方向。

另一种DEA模型为Malmquist指数模型。Malmquist指数测量了决策单元相邻两期之间的生产效率变动情况。该指数模型的最终评价结果得出全要素生产率的变动结果。

纯技术效率和技术进步变动组成了全要素生产率：

全要素生产率(TFPch) = 技术效率(Effch) × 技术进步变动(Techch)

纯技术效率和规模效率组成了技术效率：

技术效率(Effch) = 纯技术效率(Pech) × 规模效率变动(Sech)

综上所述，技术进步、纯技术效率和规模效率三种指标组成了Malmquist指数。关系如下：

全要素生产率(TFPch) = 技术进步变动(Techch) × 纯技术效率(Pech) × 规模效率变动(Sech)

以上指标分别表示了企业整体效率的变化，企业技术水平的变化，企业管理水平的变化以及企业规模报酬的变化也即投入产出是否合理的变化水平，通常来说，当计算出的指标值大于1时，值越大，表示进步越明显；当值小于1时，表示该相对效率降低，企业的技术水平退步、经营管理决策或投入产出的规模出现了问题，需要进行调整，值越小问题越突出；当计算结果等于1时，表示各相对效率处于合理的不变水平。

运用DEA模型进行环境绩效评价的过程以及最终评价结果的质量的关键点是如何建立合理的指标体系构建科学的评价系统，例如，可以应用ISO 14031：2013《环境管理环境绩效评价指南》即图4－1中的指标体系。构建高质量的环境绩效评价指标体系时，要坚持以下原则：科学性和全面性。科学性要求评估系统必须从国家政策关系到整个产业环境，并自上而下地选择属于某个产业领域的环境保护绩效评价指标来建立；全面性要求体系需要将行业对环境的影响包含资源利用、生态破坏和社会责任的多种因素考虑在内。可比性和可行性，不同的行业或相同行业中不同的公司，对环境的影响都具有不同的因素，要利用其具有共性的且数据披露完善的系列指标来综合评价每一个决策单元的环境绩效水平。准确性与客观性，因为计算的结果是模型自动处理得出结果，没有人为赋权重的影响，所以必须保证数据搜集时的准确性和客观性。

WBSCD 于 2000 年公布了生态效益评价指标，是企业运用 DEA 模型开展环境绩效评价时可以借鉴参考的另一个选项。WBCSD 是世界可持续发展工商理事会，针对可持续发展问题共享经验和优秀实践，并通过与各国政府、非政府组织以及国际组织开展合作，宣传推广最佳行动。WBCSD 于 2000 年公布了环境绩效评价的生态效益指标，如表 4 – 1 所示。

表 4 – 1　　WBCSD 生态效益指标

指标	指标项目
产品的价值	生产或销售的产品的质量和数量
	销售额
产品的环境影响	原材料的消耗
	水资源的消耗
	能源消耗
	污染气体排放
	温室气体排放

生态效益是一个动态的概念，指的是人类在生产活动中与自然资源发生物质交换时进行人为的调控，以达到一个生产活动与生态自我调节的平衡状态。其中，生产活动的产品评估指标包含销售额中的所有商品质量、产量、销售状况等；生产过程对环境的主要负面影响，包含原料的损耗、能源的耗费、环境污染化学物质排放量以及温室气体的排放量。

（3）其他环境绩效评价方法。

物质流分析法。物质流分析法用于核算企业对物料、能源成本的分配，也可以称为物质流成本会计，起源于德国，在 1990 年由奥格斯堡大学的瓦格纳教授主导、环境经营研究所开发，用于追踪原材料等输入在经过各道生产工艺时的流向，通过掌握物量数据来掌握整个过程中的成本分布情况。物质流量会计尤其适合生产流程复杂、耗能大、原材料种类多、污染物复杂的行业，物质流分析法可以清晰地区分各生产步骤的成本轨迹，从而可以通过分析这些成本的产生原因来降低成本和对每个环节的环保任务进行绩效评价，方便制造业企业通过绩效评价结果来改善生产中存在的环境问题，从而方便企业进行更正确的环保投资、环保生产等。

生命周期评价法。生命周期评价法起源于20世纪80年代，是对产品从原材料输入环节到消费者将产品废弃环节整个生命周期的环境影响进行定量分析并评价的方法。在对产品进行生命期评价时，一般要事先设定所评价的环境问题种类，从而明确所要评价的污染物种类并选择污染物评定指数，之后通过确定功能设定来选择被评价对象的标准流量，以药片为例，如果评价的是一个疗程产生的环境影响，而一个疗程是5片药，则要衡量的就是这5片药所产生的环境影响，以实际功能最终对应环境影响，更能直观地体现产品的环境影响，也便于企业对每一种产品或只是对环境影响大的产品进行环境绩效评价。

（二）社会责任绩效的评价

1. 社会责任行为及其结果评价

在企业社会责任量化研究的历史中，对于企业社会责任的评价方法也发生着巨大的变化。这种变化是随着理论界、业界对企业社会责任概念、内涵、外延的变化而变化的。归根结底，评价方法在任何时候都是为企业社会责任更好地践行而服务的。综观国外的研究史，较有影响力的里程碑式的研究方法和观点主要有以下几种。

（1）声誉指数法和内容分析法。

声誉指数法（Reputation Index）和内容分析法（Content Analysis）是20世纪70年代用于评价企业社会责任最有声誉的方法。声誉指数法是聘请一些专家学者在研究企业的各项相关政策的基础上，根据自身的经验进行评价，然后将评价结果进行排序，从而得出企业社会责任担当的名次顺序；内容分析法则是针对企业公开发布的资料信息来确定每一个项目的分值，然后根据分值的大小对企业社会责任的担当给出评价结果。现在看来，两种方法都存在明显的缺陷：声誉指数法依赖于专家学者的主观判断，不够客观；内容分析法所使用的资料局限于企业公开的资料，而在当时的公开资料中直接与社会责任相关的并不多，在较少的资料数据基础上得出的评价结论显然不够可靠。但这两种方法在当时的条件下还是比较先进的，也为后来的研究提供了思路。

（2）三维立体模型。

20世纪70年代末期，艾宝和莫森（Abbot和Mohsen，1979）从环境、公平就业、人员配备、社区参与、产品质量及其他六个领域对企业社会责任进行了详细的研究，并罗列了28个测试项目，为后来的量化研究提供了较强的借鉴意义。

同年，卡罗尔（Carol，1979）从企业面临的最主要的三个方面（销售服务、环境保护及雇佣歧视）出发，构建了评价企业社会责任的三维立体模型。

（3）公司声誉评级法。

20世纪80年代初期，美国的《财富》杂志在对声誉指数法进行了改进后，创建了“公司声誉评级法”，每年从32个行业中选取超过300个的大公司，从财务稳健、长期投资价值、资产使用及管理质量四个财务指标，以及创新、产品和服务质量、人才吸引培养与使用、社区和环境这四个社会责任指标进行调查，然后交由超过8000个高管、外部董事、分析师进行评价和分析，最后对最大的10家公司从0到10给出评分，得出一个总评级，并于次年年初公布结果。该方法与以前的方法相比，优势在于是大样本研究，而且选择的评价专家熟悉评价对象，评价结果较为可靠，但缺点是其只提供了评价的结论，没有详细的评价过程和内容。1982年，杰弗里·索南费尔德（Jeffrey Sonnenfeld）提出了企业外部相关利益者评价模型。他选择了6家林业企业作为研究对象，通过设计和发放调查问卷，从社会责任和社会敏感性两个层面评价了企业社会责任。该方法虽然局限于某个行业且选取的样本数量不多，但完善了前人的研究。

（4）“TRI”法。

20世纪80年代后期，出现了“TRI”（Toxica Release Inventory，有毒气体排放量）法和“公司慈善法”。“TRI”法只研究了特定的行业，不具有推广性；而“公司慈善法”则推出了“慷慨指数”，通过评价企业表现出的慷慨指数给出评级。这两种方法的优点是有效克服了主观性，但共同的缺点是只能反映出某方面的情况。

（5）RDAP模式。

20世纪90年代，比较有代表性的是加拿大学者克拉克森（Clarkson，

1995）提出的 RDAP 模式。RDAP 模式是基于维护利益相关者权利的角度，他认为企业不是慈善机构，只需要对利益相关者负责，无须对社会负责。他结合卡罗尔的三维模型，借鉴了沃提科和寇克兰（Wartick 和 Cochran，1985）提出的对抗型、防御型、适应型、预见型四种社会责任战略术语，建立了 RDAP 模式。其具体内容是，对抗型：否认、不履行社会责任；防御型：承认社会责任，但消极对待，尽量少承担；适应型：承认并接受社会责任，但仅做被要求的；预见型：预见未来将要承担的社会责任，做的比要求的多。该方法的优点是通过外部利益相关者进行调查，运用了统计分析法。但该方法也存在缺点：用定性的方法进行企业四个类别的划分，评价资料和数据均来自企业内部等。

（6）KLD 指数法。

20 世纪 90 年代，由于企业社会责任得到了政府、企业、大众的广泛认可，评价体系的研究进入快速发展阶段，许多国家的政府、独立的第三方机构都尝试建立自己的评级体系。英国政府为了指导企业加强社会责任，专门建立了与此相关的政府网站，从对员工负责、对社区负责、公司治理透明、保护环境四个方面进行评价。KLD 指数法是由独立调查评级机构 KLD 公司建立的，该方法较以前的方法取得了三个方面的进步：第一，涵盖范围广（包含多个行业）、时间跨度长（可持续地观察走向和变化）；第二，由独立的第三方机构评价，比较客观；第三，延续了利益相关者的理论精华。KLD 指数法在 90 年代后期得到了广泛的使用。

（7）SA8000 责任标准。

1997 年 10 月，首个由 Council on Economic Priorities（简称 CEP）的附属组织 SAI（Social Accountability International）倡议形成的国际认证标准 SA8000 诞生，是全球首个有关道德规范的国际标准，适用于世界各地，任何行业，不同规模的公司。SA8000 在九个方面：童工、强迫与强制劳动、健康与安全、自由结社及集体谈判权利、歧视、惩罚措施、工作时间、薪酬、管理系统进行了相关规定。SA8000 重在保护企业内部劳工的权利，它规定了企业必须对社会和利益相关者承担的责任。

（8）ISO 26000 标准。

2010 年 11 月 1 日，国际标准化组织（ISO）正式发布 ISO 26000《社会责任指南》，并提供各国自愿采用。ISO 26000《社会责任指南》是国际标准化组织（ISO）制定的、为组织社会责任活动提供相关指南的一项国际标准。ISO 26000是一个指导性文件，不用于认证，也不是管理体系。ISO 26000从起草到通过经历了一个漫长的过程，早在2001年就提出企业的社会责任议题，直到2010年11月1日该标准才正式出台。期间得到了国际社会愈来愈多的关注，参与起草的专家有450名，参与国家达到99个，相关国际机构也有42个。ISO 26000的制订耗时长、涉及广，讨论激烈，意义重大，是个影响深远的巨大工程。迄今为止，其创造了单项国际标准参加起草工作成员最多的纪录，充分说明了世界各国和地区的普遍重视。ISO 26000制定的目的是统一理解，明确定义和内涵，为企业履行社会责任提供参考指南。与原有的SA 8000等社会责任标准相比，ISO 26000涵盖的范围更广，对于我国转变经济增长方式、实现经济社会又好又快发展具有重要的现实意义。ISO 26000对研究制定符合我国国情的社会责任标准、监督和促进我国企业社会责任工作的发展有着重要的借鉴和指导意义。

而国内这方面的研究则相对较晚。

1995年，我国学者马学斌、徐岩认为，评价企业社会责任的关键是将定性指标定量化。他们将层次分析法和线性插值原理应用在企业社会责任的定量判断中。

1997年，在研究矿山企业时，李富平、宋爱东从国家、职工、能源、社区、生态五个方面提出了针对矿山企业的社会责任评价指标体系。

1999年，中国组成了企业联合课题研究组，课题组提出了企业竞争力指标体系。但该方法把企业与外部利益相关关系的评价仅限于顾客对企业的评价，也缺乏系统的责任理论基础和完善的评价方法。

2003年，贾生华、陈宏辉从财务的角度对企业社会责任进行了实证研究。

2005年，陈讯、韩亚琴构建了企业社会责任分级模型，将企业责任分为初级、中级、高级三个层次进行评价。初级层次指对股东和员工负责；中级层次指对消费者负责，并能遵守政府规定；高级层次则指参与慈善、公益事业。同年，李丽清和李燕凌运用发放调查问卷、主观赋权、模糊评价的研究方法对所建立的社会责任评价指标体系进行了实证研究。而其设计的指标体系不仅包括SA8000标准的主要内容，还加入了符合中国国情的两类指标——道德和公益行为。2006年，李丽清用该方法对湖南省的293家企业进行了评价。

2006年，张文贤提出了借鉴平衡计分法的思路设立评价指标体系的思路，将指标分为财务、市场、文化和公益四个方面。

2013年，沈奇泰松与姜志华对企业社会责任相关文献进行了梳理，从议题的角度以图表的形式总结概括出企业社会责任发展的脉络，主要为“what”“why”和“how”三个时期。

中国的CSC9000T体系。CSC9000T即中国纺织企业社会责任管理体系（China Social Compliance 9000 for Textile & Apparel Industry），是基于中国相关法律法规和有关国际公约及国际惯例上的、符合中国国情的社会责任管理体系。其核心是通过推广、引导企业实施这一体系，帮助企业规范管理行为，建立工会组织，健全员工劳动合同，建立和谐的劳资关系，促进企业尽到应尽的社会责任。

中国社科院2011年发布的《中国企业社会责任报告》提出，社会责任不仅仅是慈善，而应从责任管理、市场责任、社会责任和环境责任四个方面来评价。“责任管理”是指一个企业所制定的企业社会责任发展规划、反商业贿赂制度与措施等；“市场责任”是指企业的成长性、收益性以及产品合格率等指标；“社会责任”包括社保覆盖率、安全健康培训以及评估运营对企业的影响；“环境责任”则包含企业的环境管理和节能减排的指标。

2. 社会责任承担绩效的评价

在解决了社会责任行为及其结果评价的基础上，就可以考虑如何评价行为所产生的过程绩效和结果绩效。理论上，如同环境绩效的评价，企业社会责任绩效的概念也很宽泛，根据社会责任的两个维度即外部社会责任和内部社会责任，社会责任绩效因此至少区分为外部社会责任绩效和内部社会责任绩效。从企业社会责任承担的过程和结果来看，在进行企业社会责任承担方面的绩效评价时，不仅应当强调企业在社会责任承担方面经过努力所取得的结果，也应当关注企业在社会责任管理方面取得的成效。

社会责任绩效的具体评价方法，前述平衡记分卡（BSC）方法、DEA模型都可以同样应用到企业社会责任绩效的评价中，只是指标的选取需要考虑社会责任承担情况，如可以设计一种基于BSC和CSR（企业社会责任）的评价模型。

第五章　可持续财务治理：基于环境和资源约束的视角

第一节　环境责任承担与核心利益相关者的相互影响及作用机制

一、利益相关者理论及关键利益相关者

早期的财务理论认为企业财务治理的目标是股东财富最大化，但随后兴起的利益相关者理论指出企业是一系列利益相关者的集合，各种利益相关者都在企业投入了专用或非专用性资源，并通过各种契约相联结，因此企业财务治理的目标应该是利益相关者价值最大化，也就是说，企业对其每个利益相关者都负有责任，管理者应根据其满足利益相关者尤其是重要的利益相关者诉求的能力来评估企业的绩效。另外，大量实证研究也表明，利益相关者的行为会直接或间接地影响企业的行为和绩效。由于企业的行为和绩效受到来自利益相关者如政府、客户或消费者、环保机构等的影响，企业在制订发展战略不应追求短期利润最大化，而需要考虑履行社会责任、节能减排、价值链生态等可持续发展因素，以提高长期竞争能力，实现长期价值最大化。

利益相关者治理本质上是一种共同治理，即利益相关者共同治理。这种共同治理模式认为，公司治理（核心是财务治理）应该设计一定的契约安排和治理制度来分配给所有的利益相关者相应的企业控制权，并通过剩余索取权的合理分配来实现自身的权益，通过控制权的分配来相互牵制、约束，从而达到长期稳定合作的目的，最终实现利益相关者价值最大化。

在我国双碳和共同富裕目标实现的过程中，企业将面临来自环境、价值链和社会责任等方面的更多的期望，与此相关的各个利益相关者尤其是关键的利益

相关者，从资源贡献与利益诉求两个方面（行为）对企业的行为和绩效产生重要影响。因此，在经济发展阶段进入新的时代，怎样识别可持续发展的关键利益相关者，怎样衡量关键的利益相关者的行为对企业绩效的影响，采取什么样的举措能够实现关键利益相关者的价值最大化，作为重要的研究内容非常值得研究。

（一）利益相关者和关键利益相关者

1. 利益相关者

Freeman（1984）将利益相关者界定为“受到或可能影响组织目标实现的任何群体或个人”，强调企业与利益相关者之间的相互依存关系。这种关系表现出几个特点：首先，利益相关者必须与企业具有互动关系，也就是利益相关者会对企业的行为产生重要影响，反过来企业的行为对利益相关者的利益产生影响并引起反馈再作用于企业；其次，契约是维护利益相关者与企业相互影响的基础，包括显性契约和隐性契约，契约规范了企业和各个利益相关者的权利和责任；最后，利益相关者要向企业投入各种专用性资源，专用性资源具备可替代性较低、稀缺性较高以及难以复制等特征，同时还具有较高的边际产出水平。利益相关者投入专用性资源的大小以及企业对专用性资源依赖程度的高低直接决定利益相关者对企业的重要程度。

企业的各个利益相关者的利益要求是多种多样的，即使是同一类利益相关者，在具体的利益诉求方面也可能有差异。如股东，其共性的要求是获得较高的稳定的投资回报，但控股股东可能比中小股东更关注企业的长期发展。政府作为企业的利益相关者，共性目标是就业、税收、环境保护、社会公益等，但地方政府可能更侧重于就业和地方税收。因为利益相关者的利益诉求的差异，各个利益相关者群体之间是有利益矛盾和冲突的，如股东和消费者之间就存在利益冲突：股东期望企业在生产经营中减少研发支出、提高产品价格，甚至于生产伪劣产品牺牲消费者利益，以达到股东利益最大化；消费者则期望企业提高产品质量并降低产品价格，股东利益会减少，消费者利益会增加。因此，客观存在的利益冲突需要通过有效的治理机制来解决，有效治理机制的核心是有效的财务治理机制。

不同种类的利益相关者都有具体不同的利益要求，但由于企业的资源是有限的，无法实现全部利益相关者的所有利益要求，因此需要企业合理配置其拥有或控制的资源，在企业财务治理过程中引入利益相关者共同治理理念，以平衡各利益相关者的利益要求，从而保证企业的可持续发展。当然这种平衡并非要求企业平等对待每一类利益相关者的利益要求，而是首先需要对利益相关者的重要程度进行判断，并分清每一类利益相关者更加重视哪一方面的利益，在此基础上，优先考虑和满足重要的利益相关者重要的利益要求，从而为后续关键利益相关者的研究提供了理论基础。

2. 关键利益相关者

利益相关者从总体上可以分为个人和群体组织，其中群体组织又可以分为政府组织和非政府组织。后者则由营利组织和非营利组织构成，政府组织包括各级行政机构及财政出资的事业单位如新闻媒体、科研机构等，非政府组织包括以营利为目的的各类企业和非政府设立的各类非营利民间组织。Clarkson（1995）则认为利益相关者是"在企业及其活动中拥有或索要拥有权、权利或利益的人或群体"，可以分为主要和次级两类：主要利益相关者是那些对企业生存发展至关重要的人或群体，如股东、员工、消费者和供应商等；次级利益相关者不是企业必要的组成部分，也不涉及公司的交易，如科研学术界、社会公众、社区、新闻媒体、非营利民间组织等。这里所说的主要利益相关者可以理解为关键或核心利益相关者，核心利益相关者与企业之间拥有正式的、官方的或契约的关系，包括财务资本所有者、人力资本所有者、政府、供应商和客户等。国内外较多的研究根据权力性、合法性和紧迫性，对利益相关者进行分类，如表 5－1 所示（Mitchell 等，1997）。

表 5－1　　利益相关者分类

利益相关者分类	子分类	特性	权力性	合法性	紧迫性
潜在利益相关者	隐匿的	可以影响但没有互动	Y	N	N
	任意的	没有压力让他们参与	N	Y	N
	苛求的	烦人但不考虑	N	N	Y
预期利益相关者	主导的	正式行动机制	Y	Y	N
	依赖的	依靠别人去做	N	Y	Y
	有危险的	强制/非法策略	Y	N	Y
明确利益相关者	确定的	获得相关缺失属性的预期利益相关者	Y	Y	Y

从表5－1可以看出，明确的利益相关者具有权力性、合法性和紧迫性三个方面的全部属性，可以理解为企业的关键利益相关者。

（二）环境责任承担的关键利益相关者

借鉴已有研究从权力性、合法性和紧迫性三个方面对企业的利益相关者进行分类的方法，我们对环境责任承担的利益相关者展开分析。环境责任的利益相关者众多，包括股东、政府、企业员工、消费者、供应商、科研学术界、金融机构、新闻媒体、非营利民间组织、社区等（见表5－2）。如果其中一些利益相关者具备以上三个方面的属性，那么就属于关键的利益相关者。

表5－2　　环境责任承担的利益相关者分类

利益相关者分类	具体的利益相关者	特性	权力性	合法性	紧迫性
潜在利益相关者	学术科研界	可以影响但没有互动	Y	N	N
	金融机构	没有压力让他们参与	N	Y	N
	新闻媒体	烦人但不考虑	N	N	Y
预期利益相关者	社会公众	正式行动机制	Y	Y	N
	非营利民间组织	依靠别人去做	N	Y	Y
	供应商、员工	强制/非法策略	Y	N	Y
明确利益相关者	股东、政府、消费者、社区	获得相关缺失属性的预期利益相关者	Y	Y	Y

二、环境保护利益相关者与企业环境保护行为之间的相互影响

在利益分析法学中，庞德将利益分为个人利益、公共利益和社会利益。国内学者多数认为公共利益和社会利益本质上是同一个概念，可统称为公共利益。与个人利益主要通过市场提供不同，公共利益更多地需要通过政治安排。环境保护是个人利益和公共利益相交错的行为，其最终目标是谋求公共利益以实现整个社会的可持续发展，但在环境保护相关法规制度制定和实施的过程中，也应当合理地关注个人利益。

1. 环境保护的关键利益相关者之政府的利益诉求

政府的行为表现为政府机构的具体行为。从理论上说，政府作为公共部门，代表社会公众并谋求公共利益，不可以追求自身利益（如政府官员的个人利益）。但根据公共选择理论，政府作为“经济人”，也会追求自身利益最大化，即政府除了公共性之外，还具有自利性。尤其是地方政府更具有“理性经济人”的特征，在以往地方经济发展过程中，片面追求 GDP 的增长而忽视环境保护问题，地方政府经常以“政治企业家”的身份介入具体的经济活动中，追求地方政府团体利益或者政府官员个人利益。

政府是环境保护的主体力量，首先追求的是公共利益。按照西方经济学理论，市场普遍存在着“失灵”，即市场机制本身不能提供公共产品，不能解决环境保护的外部性问题。政府通过制订和实施各项环境保护法规制度，正是在于纠正“市场失灵”：市场不能够实现环境资源的有效配置，需要政府介入予以调节。尤其是在市场经济不发达、市场配置资源不能有效发挥作用的地方，更需要政府对环境保护进行宏观调控。

但是政府在具体环境保护过程中，由于信息不对称，可能出现缺乏公权力失信的情况，导致政府追求公共利益的目标未能实现。政府内部的层次越多，各项环境管制政策在执行中越有可能会发生偏差，具体执行的政府部门或政府官员越有机会获取部门或个人利益。另外，政府在与其他利益主体博弈的过程中，有可能被俘获而导致环境管制实质上无效，并导致公共利益的放弃和个人利益的获取。寻租、共谋和行政垄断是比较典型的偏离公共利益的政府行为。

经济学家克鲁格（1988）指出寻租是人们凭借政府保护而进行的寻求财富转移的活动。在经济学意义上，寻租是指凭借政府权力优势和保护寻求财富转移而造成的资源流失和浪费。以政府采购绿色产品为例，政府采购官员与供应商通过行贿、买通、建立子契约等非生产性行为获取非生产性个人利益的行为。寻租行为可以由产权理论和委托—代理理论来解释。委托人与代理人的利益需求存在差异，代理人作为“理性经济人”具有追求自身利益最大化的动机。政府采购部门或人员与供应商的利益容易趋同，再加上委托代理链条较长导致的信息不对称，政府采购的直接需求者往往缺乏完备可靠的信息来源，采购决策最终由代理人决定，由此产生了寻租行为。

共谋行为是指具有委托代理关系的组织或其中一些代理人与他们的初始委托人达成契约后，他们相互之间（包括同层级或上下级）又达成了某种私下协议或称子契约的行为。共谋行为违背了初始委托人的意愿，并以牺牲委托人的根本利益为代价以提高共谋者的效用状态。以政府绿色采购为例，共谋形式可以是多样的，或是采购官员与政府采购部门内部之间的共谋，或是采购官员与评标专家之间的共谋，也可以是供应商之间的共谋或供应商与采购官员之间的共谋等。共谋导致交易费用上升：共谋导致较高的监督费用；共谋导致较高的实施费用；共谋导致较高的决策费用。委托代理层次较多以及信息不对称是通过共谋获取个人私利的主要原因。

行政垄断行为是指政府及其所属部门或其授权单位凭借行政权力扶持或培植一定范围的经营者，使之限制竞争形成垄断状态的行为。地区性行政垄断通过地方立法等手段，人为地设置市场进入壁垒，对所支持的企业实施垄断，阻碍竞争。行业部门性垄断即政府行业主管机关通过运用合法的投资权、财政权等限制或阻止其他本行业外地经营者的进入，保护本地产品，歧视外地供应商，让某些企业实质上获得垄断地位。以政府绿色采购为例，在招标信息发布时，政府机关通过设置各种障碍或非正当绿色壁垒，为串通好的供应商量身定做一道门槛，使其顺利通过成为最理想的供应商。

2. 环境保护的关键利益相关者之消费者的利益诉求

作为企业的利益相关者，消费者是整个社会公众的代表。当今社会，随着环保观念日益深入，公众对环境的要求越来越高，表现在对公共环境治理的关注以及环境决策的参与。按照马斯洛的需求理论，人的需要分为五个层次：生理的需要、安全的需要、社会上的需要、尊重的需要以及自我实现的需要。只有当较低层次的需求得到了满足，高层次的需求才能发挥激励作用。对于环境保护的需要，无论是基于环境的安全或者是环境的美观，应当都是在满足了基本的生理需要基础上进一步的要求。在经济发展进入高质量阶段，随着双碳目标的提出，已经有越来越多的消费者意识到购买并消费企业提供的产品或者服务，会直接或间接产生环境的外部性，因此，在消费过程中，消费者不仅关注其个人利益的实现，也非常重视环境保护相关的公共利益。

3. 环境保护的关键利益相关者之股东的利益诉求

股东是环境保护最直接相关的利益相关者，是企业环境保护行为的决策者。股东是“理性经济人”，作为市场主体其目标是通过企业的生产经营活动来实现自身经济利益最大化，因此，与环境治理相比，股东首先关注的是消耗环境资源所带来的个人利益。当然，企业的环境保护行为与获取经济利益并不必然矛盾，通过权衡比较环境保护的成本（有些环境保护本身属于成本的节约如节能行为）与环境保护带来的收益（更多需要从长期考量），如果后者高于前者，股东也有动力去保护环境以满足其公共利益的要求。另外，对于重视个人声誉、环保观念较强的股东来说，公共利益的诉求会更多地表现出来。

第二节　基于环境和资源约束的财务治理绩效实证分析

一、基于环境和资源约束的财务治理绩效：以高排放行业为例的实证分析

（一）高排放行业利益相关者分析

1. 外部利益相关者

政府是影响企业环境责任承担的关键利益相关者，政府主要通过制定和实施环境相关的法律法规影响企业的环境责任行为。首先政府是碳减排等环境政策的制定者，政府制定这些政策的目标是为了公众的环境利益。对环境有利的企业会受到政府的政策支持，反之对环境不利的企业也会受到政府的管制。水泥行业企业作为碳排放大户，其经营行为具有较强的负外部性，自然要受到政府政策干预，出于企业自身利益和社会形象的考虑，企业通常都不会直接对抗这些政策法规以免影响到企业的经营和发展。同时政府也是碳减排等环境治理行为的监督者，对企业的环境治理过程和结果进行资助、奖励或者处罚。政府通过财政支出来对市场上的绿色生产行为作出引导，如通过对绿色生产的企业进行减税降费，使企业的税后利润以及相关的现金流增加，从而支持了企业的经营和发展。而对于环境污染严重、环境治理效果差的企业，则会通过行政罚款、停业整顿甚至关闭等方式途径进行干预，迫使企业停止过度排放，进行绿色转型。我国的碳市场正逐步完善，企业的碳权会被限定，对于高排放企业一

旦碳排放额度被用完，则需要市场化购买碳权，否则可能被政府勒令关停，因此需要权衡利弊，是主动进行绿色生产转型还是被动进入碳市场。需要指出的是，相对于环境保护，地方政府过去更加重视经济增长，因为地方经济发展是地方政府政绩的重要内容，但这种情况现在正得到改观。基于双碳目标，今后政府对于碳排放的监管力度总体上是增加的。因此高排放企业亟需绿色生产转型，承担起应有的甚至更多的环境责任，这也是高排放企业可持续发展的必由之路。

竞争者是需要进行对抗的利益相关者，与企业之间存在明显的利益冲突，为了在竞争过程中取得胜利，企业一般都会开展竞争环境分析，分析自身的竞争优势和劣势，制定针对竞争者的经营战略，争取超越竞争对手。当竞争者的碳绩效表现不好的时候，企业通过可以通过自身良好的碳绩效将竞争者的劣势转化为自身的优势，实现企业的商业目标，取得高于竞争对手的财务绩效。当竞争企业的碳绩效表现良好的时候，为了不落后于对手，会促使企业及时更新技术和设备，减少自身的碳排放。在一个竞争强度较大的行业里，企业可以通过在某个方面做得更好来取得比较优势，例如碳排放方面。水泥行业不存在具有垄断地位的企业，行业竞争强度相对较大。当今社会，碳排放不仅是国家和公众非常关注的问题，也是企业提高自身比较竞争优势的重要手段。在高排放行业，碳排放越来越成为在产品质量和价格之后的重要竞争要素，也是企业研发能力、资金管理能力等诸多竞争要素的综合体现。从竞争者角度，企业积极承担碳减排相关的环境责任以超越竞争对手，能够实现更好的环境绩效和财务绩效。

消费者或客户也是与企业环境责任承担有关的利益相关者。当今社会，绿色理念已深入人心，消费者或客户在关注企业产品或服务是否质优价廉的同时，越来越重视关注产品的低碳环保特征。水泥行业的下游客户主要是建筑装饰、房地产等行业，由于建筑等行业也属于碳排放较高的行业，本身受到了较高的环境压力，在采取降低碳排放行动的同时，为提高其碳绩效，可能从供应链的角度要求上游行业降低碳排放，以展现企业积极承担环境责任。因此在市场采购时会倾向于选择环境绩效表现好的供应商，以此宣传本企业采用更为低碳环保的原材料，来满足自身企业的环境形象建设需求，同时使用环保建材的建筑企业又能够满足其客户即建筑使用者自身的环保需求，从而提高竞争优势。因此当产品的质量和价格短期内难以进一步改善时，水泥企业可以通过改善碳绩效来吸引客户，通过满足客户自身及其消费者的环境利益诉求，来实现环境绩效、消费者或客户利益以及财务绩效的多赢。

债权人是影响企业环境责任承担的重要利益相关者。基于债务合约，债权人将在一定程度上对于企业行为进行监督，参与企业绿色治理，防范企业背离碳排放相关政策而造成的财务风险。例如国家开发银行发布了《实施绿色低碳金融行为支持碳达峰碳中和行动方案》，以深入贯彻和落实国家的双碳目标。出于政策响应和自身稳健经营发展的需要，商业银行会提高绿色贷款的比重，加大对于企业碳减排融资活动的支持。商业银行在审查财务风险的基础上，将对碳排放水平做更进一步的审查，如果企业碳排放表现良好，就可以获得来自银行稳定的支持，而碳表现对低于行业总体水平的，就享受不到相应的贷款优惠，企业也就没有更多的资金用于投资发展。就高排放水泥行业来说，我国的水泥产能实际上是过剩的，通过减少银行贷款淘汰落后产能是去产能的直接方式。因此能效低下、碳绩效表现不佳的高排放企业可能面临较强的融资约束。

媒体和一般公众也是高排放企业碳减排的利益相关者，通过舆论压力和实际行动来影响企业的环境责任承担。碳减排相关的环境治理能够使公众享受到美好环境带来的生活舒适度，因此媒体和公众通过倡导和宣传绿色生产、抵制环境违规、转变投资理念等，关注和监督企业的环境治理，尤其是高排放高污染行业的环境责任承担情况。

2. 内部利益相关者

股东作为企业的内部人，是环境保护最直接相关的利益相关者。股东很多情况下也是企业环境保护行为的决策者。股东追求自身经济利益最大化，因此与环境绩效相比，股东首先考虑的是经济绩效，从这个角度来说，股东要求企业承担环境责任更多是出于政策压力，属于被动的环境利益相关者。尤其是高排放行业，需要投入较多的资金开展环境治理，同时也需要有较强的绿色研发能力，环境治理显然增加了企业经营成本，影响了股东的财务利益，但由此带来的环境绩效却不是股东全部享有。当然，长期来看企业的环境保护行为与获取经济利益并不必然矛盾，通过权衡比较环境保护的成本（有些环境保护本身属于成本的节约如节能行为）与环境保护带来的收益（更多需要从长期考量），如果后者高于前者，股东也会主动要求企业进行环境治理。另外，对于重视个人声誉、环保观念较强的股东来说，企业的环境责任表现可能会更好。

企业管理者作为企业内部人，也是影响企业环境责任承担的重要利益相关者。由于本书不讨论股东与管理者之间的代理冲突问题，包括与环境相关的财务治理方面的利益冲突，主要是已有研究的讨论较为充分，为避免重复，这里将股东和管理者看做是企业内部人团体，不再专门分析管理者影响企业环境责任承担问题。

员工也是企业环境责任承担的利益相关者。但与其他利益相关者不同的是，员工既是企业环境责任承担的受益者，也是企业环境责任承担的实施者，因此，员工直接影响企业承担环境责任的过程和结果。员工更多地被动执行企业的环境治理决策，但员工的环保意识、个人素质显然也会影响到企业环境责任承担的效果。尤其对于高排放高污染行业，员工的工作环境相对较差，客观上员工要求企业积极承担环境责任，以营造一个健康环保舒适的工作环境。虽然环境治理需要企业投入较多的资源，短期必然影响企业绩效，但长期来看有助于提高工作质量和工作效率，促进企业绿色低碳可持续发展。

（二）实证分析

1. 研究假设

碳治理需大量的资金投入，短期会增加企业的成本支出，不利于股东甚至员工经济利益的实现。碳排放的治理不仅仅只是需要购买环境治理设备，很多时候还需要对生产工艺进行技术改造，采用降碳新技术，除了需要投入资金，还需要开展技术研发并承担相应的风险，短期内难以取得显著的成效，不仅可能面临股东和员工的消极抵制，外部环境利益相关者的利益也很难短期内得到满足，企业治理绩效因此受到不利影响。环境利益相关者之间需要一段时间进行沟通和磨合，才能最终有效缓解环境利益冲突问题，因为这不是短期内轻易能够达到的目标。考虑到财务治理绩效无法直接度量，本书采用财务绩效和非财务绩效间接衡量治理绩效，这一点与本书前文一致。基于此提出假设：

假设 H1：碳减排投入与企业短期财务绩效负相关。

基于绿色低碳发展的理念和政策环境，企业进行碳减排是大势所趋。进行碳减排会得到来自政府的补助以及其他政策支持，这些补助可以弥补部分碳减排成本，特别是在环境治理初期投入较大的情况下，政府补助能够起到较强的激励作用。长期来看，随着企业碳绩效的逐步提高，企业碳减排的技术水平逐步提升，碳减排的平均成本将会回落，同时也会正向反作用于企业业绩，股东和员工的经济利益也得到了满足。员工工作环境的改善满足了其基本的环境利益需求，提高了工作质量和效率。企业长期碳治理绩效表现良好，意味着众多环境利益相关者的利益诉求得到了满足，有助于提高企业社会形象，良好的企业形象能够吸引投资者、消费者，增强企业竞争优势，环境相关的利益冲突最终得以缓解，企业实现环境绩效和经济绩效的双赢。

因此从长期来看，企业在碳治理上的投资产生了回报，满足了各方利益相关者的利益诉求，相比短期，碳减排促进企业财务治理绩效明显改善。基于此，以企业长期财务绩效间接度量长期治理绩效，提出假设：

假设 H2：碳减排投入与企业长期绩效正相关。

2. 研究设计

（1）样本选择与数据来源

本文选取 2010～2019 年沪深 A 股水泥行业上市公司作为样本，剔除企业数据存在缺失的样本和 ST 类企业，最终得到 540 组样本数据。碳治理数据、企业财务数据来源于巨潮资讯网、新浪财经、国泰安、碳排放交易网和企业年度报告。

（2）变量定义

被解释变量

本文以财务绩效指标来替代财务治理绩效，分别采用总资产收益率和托宾 Q 值来衡量企业短期财务绩效和长期财务绩效。

解释变量

由于各个企业碳排放的具体数值披露不完善，部分企业缺少相关的碳排放情况，本文参考了周志方等（2020）与李强等（2014）提出的评价体系，依据这些评价指标，对各个企业的碳排放的表现进行赋值，据此计算总赋分并进行标准化处理。碳排放表现一定程度上揭示了企业碳治理努力过程和结果。具体来说，对于披露具体数值的项目赋值 2，如披露碳排放量，披露碳减排量；而对于文字性的表述赋值 1。另外，对于期望类的表述赋值 1，对于成果性的表述赋值 2。具体赋值指标见表 5－4 碳治理表现评价指标。

表 5－3　　变量定义表

变量	变量类型	变量衡量指标	变量代码
企业短期财务绩效	被解释变量	总资产收益率	ROA
企业长期财务绩效	被控制变量	托宾 Q	TQ
碳治理表现	解释变量	碳治理评分	CP
股权集中度	控制变量	第一大股东持股占全部股份的比例	Top1
企业规模	控制变量	企业总资产的自然对数	Size
企业杠杆	控制变量	资产负债率	Lev
企业成长性	控制变量	营业收入增长率	Growth

表 5－4　　碳治理表现评价指标

评价指标	赋值方式
企业是否将低碳目标纳入企业的发展目标	如有，赋值 1；否则，赋值 0。
企业是否制定过与低碳有关的规章制度或者指导纲领	如有，赋值 1；否则，赋值 0。
企业是否准备了低碳减排的生产活动	如有，赋值 1；否则，赋值 0。
企业是否实施了低碳减排的生产活动	如有，赋值 1；否则，赋值 0。
企业是否披露过碳减排的相关支出项目	如有，赋值 1；否则，赋值 0。
企业是否披露过碳减排的相关支出成本	如有，赋值 2；否则，赋值 0。
企业是否披露过自身企业的碳减排量	如有，赋值 2；否则，赋值 0。
企业是否披露过自身企业的碳排放量	如有，赋值 2；否则，赋值 0。
与上一年度相比，企业是否在低碳减排上做得更好	如有，赋值 2；否则，赋值 0。
企业是否在低碳减排上获得相应的荣誉或者表彰	如有，赋值 2；否则，赋值 0。
企业是否在碳排放上因为污染排放受到处罚	如无，赋值 1；否则，赋值 0。
企业是否制定过该年度碳减排的相关预期目标	如有，赋值 1；否则，赋值 0。
企业是否完成了该年度碳减排的相关预期目标	如有，赋值 1；否则，赋值 0。
企业是否披露过与低碳目标相关的机遇	如有，赋值 1；否则，赋值 0。
企业是否披露过与低碳目标相关的风险	如有，赋值 1；否则，赋值 0。
企业是否对在低碳减排方面进行了设备投入	如有，赋值 1；否则，赋值 0。
企业是否对在低碳减排方面进行了研发投入	如有，赋值 1；否则，赋值 0。
企业是否推行环保型产品	如有，赋值 2；否则，赋值 0。

（3）模型构建

本文构建了如下两个回归模型以分别检验上述两个假设。

$$ROA_{i,t} = \lambda_0 + \lambda_1 CP_{i,t} + \lambda_2 Lev_{i,t} + \lambda_3 Top1_{i,t} + \lambda_4 Size_{i,t} + \lambda_5 Growth_{i,t} + Year_{i,t} + \varepsilon$$

$$TQ_{i,t} = \beta_0 + \beta_1 CP_{i,t} + \beta_2 Lev_{i,t} + \beta_3 Top1_{i,t} + \beta_4 Size_{i,t} + \beta_5 Growth_{i,t} + Year_{i,t} + \varepsilon$$

其中，Year 表示年份，其他变量符号的含义见变量定义表。

3. 实证结果

表 5 - 5　　变量描述性统计结果

	观测值	均值	标准差	最小值	最大值	中位数
ROA	540	0.031	0.087	-0.695	0.741	0.030
TQ	540	1.972	2.425	0.839	26.833	1.399
CP	540	0.4936	0.0639	0.1667	0.7917	0.375
Lev	540	0.547	0.191	0.031	0.987	0.521
Top1	540	0.349	0.149	0.107	0.769	0.331
Size	540	22.271	1.447	18.181	26.446	22.162
Growth	540	0.202	0.664	-1.158	5.525	0.122

（1）描述性统计分析

从表 5 - 5 列出来各个变量的描述性统计结果来看，总资产收益率的最大值为 0.741，最小值 -0.695，均值为 0.031，表明了样本企业盈利能力存在较大的差异。托宾 Q 值的最大值为 26.833，最小值为 0.839，标准差为 2.425，说明样本企业长期发展前景差距明显。样本企业碳治理表现的均值为 0.4936，表明总体上来说样本企业碳治理表现尚可，但有着较大的提升空间。

表 5 - 6　　相关性分析结果

	ROA	TQ	C	Lev	Top1	Growth	Size
ROA	1						
TQ	0.136**	1					
CP	-0.016	0.328***	1				
Lev	-0.195**	-0.137**	0.491**	1			
Top1	0.447	-0.069	0.311**	0.263**	1		

续表

	ROA	TQ	C	Lev	Top1	Growth	Size
Growth	0.077	0.404	−0.010	0.049	−0.012	1	
Size	0.095*	−0.373**	0.042	0.339**	0.145**	−0.084	1

注：*** $p<0.01$，** $p<0.05$，* $p<0.1$

（2）相关性分析

本书通过Pearson相关性系数进行相关性分析。通过相关性分析对假设的准确性进行初步检验。从表5－6的数据可以看出，样本企业总资产收益率和碳治理表现的相关系数为－0.016，碳治理表现与总资产收益率负相关，说明短期来看，碳治理表现越好的企业，财务绩效可能越差，初步验证了假设H1，但二者之间负相关系数很小，且不显著，还需要进一步检验。碳治理表现与托宾Q值的相关系数值为0.328，在1%水平上显著，表明从长期来看，企业绩效与碳治理表现显著正相关，初步验证了假设H2。

（3）回归分析

表5－7　多元线性回归分析结果

变量	模型1	模型2
	ROA	TQ
CP	−0.005	1.448**
Lev	−0.095**	0.571
Top1	0.016	−0.116
Size	0.008***	−1.593**
Growth	0.002	0.012
CONSTANT	−0.002	12.980**
样本量	540	540
R^2	0.104	0.609
年度固定效应	YES	YES

注：*** $p<0.01$，** $p<0.05$，* $p<0.1$

从表5－7模型1的回归结果来看，总资产收益率和碳治理表现的回归系数是－0.005，结果不显著。说明样本企业碳治理表现，并不会对当期财务绩效产生明显影响，实证结果不能有效支持假设H1。从模型2的回归结果来看，碳治理表现的回归系数值为1.448，在5%的水平上显著。这意味着样本企业碳治理表现较为显著正向影响托宾Q值，验证了假设H2。

4. 实证结论

从以上实证过程及结果可以看出，样本企业碳减排投入对于企业的短期绩效影响较小。但有利于企业长期绩效的提高。这说明企业尽管短期内难以取得立竿见影的效果，但只要规划合理，持续推进碳治理，从发展的角度看问题，解决好环境利益相关者的利益关切，最终能够取得良好的长期回报。

二、基于环境和资源约束的财务治理绩效：以高污染行业为例的个案分析

提起高污染高排放行业，很多人首先想到的是有色金属行业。有色金属行业是资源密集型行业，一方面其原材料本身就是重要的不可再生资源，另一方面在有色金属的开采、冶炼、提纯、加工等生产过程当中以及使用过程当中还需要消耗掉大量的其他资源和能源，并产生大量的废水、废气和固体废弃物，污染自然生态环境的同时还会占用大量的土地。由于生产技术不够高精，有色金属行业在生产过程当中产生的废弃物量难以得到有效控制，而同时生产所产生的废弃物处理技术不成熟，也使生产废弃物难以得到净化处理和有效利用，大量的重金属、大分子化合物等有害物质排向自然界，使得有色金属行业的发展与自然生态环境之间的矛盾日益激化。以水资源消耗和污染为例，有色金属行业涉及矿产的开采、冶炼、提纯、加工，生产过程中在原料、动力、冲洗和冷却等环节对水资源的消耗量都非常大，与此同时还会产生大量的工业废水。这些工业废水中包含的元素复杂，常常含有氟、氯、氰、油类物质、放射性物质等毒害物质，这些有害物质无法通过自然界的生态循环系统降解，只会累积，一旦这些废水未经过合格的净化处理就直接排放到自然界中，就会使河流、地下水、土壤、大气等受到污染，并使生存在这些环境当中的生物受到不可逆的伤害甚至生存威胁，如被污染水域的鱼类生长畸形甚至死亡、受污染土壤上生产出的粮食作物将有害物质传递到人类体内危害人类身体健康等。

因此有色金属行业的发展涉及众多利益相关者的环境利益，负外部性极

强，需要积极承担环境责任，化解环境利益冲突以及由此引起的财务利益冲突，严格遵守国家环境保护相关政策法规，加快调整用能结构，积极创新生产技术，努力建设绿色低碳、循环发展的产业体系，实现经济利益和环境绩效的双赢。因此，对有色金属行业企业环境责任承担怎样影响财务治理绩效展开研究，具有非常重要的实际意义。本书选取有色金属行业标杆企业紫金矿业进行个案分析。

（一）紫金矿业环境治理简介

1993 年，为加速紫金山的矿业开发，紫金矿业应运而生。而后混合所有制改革的背景对紫金矿业就是如虎添翼，为其在港、沪上市创造了条件。紫金矿业主要经营黄金矿石，以铜、锌等为辅，从勘测环节开始至销售环节结束于一身。公司储备主要为黄金、铜、锌和矿产品。公司还拥有铅、银、钨、铁、煤等矿产的经营权。在企业起步之初，为了节约成本，紫金矿业选择使用堆浸法提取金矿。这种低成本的方法，使紫金矿业迅速发展，尽管成本极低，但在黄金开采过程中会产生大量有毒重金属废水。如果不严格处理，排放会对环境造成严重污染。

2014 年，紫金矿业把安全放在第一位，环保优先。为了做好环境保护，紫金矿业制定了专门的管理体系，在公司各个环节场地都设置了环境保护部门，上达企业总部下达每个车间都能看到环境保护部门的身影。不仅如此，公司还委托 CMA 对主要污染物进行定期的审查。2017 年，紫金矿业的各项污染排放都符合法律标准，并且进一步申请获得了新一代污染物排放许可证，全年事故率为零！

（二）紫金矿业环境责任承担分析

1. 反抗型环境责任承担

环境政策方面，2005 ~ 2010 年，我国为保护环境出台、修改了许多政策法规，虽然完善了我国环境政策体系，但主旨在于监测企业环境和处罚违规行为。相对来说严格的环境管制在一定程度上限制企业的成长。

企业行为方面，紫金矿业反抗型环境责任承担的实行大约从 2005 年开始，当时紫金矿业处于上升期，想方设法降低成本是当时的主要措施，同时这段时间的矿业发展较差，紫金矿业将此视为发展机遇。因此，紫金矿业开始加强基础管理，调整各项可控成本，严格控制非增值投资，扩大盈利能力。为了实现资源的大幅增长和对自然资源的控制，紫金矿业致力于在兼并方面取得重大进展。抓住市场机遇，实现持续增长。而环保投资会导致短期内成本的快速上升，这与紫金矿业低成本求增长的措施是不相符的，因此紫金矿业选择了反抗型环保策略，常常为了降低了环保成本而违反环保法规和政策。

反抗型环境责任承担是指公司无视与环境有关的法律和政策的要求，不采取环保措施和做法，从而减少环境投资的行为。

（1）生产。

生产方面，“堆浸法”是紫金矿业的主要方法，该方法的特点就是成本低廉。一般来说，只有在干旱少水的地区使用才能有效避免污染，而在紫金山地区，由于降雨频繁，难以控制，导致附近河流遭到污染。

2007年，紫金矿业矿业在收购湖北新丰后，停止使用鑫丰矿业最清洁的两种开采工艺，选择了浮选工艺。浮选成本低于原工艺成本。然而，这种方法产生的废水更有可能污染环境，因为使用药物提取矿物质，其中含有大量残留物。

（2）环境保护投资。

紫金矿业选择保证产品生产过程中的低成本，所以在环保设施建设时，大量环保设施都是严重不符合规定的，这也是导致这段时间紫金矿业污染事故频发的重要原因之一。2006年，紫金矿业的污染物对下游水库造成污染，而且污染物中还含有大量有毒物质。2009年4月，由于污水回收系统的故障，再次导致严重的环境污染。

2010年，紫金矿业尾矿库未经环保部门批准，擅自开挖排水井。在此期间，由于连续的降雨，导致含铜溶液泄漏。不仅如此，紫金矿业还因环保设施的质量不合格，被环境部门责令整改。

2. 顺从型环境责任承担

环境政策方面，2011～2014年，我国环境政策的体系进一步完善，大致有以下几个特点：第一，全程严格监控，从排放源到处理结果全程管制，对于发生的环境污染事故严格追责。第二，约束与激励。从一开始的严格管束，慢慢改变到约束与激励并重，给予一定的税费、补偿、交易等方面的优惠，激励企业从事环保事业。

企业环境治理方面，2010～2014 年，紫金矿业选择了顺从型环境责任承担，是因为与环境有关的法规和政策变得更具约束力和更严格，但也建立了激励机制，企业在对环保事业进行投资时，生态环境上的优势也能够带来一定的经济利益。同样，如果公司继续无视环保法规和政策将对公司的品牌形象产生不利影响。以往反抗型环保行为而发生的污染事故并被责令改正，迫切需要提高企业品牌形象，因此紫金矿业选择了顺从环境有关的条例和政策环境责任承担。

顺从型环境责任承担是指公司从环境保护投资规模、环保设备实施、员工环境意识和安全生产等方面实施的环境责任承担，以应对与环境相关的法律和政策，避免环境控制部门的监管。这种环境责任承担是一种被动行为，公司遵守与环境相关的法规和政策，并专注于降低成本和提高利润率。

（1）生产。

2013 年，随着脱硫技术的投入使用，企业的二氧化硫的排放量大幅下降。为了达到减排的目的，集团内部建立了循环经济体系，不但对绿色技术创新进行投资，还加强了能源的利用率。紫金矿业铜冶炼厂在生产过程中产生的残渣经过技术处理后，可回收铜将近 1.3 万吨。尾矿和石膏渣等固体废物也可通过当地水泥厂进行再利用。

紫金矿业为了防止粉尘对空气质量造成污染，在生产工艺方面采用了湿法生产，而且在生产车间配备的洒水车、防尘设备以及水膜，以确保对粉尘污染的控制。因此，在此期间紫金矿业从未发生重大的污染事故，也从未受到过任何相关处罚。

（2）环境保护投资。

污水渗漏事件发生后，紫金矿业对环境保护设施进行了全面严格的完善，做到了污水处理能力的大提升，而且如果发生污水泄漏还有一定的缓冲时间，可以真正实现污水的治理和利用。在硫化钠处理工艺方面，紫金矿业建立了专用的环保处理系统，能够将废水中的铜、铁等贵金属再次回收利用起来，节约了环境处理成本。

为避免地下水污染，紫金矿业在各种生产重要场所专门安排人员定期定时进行人工水平防渗，并打造了垂直防渗帷幕，防止在发生事故时污染到地下水。为观察地下水状况、防止地下水污染，紫金矿业建设了一批优质地下水井和观测井。

3. 积极型环境责任承担

环境政策方面，自 2015 年以来，紫金矿业主要以“十三五”与“十四五”规划为主，进一步完善环境相关政策体系。总的来说，管制方面，越来越严格，结合“互联网＋”实施更为严格的监控。但在激励方面也体现得越来越明显，企业的环保投资能够提升企业的形象，可以提升企业价值。

企业行为方面，自 2015 年以来，我国先后出台了一系列关于环境保护的政策文件，将大数据“互联网＋”与治理生态环境结合，大大提高了我国生态环境的管理能力，实现环境管理变革。在温室气体、地质信息以及气象等方面，能够做到公开各种数据信息，明确了市场管理、生态环境信息共享、生态环境质量等内容。

根据现有的环境法律和政策，如果公司积极实施环保行为，在环境保护法律法规和政策的激励下，考虑到需要提高其产品的企业品牌形象和技术含量，公司在环保方面的投资可以转化为企业价值。紫金矿业将环境责任承担转化为积极的环保行为，积极做好环境保护工作。

积极型环保行为的实施，说明企业能够意识到环境保护的必要性，并且通过绿色技术创新的手段，从清洁能源投入生产、高效生产技术研发以及对生产出的污染物回收利用等方面提高污染防治，从源头做好防治。

（1）清洁生产。

生产方面，紫金矿业的主要成就在于科研技术的成果显著，2016 年，申请获得专利 13 项。通过热压技术的研发，使矿石中的杂质砷可以被无害处理，黄金的回收率更是大大提高了三成。不仅如此，在生产锅炉的改造方面，紫金矿业的烟气脱硫在节能的同时做到了减排，并且降低了排放出废气的浓度。

（2）环境保护投资。

自 2015 年以来，紫金矿业环保方面的投资重点在于重金属方面，加强技术的研发，将污染的量和污染的浓度都大大降低。从一开始对于环保政策的逃避无视，到现在主动参与环建设，可见其态度的转变。为了修复完善污水分流系统和回水系统，减少重金属废水对外排放，紫金矿业打造了专门的体系。结合AI科技，做到实时监测各种污染的排放情况，在发生意外时能够紧急反馈快速安全地处置，将污染降到最低。

（三）基于不同环境责任承担的财务治理绩效

不同时期的环境相关法律法规和政策对公司选择不同的环境责任承担选择产生不同影响，对公司经营产生一定影响，那么其将如何影响公司的财务业绩？本章将从环境责任承担的三个阶段分析财务业绩的相关指标，以反映环境相关监管政策和行为对公司财务业绩的影响。

1. 反抗型环境责任承担下财务绩效分析

就偿债能力而言，反抗型环境责任承担造成的污染事故的影响不大，如表5-8所示，2005~2007年紫金矿业流动和速动比率显著下降，表明短期偿债能力明显下降。由于2008年紫金矿业在沪上市，资产增长更多地通过所有者权益渠道实现，因此也可以解释2008年偿债比率急剧上升的情况。2009年和2010年两年的短期偿债能力为1.25与1.15，与回A股之前相比变化不是很大，由此可见反抗型环境责任承担对紫金矿业的偿债能力产生了一定的影响。

表5-8　　2005~2010年偿债能力分析

指标＼年份	2005	2006	2007	2008	2009	2010
流动比率	1.12	1.05	0.66	4.98	1.25	1.15
速动比率	0.91	0.72	0.50	4.76	0.88	0.79
资产负债率	41.95%	55.47%	57.63%	10.89%	27.10%	32.22%

在2010年“7·3污染事件”后的营运能力方面，紫金矿业接受了包括限产在内的多项行政制裁措施。2005~2010年，紫金矿业的存货周转率与行业数据进行了对比，表明紫金矿业2005~2007年的营运能力逐步提升，2008年开始下滑，这说明反抗型环保行为在短期内可以提高公司的营运能力，但这种影响不会持续太久，如表5-9所示。

表 5-9　　2005～2010 年存货周转率对比

周转率＼年份	2005	2006	2007	2008	2009	2010
紫金矿业	12.21	17.19	15.17	12.56	9.67	9.19
行业平均	15.19	15.59	14.87	13.93	12.35	15.52

盈利能力方面，我们发现，前4年净资产收益率稳定上升，这与监管部门处罚力度不够有很大关系。2005～2009年，紫金矿业的净资产收益率与行业相比处在领先地位，但在2010年的“污水渗漏”事件之后，不仅使其净资产收益率骤降，而且与行业平均之间的差距也有缩小。如图5-1所示，从企业长期发展的角度来看，违反环境相关法规和政策并不能带来什么利益。

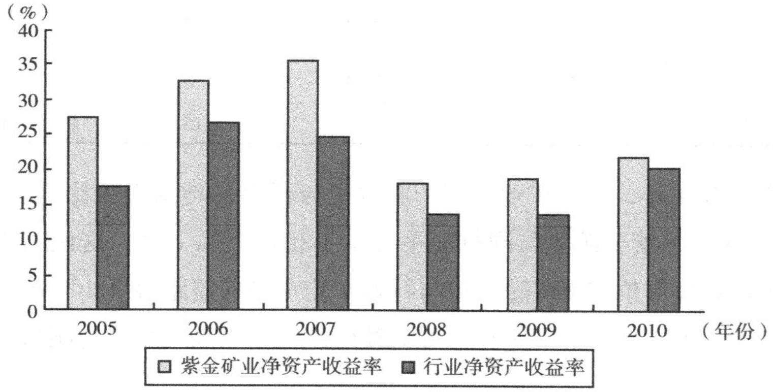

图 5-1　2005～2010 年紫金矿业净资产收益率分析

通过企业与行业之间的比较，可以看出2005～2010年紫金矿业财务绩效均高于行业平均，发展前景良好。然而，由于环保事故的发生，导致有关部门对紫金矿业进行监管，对其进行责令限产等处罚，从而影响了其盈利能力和营运能力。在生产中，罚款和责令改正，使紫金矿业的企业利润率有所下降。

2. 顺从型环境责任承担下财务绩效分析

偿债能力方面，从表5-10分析可以看出，这段时间内短期的偿债能力基本呈下降趋势，流动比率2012～2013年更是出现了15%的降幅。总体债务水平，则呈现出逐年上涨的趋势。

表 5-10　　2011~2014 年偿债能力分析

指标 \ 年份	2011	2012	2013	2014
流动比率	1.10	1.06	0.9	0.83
速动比率	0.66	0.55	0.49	0.39
资产负债率	42.41%	50.14%	51.00%	55.20%

在营运能力方面，紫金矿业存货周转率有所下降，可以看出 2011~2014 年营运能力稍微逊色于 2005~2010 年。顺从型环境责任承担使紫金矿业在环保设施上投入了更多的资源，从而牺牲了一些运营能力（见表 5-11）。

表 5-11　　2011~2014 年存货周转率对比

周转率 \ 年份	2011	2012	2013	2014
紫金矿业	7.41	5.09	4.97	6.29
行业平均	17.4	16.38	15.76	14.95

2011~2014 年，紫金矿业净资产收益率与行业平均水平相比呈下降趋势。如图 5-2 所示，紫金矿业与同行业平均水平相比大幅下降，这说明尽管环境责任承担让品牌形象有所好转，但与行业平均水平的差距很大。它提高了公司产品的品牌形象，但并没有提高公司的绩效，长期以来一直实施顺从型环保行为不是好的选择。

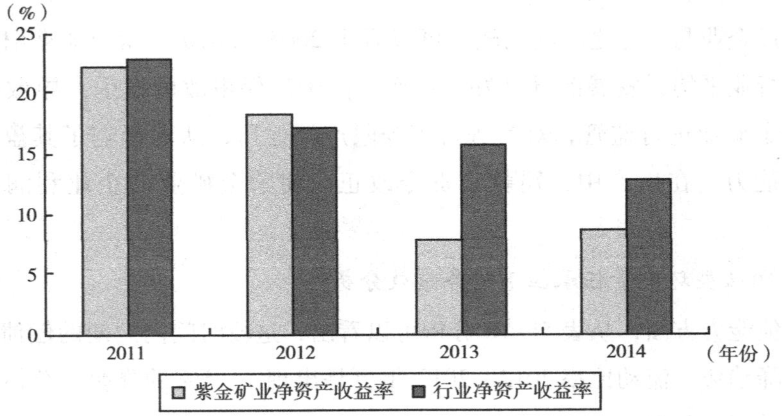

图 5-2　2011~2014 年紫金矿业净资产收益率分析

3. 积极型环境责任承担下财务绩效分析

偿债能力方面，由表5－12可知，这段时期紫金矿业的短期偿债能力并不理想，平均为0.83，2015年更是低至0.69。总体负债水平，公司却保持着不错的下降趋势，从最高65%左右下降到55%左右，可见其资产结构相对比较稳定，长期偿债能力稳定良好。

表5－12 2015～2021年偿债能力分析

指标＼年份	2015	2016	2017	2018	2019	2020	2021
流动比率	0.69	0.71	1.00	0.82	0.85	0.84	0.94
速动比率	0.34	0.36	0.61	0.48	0.41	0.45	0.55
资产负债率	61.95%	65.12%	57.85%	58.12%	53.91%	59.08%	55.47%

从表5－13可以看出，紫金矿业2015～2021年存货周转率呈现整体向上趋势，紫金矿业的营运能力逐步提升，在积极型环保行为的作用下，公司营运能力得到提升。

表5－13 2015～2021年存货周转率

周转率＼年份	2015	2016	2017	2018	2019	2020	2021
紫金矿业	6.92	6.8	8.12	8.85	9.88	9.17	10.19

盈利能力方面，从紫金矿业自身来看呈逐年递增的趋势，可见其盈利能力的成长速度之快，在环保投资成本加大的前提下，仍能创造这样的盈利能力，说明其科技创新带来的技术提升为企业创造了不俗的竞争力。2015～2021年，紫金矿业净资产业绩与行业平均水平的对比可以看出，紫金矿业与行业平均水平之间的差距越来越小，公司财务业绩逐年增加。这表明，在积极的环境责任承担中，公司通过技术创新增加投资，但对盈利能力有积极影响（见图5－3）。

4. 不同环境责任承担行为的长期绩效

前述我们对三种责任承担行为从偿债能力、营运能力以及盈利能力进行了分析，可以得出大多是短期财务绩效方面的分析结果，因此我们再对紫金矿业三种不同责任承担行为下的营业收入进行长期增长分析。

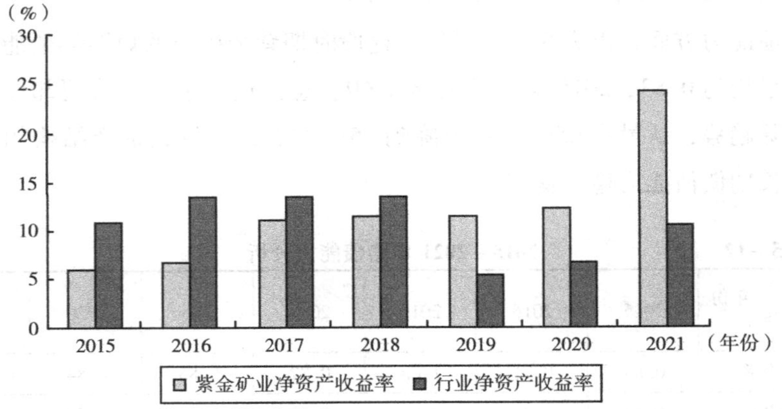

图 5－3　2015～2021 年紫金矿业净资产收益率分析

在反抗型环境责任承担下，2004 年以及 2005 年紫金矿业营业收入突飞猛进，增长率高达 50%～72%，然后好景不长，相比前两年，后四年的营业收入增长明显下降，说明低成本高污染的行为虽然使企业短期之内竞争力增强，但是在受到监管与处罚后，很快就会显现颓势，不适合长期采用（见表 5－14）。

表 5－14　　反抗型环境责任承担营业收入分析　　单位：万元

年份	2004	2005	2006	2007	2008	2009	2010
营业收入	150768	303621	1067127	1487127	1698376	2095582	2853958
增长率	—	50%	72%	28%	12%	19%	27%

2011～2014 年这短短的四年中，紫金矿业对环境相关法规和政策表现出“无所谓”的态度，在此期间，营业收入增长水平一年不如一年，2013 年相比 2012 年增长率仅有 3%（见表 5－15）。由此可见，这种顺从型环境责任承担也不能取得好成效。

表 5－15　　顺从型环境责任承担营业收入分析　　单位：亿元

年份	2011	2012	2013	2014
营业收入	397.64	484.15	497.72	587.61
增长率	28%	18%	3%	15%

在积极型的环境责任承担下的刚开始阶段，由于主动加大环境保护投入，

使企业竞争力有所下降，2016 年相比 2015 年增长率也仅有 6%，但是随着时间的推移紫金矿业的营业收入增长情况慢慢好转，直到 2020 年营业收入增长率达到了 32%，可以看出其上升趋势（见表 5 - 16）。由此可见，企业对于环境治理的投入存在一定的反应时间，或者是企业环保投入的绩效影响存在一定的滞后性。

表 5 - 16　积极型环境责任承担营业收入分析　单位：亿元

年份	2015	2016	2017	2018	2019	2020
营业收入	743.04	788.51	945.49	1059.94	1238.13	1823.13
增长率	21%	6%	17%	11%	14%	32%

（四）结论

第一，环境法规和政策以不同的方式影响企业环境责任承担。自 2005 年以来，根据紫金矿业在环境保护方面的投资数据，考察显示环境相关法规和政策对企业选择环保行为的影响：工业企业在环境保护方面的积极投资可以通过利用环境法规和政策的合理控制来促进，其中，公司环境行为的选择对企业有多方面的影响。从营业收入分析可以看出，在倡导持续发展的今天，积极型行为在一定程度上更符合企业长期发展的目标，适合长期持续投入，更有利于企业的发展。顺从型环境行为在一定程度上可能导致企业业绩下降。环境相关的法律和政策是从严格限制开始的。环境相关法规与政策从严到宽、从限制到激励，紫金矿业的行为依旧被动，只不过从反感到应付，增加环保投资的同时并没有创造出多少价值，也导致了盈利能力的下滑。在相关环保法律法规和政策的激励机制下可以发现，紫金矿业更乐于积极地投资环保行为。相关环境法规和政策的激励机制，使企业对绿色技术创新进行积极的投资，开发出的技术不仅能做到能源清洁、污染排放少、浓度低，更是让企业获得了不俗的竞争力，使盈利能力有所提升。与环境有关的规章和政策对企业环境行为的影响所做的详细分析表明，公司在选择生产工艺方面的研发投资对环境有关的规章和政策的激励机制十分敏感。

第二，积极的环境行为对企业财务绩效产生积极影响。在选择不同的环保策略时，我们对紫金矿业的企业绩效进行了全面、系统的分析，并分析了紫金矿业在与环境相关的法律和政策背景的影响下选择的环保行为以及不同环保行为选择下财务业绩的变化。通过分析和研究发现，企业规章制度的制定、环境保护投资的增加以及生产过程中的技术创新，对企业绩效产生了全方位的影响。当公司选择顺从型环境行为时，污染控制成本和惩罚非法污染生产的成本就会降低。但环保设施投资规模较大，对公司业绩产生不利影响，一旦公司选择积极环保行为，走清洁的生产道路，提高生产效率，综合利用技术创新产生的资源，将对公司业绩产生积极影响，随着环保相关法律法规的加强，这一影响将更加明显。此外，企业环境行为影响公司财务绩效具有时间上的滞后性，需要一定的时间才能发挥作用。

三、环境和资源约束的财务治理绩效：基于企业绿色工艺创新角度的实证分析

绿色工艺创新是通过对生产工艺进行改善以减少对环境负面影响的一种创新模式，一般将其细分为清洁生产技术和末端治理技术两个维度。清洁生产技术是指将环境保护的策略应用于生产过程和产品中，以降低其危害人类健康和环境安全风险的技术，属于事前性环境治理。清洁生产技术的核心是控制生产的全过程，以预防为主，实现环境绩效和经济绩效的统一。清洁生产技术创新侧重从源头上降低污染物产生，以更好的管理、材料、循环工艺等方式来减少、改变或预防污染物的产生，其目的是持续提升技术增加竞争力和成本最小化。末端治理技术是指在生产过程的末端，针对产生的污染废弃物开发并实施有效的治理技术，属于事后环境治理，末端治理技术又可以细分为两个维度，一是污染设备的投入使用，二是回收污染废弃物，使其得到再利用。

国外发达经济体开展绿色工艺创新方面的研究和实践早于国内，很多知名跨国公司如 IBM、苹果、杜邦等十分重视绿色工艺创新。绿色工艺创新可以形成企业难以替代的高价值资源，通过改进生产工艺，优化企业要素配置效率，降低生产成本，从而获得竞争优势、提高经济绩效。与清洁生产技术相比，末端治理技术属于早期的污染治理方式，目前我国污染治理模式也逐步由简单的末端治理向清洁生产技术进行转变，重视清洁生产往往能够为企业带来更多长远利益。在“低碳革命”的当今，国内绿色工艺创新理论不断发展完善，越

来越多国内学者开始对绿色工艺创新的作用、内容、影响企业绩效的路径等进行研究。对绿色工艺创新如何影响企业绩效，一些学者通过构建评价指标体系进行了理论和实证分析，得出的结论多为绿色工艺创新能够正向影响企业绩效。本书前文研究了高污染高排放行业的环境责任承担及其财务治理绩效，本部分从外部环境压力较小的行业的角度开展实证分析。

（一）企业绿色工艺创新影响财务治理效率的机理分析

1. 企业绿色工艺创新对企业利益相关者的影响

对于企业股东等投资者来说，绿色工艺创新意味着要将更多的资源注入到环境责任投资中，并承担技术创新的风险，可能在短期内会影响投资者的经济利益。但绿色工艺创新会改善员工生产环境，提高员工满意度，企业环境绩效改善能够获得政府的信任和政策支持，为包括股东在内的内外部利益相关者创造长期价值。企业承担环境责任与利益相关者之间的理论关联，鉴于本章前文已经作了较为充分的讨论，此处不再赘述。

2. 企业绿色工艺创新影响企业财务治理绩效的途径

企业进行绿色工艺创新，相当于主动引入环境利益相关者到企业财务治理机制中，能够有效缓解环境相关的利益冲突，降低与此有关的外部环境利益相关者与企业内部人之间的代理成本，不仅有利于企业环境绩效的提高，也能够长期提升企业财务绩效，为包括股东在内的内外部利益相关者长期持续创造价值。

绿色工艺创新通过改进生产工艺、获得绿色专利许可等方式，能够优化企业要素配置效率，降低生产成本，为企业获得竞争优势，从而提高经济效益和环境绩效。从清洁生产技术角度来说，绿色工艺创新可以优化企业的生产流程，降低原材料以及能源的消耗，有利于企业财务绩效的提升。同时清洁生产技术能够实现从源头解决环境污染问题，其创造的环境绩效也相当显著。从末端治理技术角度来说，企业通过污染处理设备投入可以减少污染物的排放，虽然属于事后治理，可能导致整个社会和企业治理成本的增加，但毕竟最终减少了对环境的破坏，从而树立了企业的绿色形象，提高了企业的社会信誉，增进了企业的环境绩效。同时，通过末端治理技术企业可以通过回收废弃物或排放物，使其循环利用，能够降低企业的生产成本，创造一定的经济效益。此外，绿色工艺创新还会改善工作环境，提高员工的素质和满意度，从而提升工作效率，最终正向影响企业绩效。

以家电企业为例，其绿色工艺创新代表一种新的创新理念，是传统工艺向现代工艺转变的重要方式，在产品设计、制造、装配、使用和回收等多个环节开展绿色工艺研发和改良活动，旨在节约资源、减少污染及降低成本。与高污染高排放行业相比，家电行业受到来自于外部的环境压力相对较小，但同样需要承担一定的环境责任，政府和消费者越来越倾向于绿色产品推广和购买使用。一般认为，企业绿色工艺创新需要大量的资金投入，需要有一定的研发实力和技术积累，还需要进行市场推广以取得消费者的信任和支持，可能难以在短期内取得较好的经济效益。长期来看，企业绿色工艺创新的投入能够扩大特定产品的竞争优势，优化企业生产流程，提高员工生产效率，得到众多利益相关者的支持，有效缓解环境相关利益相关者之间的利益冲突，最终对企业绩效产生积极的影响。

（二）实证分析

1. 研究假设

虽然企业绿色工艺创新理论上最终应该能够增进企业治理绩效，但由于需要大量且持续的资源投入，短期内可能负向影响企业财务治理绩效。基于前述理论分析，本书提出以下三个方面的假设（与本书前文一样，财务治理绩效依然以财务绩效、非财务绩效来间接度量）。

假设 H1：家电企业绿色工艺创新与短期财务绩效负相关。

假设 H2：家电企业绿色工艺创新与长期财务绩效正相关。

假设 H3：家电企业绿色工艺创新与非财务绩效正相关。

2. 研究设计

（1）样本选择和数据来源

本文以 A 股 87 家家电业上市公司为总体样本，并按下列标准加以筛选：剔除 ST 公司；剔除变量值显著异常的公司；剔除相关财务数据无法获取或不全的公司。

最终挑选出 66 家上市公司作为研究样本，样本数据时间范围涵盖 2010～2020 年，总计获取 616 组样本数据。数据来源于企业社会责任报告书、企业年报、国内重要报纸报道、国泰君安数据库（CSMAR）等。

（2）变量定义

被解释变量

本文短期财务绩效采用总资产报酬率（ROA）进行衡量，ROA =（利润总额 + 利息支出）/平均资产总额，ROA 反映了企业短期内利用资产创造利润的水平。同时选取托宾 Q 值来作为企业长期财务绩效的度量指标，托宾 Q 值是企业市场价值与企业重置成本的比值，该指标能够反映企业的长期投资回报率，投资者可以据此对企业的长期价值做出判断，基于市场有效性理论，一定程度上反映了企业长期财务绩效。理论上企业非财务绩效可以从很多不同的角度选取，例如很多学者将企业的员工素质、企业创新能力、市场占有率、议价能力、品牌形象等都纳入非财务绩效的考量中。其中市场占有率指企业某类产品的销售量（或销售额）在市场同类产品中所占比重，反映了企业在特定市场上的地位，通常市场份额越高，竞争优势越强，外界对企业的认可度也越高，也能够表明企业绿色工艺创新取得了良好的效果。因此本文选择市场占有率作为非财务绩效的衡量指标。

解释变量

本书通过构建评价指标体系对企业绿色工艺创新进行评分，解释变量绿色工艺创新绩效（CIP）的量化取企业绿色工艺创新综合评价指数得分相对数（比率）。

内容分析法被广泛应用于研究企业的环境信息披露问题，由于企业绿色工艺创新较难通过单一指标全面衡量，且我国制造业上市公司对于绿色工艺创新的信息披露多偏向于文字描述，因此本书采用内容分析法对企业披露的社会责任报告进行文本挖掘。首先构建由两个维度构成的企业绿色工艺创新指标体系，然后据此计算综合评价指数来衡量企业绿色工艺创新。本书认为末端治理技术无法从根源解决环境污染问题，而清洁生产技术是对生产过程的控制，可以更好地从源头上解决环境问题。因此清洁生产技术设有三个指标，末端治理技术设有两个指标。

表5－17　　绿色工艺创新评价指标体系

清洁生产技术（CPT）	A. 升级了现有生产设备和工艺 B. 工艺改进减少了原材料耗用 C. 工艺改进减少了污染产生量
末端治理技术（ET）	D. 注重对污染处理设备的投入使用 E. 回收了废弃物或排放物，使其得到处理和再利用

如果企业的社会责任报告中含有与表中指标相关的描述则取值为1；如果报告中有涉及表中指标的量化数据或更细节的描述则取值为2；上述两种情况均不存在的取值为0。将所有指标的评分加总，最终取为66家企业每年CIP得分相对数以衡量每个企业的绿色工艺创新水平。

控制变量

为了控制影响企业绩效的其他因素，选取以下控制变量：

企业上市年限（LA），以当年年份－上市年份＋1再取自然对数表示。企业上市时间的长短会对创新决策及推进会产生影响，企业上市时间越长，自身发展越稳定，就越倾向于承担绿色发展的责任。

财务杠杆，以资产负债率（LEV）衡量。企业通过合理运用财务杠杆来提高竞争力与市场份额，企业利用财务杠杆的程度、债权人参与绿色治理的情况等都会对企业的绿色技术创新等投资决策行为产生影响。

产权性质（SOE），指企业是否由政府实际控制。产权性质影响企业进行绿色工艺创新相关的激励与约束机制，属于较为重要的财务治理变量，能够通过作用于内外部资源的相关整合配置来影响企业绿色工艺创新行为和效果。

股权集中度，以第一大股东持股比例（Top1）表示。股权集中度能够对企业投融资决策产生一定影响，是衡量企业稳定性和治理结构的重要指标，因此将其纳入模型控制变量中。

企业成长性（GROWTH），反映了企业不断增值的能力，用企业主营业务增长率衡量。企业成长性就越好，就更具稳定性和竞争优势，绿色工艺创新能力也越强。另一方面，成长性越好的企业受到的关注度和社会监督更多一些，同样也会促进企业积极承担环境相关的社会责任。

（3）模型构建

根据前文的理论分析，通过建立以下三个模型以分别验证假设H1、假设H2以及假设H3：

模型 1：$ROA_{i,t} = \alpha_0 + \alpha_1 CIP_{i,t} + \alpha_2 LA_{i,t} + \alpha_3 Soe_{i,t} + \alpha_4 Lev_{i,t} + \alpha_5 Top1_{i,t} + \alpha_6 GROWTH_{i,t} + Y_t + \varepsilon_{i,t}$

模型 2：$TQ_{i,t} = \beta_0 + \beta_1 CIP_{i,t} + t + \beta_2 LA_{i,t} + \beta_3 Soe_{i,t} + \beta_4 Lev_{i,t} + \beta_5 Top1_{i,t} + \beta_6 GROWTH_{i,t} + Y_t + \varepsilon_{i,t}$

模型 3：$MS_{i,t} = \gamma_0 + \gamma_1 CIP_{i,t} + \gamma_2 LA_{i,t} + \gamma_3 Soe_{i,t} + \gamma_4 Lev_{i,t} + \gamma_5 Top1_{i,t} + \gamma_6 GROWTH_{i,t} + Y_t + \varepsilon_{i,t}$

其中 ROA 为总资产报酬率，TQ 为托宾 Q 值，MS 为企业市场占有率，CIP 为绿色工艺创新相对评分，5LA 为上市年限，Soe 为产权性质，Lev 为负债水平，Top1 为第一大股东持股比例，GROWTH 表示企业成长性，i 表示年份，t 表示企业。

3. 实证结果

（1）描述性统计分析表（见表 5－18）

表 5－18　　描述性统计

	N	最小值	最大值	均值	方差
ROA	616	－0. 2987	0. 3987	0. 0717	0. 004
TQ	616	0. 8425	8. 4692	1. 8024	0. 865
MS	581	0. 0000	0. 2527	0. 0152	0. 002
CIP	616	0. 0000	0. 2143	0. 0355	0. 001
Growth	616	－0. 7936	11. 8264	0. 1583	0. 7291
LA	616	0. 0000	3. 3673	1. 6343	1. 340
SOE	616	0	1	0. 20	0. 161
Lev	616	4. 1108	115. 2712	44. 0582	329. 838
Top1	616	0. 1347	0. 8119	0. 3803	0. 022

如上表显示，样本企业 ROA 最小值为－0. 2987，最大值为 0. 3987，均值为 0. 0717，表明样本企业之间资产盈利能力差异较大；绿色工艺创新得分 CIP 最小值为 0，最大值为 0. 2143，均值为 0. 0355，某些标杆企业绿色工艺创新得分能占样本总量的 21. 43%，而有不少企业得分为 0，说明不同样本企业绿色工艺创新的水平差异较为明显。样本企业托宾 Q 值最小值为 0. 8425，最大值为 8. 4692，均值为 1. 8024；最值之间相差较大，均值处于正常水平，总体上样本企业的长期财务绩效较好，但行业龙头的绩效明显占优。样本企业市场占

有率最小值为0，最大值为0.2527，均值为0.0152；其中海尔、美的、格力三家上市公司市场占有率之和每年均可达到50%以上，可见其在家电行业中的体量和影响力较大。

（2）相关性分析

表5－19　　模型1变量间相关系数表

		ROA	CIP	LA	SOE	Lev	Top1
ROA	皮尔逊相关性	1					
	N	616					
CIP	皮尔逊相关性	－0.075 *	1				
	N	616	616				
LA	皮尔逊相关性	－0.344 ***	0.416 **	1			
	N	616	616	616			
SOE	皮尔逊相关性	－0.248 **	0.383 ***	0.565 **	1		
	N	613	613	613	613		
Lev	皮尔逊相关性	－0.290 **	0.316 ***	0.362 **	0.466 **	1	
	N	616	616	616	613	616	
Top1	皮尔逊相关性	0.311 **	－0.122 *	－0.310 *	－0.219 ***	－0.158 **	1
	N	616	616	616	613	616	616

注：*** $p<0.01$，** $p<0.05$，* $p<0.1$

如表5－19显示，绿色工艺创新CIP与短期财务绩效ROA相关系数很小，只有－0.075，且不是很显著，表明假设H1有待于进一步验证。企业规模在5%水平上与ROA负相关，上市年限在1%水平上与ROA显著负相关，产权性质在5%显著性水平上与ROA负相关，资产负债率在5%显著性水平上与ROA负相关，第一大股东持股比例在5%显著性水平上与ROA正相关。

表5－20　　模型2变量间相关系数表

		TQ	CIP	LA	SOE	Lev	Top1
TQ	皮尔逊相关性	1					
	N	503					
CIP	皮尔逊相关性	0.460 ***	1				
	N	503	503				

续表

		TQ	CIP	LA	SOE	Lev	Top1
LA	皮尔逊相关性	-0.096 ***	0.365 **	1			
	N	503	503	503			
SOE	皮尔逊相关性	-0.261 **	0.344 **	0.563 **	1		
	N	503	503	503	503		
Lev	皮尔逊相关性	-0.108 **	0.361 **	0.565 **	0.528 **	1	
	N	503	503	503	503	503	
Top1	皮尔逊相关性	0.193 **	-0.094 *	-0.318 **	-0.206 ***	-0.189 **	1
	N	503	503	503	503	503	503

注：*** $p<0.01$，** $p<0.05$，* $p<0.1$

如表5-20显示，绿色工艺创新CIP与长期财务绩效TQ的相关系数为0.460，且显著正相关，一定程度上验证了假设H2。企业规模在5%显著性水平上与TQ负相关，上市年限在1%水平上与显著负相关，产权性质在5%显著性水平上与TQ负相关，资产负债率在5%显著性水平上与TQ负相关，第一大股东持股比例在5%显著性水平上与TQ正相关。

表5-21　　模型3变量间相关系数表

		MS	CIP	LA	SOE	Lev	Top1
MS	皮尔逊相关性	1					
	N	581					
CIP	皮尔逊相关性	0.601 ***	1				
	N	581	581				
LA	皮尔逊相关性	0.307 *	0.403 **	1			
	N	471	471	471			
SOE	皮尔逊相关性	-0.272 *	0.397 *	0.557 **	1		
	N	574	574	471	574		
Lev	皮尔逊相关性	0.206 **	0.305 **	0.591 **	0.463 **	1	
	N	577	577	471	574	577	
Top1	皮尔逊相关性	-0.148 *	-0.153 **	-0.366 *	-0.229 ***	-0.152 **	1
	N	577	577	471	574	577	577

注：*** $p<0.01$，** $p<0.05$，* $p<0.1$

如表5-21显示，绿色工艺创新CIP在1%水平上与非财务绩效MS相关系数为0.601，显著正相关，一定程度上验证了假设H3。控制变量企业规模在5%显著性水平上与MS正相关，上市年限在10%显著性水平上与MS正相关，产权性质在10%显著性水平上与MS负相关，资产负债率在5%显著性水平上与MS正相关，第一大股东持股比例在10%显著性水平上与MS负相关。

（3）回归分析

表5-22　　模型1回归分析结果

模型摘要

	R	R方	调整后R方	标准估算的错误
1	0.059[a]	0.003	0.002	0.06000
2	0.656[b]	0.431	0.404	0.0464

系数[a]

		未标准化系数		标准化系数	t	显著性
		B	标准错误	Beta		
1	（常量）	0.073	0.003		21.214	0.000
	CIP	-0.098	0.068	-0.059	-1.444	0.149
2	（常量）	-0.030	0.051		-0.592	0.554
	CIP	0.273	0.076	0.163	3.582	0.000
	LA	-0.026	0.003	-0.508	-10.463	0.000
	SOE	0.011	0.007	0.076	1.649	0.100
	Lev	-0.001	0.000	-0.243	-5.718	0.000
	Top1	0.072	0.015	0.177	4.872	0.000
	年度固定效应					YES

a. 因变量：ROA

如表5-22显示，CIP的显著性为0.000，说明可以显著影响ROA，而回归系数为0.273（标准化后为0.163），说明与ROA成正相关，这与假设H1相反。其原因是家电行业的产品更迭较快，往往1年内就要推出多种新的产品，这就意味着工艺创新程度越高，企业产品短期的竞争力和收益就越高，企业绩效越好。其中家电龙头企业在早期就已获得了巨大的收益，因此就会有更多的资源投入绿色工艺创新中，更具有创新性的家电产品往往会得到客户的青睐。

控制变量方面，上市年限（LA）的显著影响ROA，但回归系数很小为-0.026。产权性质（SOE）的显著性为0.1，说明无法显著影响ROA，虽然国有控股企业与非国有控股企业的控制权不同，但其不足以明显影响到企业的短期财务绩效。负债水平（Lev）的显著性为0.000，说明可以显著影响ROA，回归系数很小为-0.001，说明负债水平较高的企业在短期内注重绿色工艺创新风险控制而非增加盈利。第一大股东持股比例（Top1）的显著性为0.000，说明可以显著影响ROA，回归系数为0.072，反映第一大股东持股比例与总资产报酬率成正相关。企业控制权越集中，有利于降低企业运营中信息不对称程度，企业决策效率较高，正向影响企业的财务绩效。

表5-23　　模型2回归分析结果

模型摘要

	R	R方	调整后R方	标准估算的错误
1	0.033[a]	0.001	-0.001	0.9306
2	0.574[b]	0.330	0.307	0.7741

系数[a]

		未标准化系数		标准化系数	t	显著性
		B	标准错误	Beta		
1	（常量）	1.835	0.061		30.226	0.000
	CIP	-0.828	1.124	-0.033	-0.737	0.462
2	（常量）	5.160	0.874		5.907	0.000
	CIP	5.384	1.242	0.214	4.335	0.000
	LA	0.218	0.052	0.227	4.236	0.000
	SOE	-0.425	0.107	-0.196	-3.977	0.000
	Lev	-0.011	0.003	-0.217	-4.007	0.000
	Top1	1.063	0.247	0.169	4.303	0.000
	年度固定效应					YES

a. 因变量：TQ

如表5-23显示，CIP的显著性为0.000，说明可以显著影响TQ，而回归系数为5.384，说明与TQ成正相关，假设H2得以验证。说明家电企业逐渐脱离了“高污染、高绩效”的阶段，企业可以在保护环境的同时，降低企业资源和能源消耗，得到政府和消费者等关键利益相关者的信任和支持，提高企业长期经济效益。

从控制变量来看，上市年限（LA）的显著性为0.000，说明可以显著影响

TQ，回归系数为0.218，反映企业上市年限与托宾Q值成正相关。产权性质（SOE）的显著性为0.000，说明可以显著影响TQ，回归系数为-0.425，说明非国有控股家电企业的长期财务绩效往往会越高，而国有控股家电企业的长期财务绩效会偏低。其原因可能是非国有企业有着更灵活的运营机制、更可控的决策机制、更活跃的营销手段；而国有企业往往会有超越单纯商业利益的目标，导致其长期财务绩效上并不理想。负债水平（Lev）的显著性为0.000，说明可以显著影响TQ，回归系数为-0.011，反映负债水平与托宾Q值成负相关，其原理与短期财务绩效相似。第一大股东持股比例（Top1）的显著性为0.000，说明可以显著影响TQ，回归系数为1.063，反映第一大股东持股比例与托宾Q值成正相关。企业控制权越集中，其传达信息的效率会越高，从而会避免不必要的运营成本增加，正向影响企业的财务绩效。

表5-24　　　　模型3回归分析结果

模型摘要

	R	R方	调整后R方	标准估算的错误
1	0.598[a]	0.358	0.357	0.0345
2	0.864[b]	0.746	0.743	0.0218

系数[a]

		未标准化系数		标准化系数	t	显著性
		B	标准错误	Beta		
1	（常量）	-0.009	0.002		-3.773	0.000
	CIP	0.689	0.043	0.598	16.171	0.000
2	（常量）	-0.572	0.025		-22.894	0.000
	CIP	0.273	0.034	0.237	8.104	0.000
	LA	-0.014	0.002	-0,320	-9.360	0.000
	SOE	-0.005	0.003	-0.046	-1.547	0.123
	Lev	4.846	0.000	0.002	0.063	0.950
	Top1	-0.048	0.007	-0.161	-6.409	0.000
	年度固定效应					YES

a. 因变量：MS

如表5-24显示，CIP的显著性为0.000，说明可以显著影响MS，而回归系数为0.273，说明与MS成正相关，假设H3得以验证。家电企业绿色工艺创新的作用不仅仅体现在财务绩效方面，其更多反映在非财务绩效方面，企业的绿色环保意识也逐渐成为利益相关者决策的重要考量，并且随着消费者的环境意识提升，消费者往往会购买更绿色、更环保的产品，企业也能够更多获得来自于政府等外部力量的支持，例如，政府在绿色采购方面的政策支持，企业及其特定产品的市场份额因此持续增长。

从控制变量来看，上市年限（LA）的显著性为0.000，说明可以显著影响MS，回归系数很小仅为-0.014。产权性质（SOE）的显著性为0.123，说明无法显著影响MS。负债水平（Lev）的显著性为0.95，说明无法显著影响MS。第一大股东持股比例（Top1）的显著性为0.000，说明可以显著影响MS，回归系数为-0.048，反映第一大股东持股比例与市场占有率有一定的负相关，可能的原因是股权集中导致公司治理不完善进而负面影响到企业经营，超过了股权集中带来的决策效率提高对企业运营的正面影响。

（4）稳健性检验

不同规模的企业，资金实力有差异，资源运用也会有不同的倾向，绿色工艺创新能力有所不同，自然就影响到其绿色工艺创新水平。但规模越小的企业，其成长的空间就会越大。

为进一步检验以上实证结论的正确性，接下来按照企业规模对所有样本企业进行分组，以进一步验证以上假设的正确性。以总资产自然对数的中位数作为分割点，将全部样本分为大规模企业和小规模企业两组进行回归分析。

表5-25　　大规模组（模型1）

系数[a]

		未标准化系数		标准化系数	t	显著性
		B	标准错误	Beta		
1	（常量）	0.061	0.005		11.608	0.000
	CIP	0.018	0.083	0.012	0.217	0.828
2	（常量）	0.139	0.021		6.657	0.000
	CIP	0.418	0.075	0.288	5.582	0.000
	LA	-0.025	0.004	-0.425	-6.383	0.000
	SOE	0.019	0.008	0.151	2.319	0.021
	Lev	-0.001	0.000	-0.369	-7.200	0.000
	Top1	0.079	0.019	0.209	4.155	0.000
	年度固定效应					YES

a. 因变量：ROA

表 5－26　　　　小规模组（模型 1）

系数[a]

		未标准化系数		标准化系数	t	显著性
		B	标准错误	Beta		
1	（常量）	0. 081	0. 005		16. 769	0. 000
	CIP	－0. 137	0. 146	－0. 054	－0. 940	0. 348
2	（常量）	0. 076	0. 021		3. 584	0. 000
	CIP	0. 661	0. 163	0. 262	4. 046	0. 000
	LA	－0. 031	0. 004	－0. 519	－7. 671	0. 000
	SOE	0. 044	0. 029	0. 178	1. 519	0. 130
	Lev	0. 000	0. 000	－0. 050	－0. 920	0. 359
	Top1	0. 038	0. 027	0. 089	1. 431	0. 154
	年度固定效应					YES

a. 因变量：ROA

表 5－27　　　　大规模组（模型 2）

系数[a]

		未标准化系数		标准化系数	t	显著性
		B	标准错误	Beta		
1	（常量）	1. 650	0. 081		20. 377	0. 000
	CIP	－0. 263	1. 207	－0. 014	－0. 218	0. 828
2	（常量）	1. 711	0. 358		4. 777	0. 000
	CIP	3. 541	1. 106	0. 185	3. 201	0. 002
	LA	0. 124	0. 078	0. 115	1. 578	0. 116
	SOE	－0. 352	0. 120	－0. 217	－2. 932	0. 004
	Lev	－0. 017	0. 003	－0. 334	－5. 081	0. 000
	Top1	0. 915	0. 331	0. 176	2. 767	0. 006
	年度固定效应					YES

a. 因变量：TQ

表 5－28　　小规模组（模型 2）

系数[a]

		未标准化系数		标准化系数	t	显著性
		B	标准错误	Beta		
1	（常量）	1.851	0.092		20.113	0.000
	CIP	4.451	2.562	0.109	1.738	0.084
2	（常量）	1.327	0.335		3.959	0.000
	CIP	5.579	2.596	0.137	2.149	0.033
	LA	0.281	0.078	0.248	3.621	0.000
	SOE	－0.341	0.254	－0.092	－1.342	0.181
	Lev	－0.011	0.004	－0.171	－2.757	0.006
	Top1	1.481	0.430	0.206	3.445	0.001
	年度固定效应					YES

a. 因变量：TQ

表 5－29　　大规模组（模型 3）

系数[a]

		未标准化系数		标准化系数	t	显著性
		B	标准错误	Beta		
1	（常量）	－0.010	0.004		－2.480	0.014
	CIP	0.820	0.064	0.619	12.729	0.000
2	（常量）	－0.004	0.015		－0.296	0.767
	CIP	0.732	0.063	0.552	11.634	0.000
	LA	－0.009	0.004	－0.126	－2.084	0.038
	SOE	－0.013	0.006	－0.120	－2.119	0.035
	Lev	0.001	0.000	0.303	5.673	0.000
	Top1	－0.076	0.018	－0.217	－4.224	0.000
	年度固定效应					YES

a. 因变量：MS

表 5－30　　　　小规模组（模型 3）

系数[a]

		未标准化系数		标准化系数	t	显著性
		B	标准错误	Beta		
1	（常量）	0.001	0.000		8.112	0.000
	CIP	0.029	0.004	0.426	6.767	0.000
2	（常量）	－8.698	0.000		－0.197	0.844
	CIP	0.025	0.004	0.366	6.190	0.000
	LA	0.000	0.000	－0.164	－2.511	0.013
	SOE	0.001	0.000	0.156	2.285	0.023
	Lev	5.318	0.000	0.482	8.005	0.000
	Top1	0.000	0.001	0.031	0.508	0.612
	年度固定效应					YES

a. 因变量：MS

从以上各表格的数据来看，无论大规模组还是小规模组，实证结果都支持前文中的各个假设。具体分析，绿色工艺创新影响企业绩效在不同规模类别上表现出不同的显著性。

如表 5－25 和表 5－26 显示，大规模组 CIP 的回归系数为 0.418，小规模组 CIP 的回归系数为 0.661，说明不同企业规模会使得绿色工艺创新对总资产报酬率产生不同程度影响。具体为企业规模越小，绿色工艺创新越能够正向影响企业短期财务绩效。

如表 5－27 和表 5－28 显示，大规模组 CIP 的回归系数为 3.541，小规模组 CIP 的回归系数为 5.579，说明不同企业规模会使得绿色工艺创新对托宾 Q 值产生不同程度影响。具体为企业规模越小，绿色工艺创新越能够正向影响企业长期财务绩效。

如表 5－29 和表 5－30 显示，大规模组 CIP 的回归系数为 0.732，小规模组 CIP 的回归系数为 0.025，说明不同企业规模会使得绿色工艺创新对市场占有率产生不同程度影响。具体为企业规模越大，绿色工艺创新越能够正向影响企业非财务绩效。

（三）结论和启示

在当今企业绿色转型和可持续发展的背景下，合理利用企业资源、提高能源利用率、推进清洁生产、重视末端治理已然成为新发展理念。本文以66家家电行业上市公司为样本，选取2010—2020年时间段总计11年的样本数据，以绿色工艺创新评价指数得分相对数为自变量，分别分析了其对企业短期财务绩效、长期财务绩效、非财务绩效的影响。通过实证分析，得出以下结论：绿色工艺创新与企业短期财务绩效正相关；绿色工艺创新与企业长期财务绩效显著正相关；绿色工艺创新与企业非财务绩效显著正相关。理论上，绿色工艺创新能够将企业资源进行合理有效的调配，节约自然资源和能源消耗，能够得到政府和消费者等关键利益相关者的信任与支持，提升员工的满意度和素质，有利于树立企业良好环境形象，从而能够促进企业长期可持续发展。因此为提高经济绩效和环境责任绩效，企业需要加大工艺创新投入，提升企业绿色工艺创新的能力。为实现“低消耗、高效益”的目的，企业需要在开展环境末端治理的基础上，大力发展和提升清洁生产技术，做到能够拥有自主的研发团队和绿色专利技术，提高环境工艺创新自主能力，同时养成绿色环保意识，加强对自然资源的保护以及相关环境信息的披露。本书对家电行业的实证研究表明，企业在没有较强外部环境压力的情况下，也会主动承担环境责任，政府应当给予这些企业更多的绿色补贴以及其他政策激励，形成示范效应，以此来引导其他企业积极主动地开展绿色工艺创新，实现高质量的经济发展，提高整个社会的经济和环境绩效。

第六章　可持续财务治理：基于内部社会责任承担的视角

案例导入：中国特色的农民工权益保护——以小微制造企业为例

小微制造企业具有不同于其他类型企业的特点，主要从事加工环节，既没有原材料优势和规模优势，多数也没有自己的品牌，技术创新也非常困难，同一细分行业内的产品差异化程度很低。同时，小微制造企业所在的具体细分行业往往市场竞争很激烈，甚至是过度竞争。从管理方面看，多数小微制造企业都属于两权合一，即经营权和所有权（或控制权）属于企业的所有者，个人或者家庭经营居多，没有经营者和所有者之间的代理问题。因此"成本"与"效率"成为小微制造企业的重中之重，当前我国经济社会进入新的发展阶段，乡村振兴和共同富裕成为国家的政策导向，企业社会责任的推动需要更多关注小微企业，这些企业与推动农民工就业、农民工权益保护、乡村振兴和共同富裕战略的实施密切相关。其中，小微制造企业在小微企业中占有很重要的地位。在市场竞争非常激烈和国内外经济环境不确定的背景下，这些企业的所有者或管理者都想方设法精简成本，减少不必要的、可以规避的及尽量延迟的开销，如社保费用、加班费用与劳动条件的改善等；同时在提升效率方面则是不断追求效率的最大化为原则，如计件工资的实施、减少员工休息时间与优先招聘年轻的熟手工等，因此许多在生产条件、生产安全、环境卫生、职业健康防范与劳动权益保障等的问题时有所闻。

以代工厂性质的小微制造企业为例，由于知名品牌跨国公司多为推动企业社会责任的倡议者，他们通常要求供应商不只在质量要达标，同时也需要严格承担企业社会责任，因此有些小微制造企业一直无法达到跨国公司的企业社会责任标准而失去订单，有些则因为在企业社会责任落实成效显著而获得更多订单，也就是跨国公司已经将企业社会责任与订单捆绑，形成企业发展新的制约因素。尽管在企业社会责任已经在跨国公司与小微制造企业形成强有力的连结，然而，不少的小微制造企业还是停留在管理不规范、经营理念过时与所属从业人员素质低下，要真正达到新时代企业社会责任的标准，内化至企业战略层面还有一段漫长的路。

小微制造企业本质上还是以成本与效率为最大考量，同时迫于制度和道德方面的压力，力所能及主动或被动承担一些社会责任，如何取得两者之间的平衡则是关键点。然而现实中，小微制造企业在社会责任承担方面还是产生了许多问题，主要表现于劳动合同、社会保险、工时与加班、职业安全与工资等方面的问题。

第一节　社会责任承担与核心利益相关者的相互影响及作用机制

一、社会责任承担的关键利益相关者

参照第五章关于关键利益相关者的分析，这里同样借鉴已有研究从权力性、合法性和紧迫性三个方面对企业的利益相关者进行分类的方法，据此对社会责任的利益相关者展开分析。社会责任的利益相关者，从总体来说，与环境保护的全部利益相关者一样，包括股东、政府、企业员工、消费者、供应商、科研学术界、金融机构、新闻媒体、非政府民间组织、社区等。如果其中一些利益相关者具备以上三个方面的属性，那么就属于关键的利益相关者（见表6－1）。

表6－1　社会责任承担利益相关者分类

利益相关者分类	具体的利益相关者	特性	权力性	合法性	紧迫性
潜在利益相关者	学术科研界	可以影响但没有互动	Y	N	N
	社区	没有压力让他们参与	N	Y	N
	新闻媒体	烦人但不考虑	N	N	Y
预期利益相关者	金融机构	正式行动机制	Y	Y	N
	非营利民间组织	依靠别人去做	N	Y	Y
	消费者、供应商	强制/非法策略	Y	N	Y
明确利益相关者	股东、政府、员工、公众	获得相关缺失属性的预期利益相关者	Y	Y	Y

企业对核心利益相关者首先需要承担经济责任和法律层面的社会责任，然后才是伦理道德层面的社会责任承担。企业对于次级利益相关者承担责任，由于没有交易，不需要承担经济责任，但需要主动或被动地承担社会责任，包括法律和伦理两个维度。

二、社会责任利益相关者与企业社会责任承担行为之间的相互影响

同环境责任承担一样，企业社会责任承担是个人利益和公共利益相交错的行为。企业社会责任承担的最终目标是谋求公共利益和个人利益的统一，以实现整个社会的可持续发展。政府在促进企业社会责任承担的相关法规制度，应当同时关注共同利益和个人利益。

1. 企业社会责任承担的关键利益相关者之员工的利益诉求

员工作为企业内部的关键利益相关者，既是企业社会责任的受益者，也是企业社会责任的承担者，企业社会责任的实施以及真正落地离不开员工，因此，企业越来越重视员工在承担企业社会责任方面的重要作用。员工参与企业社会责任对于增强企业竞争力和企业凝聚力、实现企业可持续发展、塑造企业文化等具有积极的价值和意义。

员工是企业最重要的无形资源，也是企业发展的根本动力，因此善待员工是企业社会责任中重要的一个内容。通过为员工提供具有竞争力的薪酬和福利、良好的工作环境和氛围、公平的职业发展和晋升，一方面增强了员工对企业的归属感和忠诚度，使员工全身心地投入工作中，提高了企业整体的经营运转效率；另一方面，由于员工职业素质和道德水平的提高，也拔高了企业整体的素质，为企业创造了良好的文化，并为企业开拓新业务领域和利润增长来源提供了人力资源条件。为员工提供各种优越的条件，必然在一定程度上增加了企业生产经营的成本，但这种成本的增加是企业建立良好的文化氛围和储备未来发展的人力资源所必须支付的代价。士气低落、文化氛围较差的企业，员工的生产积极性不会提高，导致整体效率下降，而且管理难度加大，甚至可能造成严重的生产经营事故，让企业蒙受巨大的损失。从长远角度来看，这些损失往往要远大于在员工队伍上多支出一些成本。

员工参与企业社会责任是培养和提升组织认同的重要手段。社会认同理论认为，员工为了提高自尊、实现自我价值和满足归属感等需求，会通过社会分类和社会比较来衡量自己与组织的关系，需求满足与否会直接影响员工对组织的认同。通常情况下，员工会通过组织的社会声誉、地位和形象等来感知自尊、归属感、自我价值等需求是否被满足，而这种感知往往受到外界对组织看法的影响，即外界对组织的赞赏或积极评价会使员工认同组织，员工处于组织声誉高的企业中使他们对组织的认同程度也高。大多数组织通常采用承担企业社会责任的方法来改变外界对自身的看法，进而获得外界对自身的赞赏，当组织拥有较高的地位或被外界称赞时，员工会因为自己是组织中的一员而感到自豪。因此，当组织因企业社会责任而获得良好的地位、形象或被外界称赞时，员工由于从属于此组织，就会将组织的荣誉看作自身的荣誉，同时由于员工在企业社会责任活动的执行、决策等过程中不同深度的参与，员工会认为自己为组织获得良好的地位、形象、声誉等出了一份力，这些都会使员工产生组织自豪感和认同感。

2. 企业社会责任承担的关键利益相关者之政府的利益诉求

政府与企业之间虽然在本质上是互相需要、互相依赖的关系，但政府依然处于主导地位。政府是政策的制定者，也是社会公共资源的分配者。企业履行社会责任，配合当地政府的地方政策的实行，协助政府实现部分政府职能（如就业和社会公益赞助等），将有助于企业获得更多的政府支持，维护企业良好的公共关系，肯定企业的合法性。同时，企业自觉、主动的社会责任行为也有利于改善企业与政府监管部门的关系，合理规避可能发生的法律制裁。所有这一切，或者提升企业价值，或者防止企业价值损失，或者两者兼而有之。

政府的行为表现为政府机构的具体行为。从理论上说，政府作为公共部门，代表社会公众并谋求公共利益，不可以追求自身利益（如政府官员的个人利益）。但根据公共选择理论，政府作为“经济人”，也会追求自身利益最大化，即政府除了公共性之外，还具有自利性。尤其是地方政府更具有“理性经济人”的特征，在以往地方经济发展过程中，片面追求 GDP 的增长而忽视企业社会责任承担问题，地方政府经常以“政治企业家”的身份介入具体的经济活动中，追求地方政府团体利益或者政府官员个人利益。

3. 企业社会责任承担的关键利益相关者之消费者的利益诉求

利益相关者理论认为，企业的价值是通过为利益相关者创造价值而获得的，企业不能单纯追求自身利润的最大化，而应该以利益相关者的利益最大化为目标进行生产经营。企业通过履行社会责任，能够在利益相关者的心目中树立良好的形象，赢得广大利益相关者的认同，从而更易于获得声誉、权力、社会合法性等社会资本，而社会资本的获得能够促进企业有形资源的获取，进而促进经济利益流入企业，带来企业绩效的提高。

作为企业的利益相关者，消费者是整个社会公众的代表。当今社会，随着环保观念日益深入，公众对环境的要求越来越高，表现在对公共环境治理的关注以及环境决策的参与。按照马斯洛的需求理论，人的需要分为五个层次：生理的需要、安全的需要、社会上的需要、尊重的需要以及自我实现的需要。只有当较低层次的得到了满足，高层次的需求才能发挥激励作用。对于环境保护的需要，无论是基于环境的安全或者是环境的美观，应当都是在满足了基本的生理需要基础上的进一步的要求。在经济发展进入高质量阶段，随着双碳目标的提出，已经有越来越多的消费者意识到购买并消费企业提供的产品或者服务，会直接或间接产生环境的外部性，因此，在消费过程中，消费者不仅关注其个人利益的实现，也非常重视环境保护相关的公共利益。

消费者不仅是一个“经济人”，同时也是“社会人”，是家庭、社区和国家的一名成员。企业的行为应迎合消费者的多维性和多元化的需求。商品和服务的价值要通过消费者来实现，消费者是企业经营成果和提供的服务的终端接收者，他们不仅是企业价值实现的终极力量，同时也创造了新的需求，因而他们是企业提高其价值的重要载体。积极承担对消费者的社会责任可以增加消费者对企业的满意度和认同感，提高企业的品牌美誉度。消费者依赖感知的企业形象做出判断，因而良好的企业声誉具有“晕轮效应”，可以影响消费者对产品和服务形成积极的评价，提高了消费者对企业和产品的满意度、信任感和认同感，进而影响消费者的购买意愿和产品感知价值。同时，根据信号传递理论，承担企业社会责任也可以作为本企业的产品和服务优于其他企业的信号，实现产品差异化竞争战略，当消费者的购买意向转化为实际购买行为和口碑传播，企业便实现了价值增长和创造。

4. 企业社会责任承担的关键利益相关者之股东的利益诉求

股东是企业社会责任最直接相关的利益相关者，是企业社会责任承担行为的决策者。股东是“理性经济人”，作为市场主体其目标是通过企业的生产经营活动来实现自身经济利益最大化，因此，与社会责任承担相比，股东首先关注的是减少责任资源投入所带来的个人利益。当然，企业的社会责任承担行为与获取经济利益并不必然矛盾，通过权衡比较社会责任承担的成本与社会责任承担带来的收益（更多需要从长期考量），如果后者高于前者，股东也有动力去积极促进企业承担社会责任以满足其个人利益的要求。另外，对于重视个人声誉、责任观念较强的股东来说，公共利益的诉求会更多地表现出来。

从资本市场来说，企业在资本市场的价值在很大程度上反映了投资者对该企业未来盈利能力的判断和预期，这虽然是一种虚拟价值，但却可以反映企业的未来价值。企业投资者以及潜在的投资者通过企业所履行的社会责任活动意识到具有强烈社会责任感的企业所具有的无形资产的价值，从而对企业未来收益形成良好预期。同时，在投资者看来，企业的社会责任活动减少了企业各方面的不确定性，降低了企业风险，即便当资本市场产生波动或本行业发生信任危机时，勇于承担社会责任的企业也更易于缓冲风险，尽快得到修复。企业社会责任为企业提供“信誉担保”，在波动环境中起到风险缓冲作用，因而避免企业价值损失。

三、基于内部社会责任的财务治理机制

R. M. 霍德盖茨（1985）认为员工不仅是公司的主要角色，也是公司发展的主要参与者，企业承担对员工的社会责任是公司履行其他社会职责的起点。在市场经济条件下，企业间的竞争日趋激烈，现在的企业竞争早已不再是单纯的销售额、财务杠杆、流动能力等财务指标之间的较量，社会绩效、公司治理才是企业是否具备应对风险、长期发展能力的新兴评价指标。而社会责任是一条连接经济和社会利益的纽带，它既能提高社会地位，又能提高公司的社会业绩。从社会责任报告的提出到现在 ESG 理念的推广，可以见得，履行社会责任一直是现代企业发展的一个重要环节，是企业实现可持续发展的前提条件和最终目标。

企业本身是一个组织，由一群有着共同目标和理想的员工组成，员工和企业一起成长并分享企业发展的绩效，这是管理学家和企业家的共识。然而，也有相当一部分企业由于缺乏社会责任意识，长期忽略员工的利益保护，导致员工与企业离心离德，失去战斗力。近几年出现的大量雇主与雇员之间的利益冲

突，导致企业竞争力下降。相反，吸引、鼓励和留住有才能的员工，让员工能够参与或影响企业财权的配置，企业主动承担员工责任，能够有效改善企业财务治理，能够提升企业财务绩效和长期绩效。

虽然从目前情况来看，我国企业社会责任的建设已初见成效，但是在与知名的跨国企业相比，不管是行动上还是理念上，我国企业的社会责任缺失问题仍然突出。根据当前中央企业公布的政府社会责任报告，我国社会责任总体上披露的内容中涉及消费者、公益慈善、环境等与外部利益相关者的内容较多，涉及重要的内部利益相关者即员工的内容相对较少。企业之间的竞争，竞争的是人才，人才是提升企业核心竞争力的重要手段。因此，企业对内履行社会责任就必须始终贯彻“以人为本”的经营理念，从各方面出发，保障员工的各项权利，改进员工的福利待遇，为公司营造一个安全、公平、洁净的工作环境，促进员工的全面发展，只有这样，才能有效地调动员工的工作热情，在公司内部凝聚力量，从而为公司带来可持续发展的价值。

从可持续财务治理的主体角度，企业与员工之间不再是简单的雇佣与被雇佣的关系，员工为企业发展提供重要的人力资本，也应当参与企业剩余索取权的分享。因此，股东应与员工分享企业控制权。企业应当依法保护职工合法权益，尊重其人格，坚持按劳分配、同工同酬的原则，营造良好的工作环境和和谐的劳动关系，提高人力资本增值能力。

经营者和企业职工作为人力资本的拥有者，组织和进行企业的生产经营活动，拥有日常决策权、执行权等。经营者包括董事会和经理层。这里主要讨论经理阶层拥有的财权。经理阶层的财权 = 人力资本 + 日常财务决策权、财务执行权、财务监督权等。职工的财权 = 人力资本 + 财务执行权等。上述权力是员工参与企业财务治理的基础。

第二节　基于内部社会责任的财务治理绩效实证分析

一、基于内部社会责任全面承担的视角

在市场经济条件下，企业间的竞争日趋激烈，现在的企业竞争早已不再是单

纯的销售额、财务杠杆、流动能力等财务指标之间的较量，社会绩效、公司治理才是企业是否具备应对风险、长期发展能力的新兴评价指标。而社会责任是一条连接经济和社会利益的纽带，它既能提高社会地位，又能提高公司的社会业绩。从社会责任报告的提出到现在ESG理念的推广，可以见得，履行社会责任一直是现代企业发展的一个重要环节，是企业实现可持续发展的前提条件和最终目标。

企业本身是一个组织，由一群有着共同目标和理想的员工组成，员工和企业一起成长并分享企业发展的绩效，这是管理学家和企业家的共识。然而，也有相当一部分企业由于缺乏社会责任意识，长期忽略员工的利益保护，导致员工与企业离心离德，失去战斗力。近几年出现的大量雇主与雇员之间的劳资冲突，导致企业竞争力下降。相反，吸引、鼓励和留住有才能的员工，是环境、社会和治理计划改善公司财务业绩的方式。

虽然从目前情况来看，我国企业社会责任的建设已初见成效，但是与知名的跨国企业相比，不管是行动上还是理念上，我国企业的社会责任缺失问题仍然突出。根据当前中央企业公布的政府社会责任报告，我国社会责任总体上披露的内容中涉及消费者、公益慈善、环境等与外部利益相关者的内容较多，涉及重要的内部利益相关者员工的内容相对较少。而现在的公司，竞争的是人才，而员工，则是提升公司核心竞争力的重要资源。因此，企业对内履行社会责任就必须始终贯彻“以人为本”的经营理念，从各方面出发，保障员工的各项权利，改进员工的福利待遇，为公司营造一个安全、公平、洁净的工作环境，提供广阔的发展空间，只有这样，才能有效地调动员工的工作热情，在公司内部凝聚力量，从而为公司带来更大的价值。

认识到员工作为企业重要的利益相关者，对员工履行社会责任是企业发展的重中之重。本书从利益相关者的角度，探讨了企业履行内部社会责任与企业财务绩效之间的关系。又考虑到每个行业所处的环境不同，社会责任的承担也是不同的。因此，本书选取了矿业公司为研究对象，该行业因为其工作环境恶劣，企业对员工承担的内部社会责任也相对比较全面、完善，但据统计发现，2010~2020年，采矿行业发生员工安全事故共计456起（数据来源：CSMAR）。除此之外，拖欠员工工资、不进行安全培训等事件也屡屡发生，因此选择这一产业进行实证分析具有现实意义。

（一）样本选择及数据来源

因为采矿行业员工工作的高危险性，决定了该行业企业应当承担比其他企业更多的企业内部社会责任，理应披露更多关于社会责任的落实情况。因此，本书选取了在上海证券交易所、深圳证券交易所有信息披露的79家采矿业上市公司作为研究样本，以2010~2020年共11个年度会计期间的数据作为样本数据，并按下列标准加以筛选：

（1）剔除ST公司；

（2）剔除变量值存在显著异常的公司；

（3）剔除无法获取相关财务数据的公司。

最终剩余73家采矿行业上市公司作为本章最终样本数据库。

数据来源主要为和讯网社会责任数据库以及国泰数据库（CSMAR）和上市公司年度报告。

经过数据搜集和整理，本章共获取716组样本数据。

（二）变量设计

1. 被解释变量

财务绩效指标设计如表6-2所示。

表6-2　　财务绩效指标设计

财务绩效指标	公式	含义
总资产报酬率（ROA）	（利润总额+利息支出）/平均资产总额	ROA可以衡量公司总资产的盈利能力，长期而言，ROA是衡量公司运营能力和企业竞争力的指标，ROA越高就说明着企业的整体管理水平越高，相应的盈利能力也越强
托宾Q（TQ）	权益市场的资产价值/资产的重置成本	TQ能够较好地衡量企业的长期绩效

2. 解释变量

根据文献综述，目前在企业内部社会责任与财务绩效的实证研究过程中，主要体现在“员工盈利水平=支付给员工的现金/主营业务收入总额”，这一指标缺乏对非财务指标的全面性、完整性考虑。而非财务性指标可以综合体现出一个企业对内部社会责任承担程度的好坏。因此，建立一套科学有效的评价体系就提高企业对内部社会责任意识具有重要意义。因此，本书通过构建企业社会责任的评价指标体系，用企业员工社会责任评价指数作为解释变量，从四个维度对企业内部社会责任绩效进行分析，这一做法是具有实际意义的。

因为评价企业内部社会责任的方式有很多，目前还没有明确、标准的评价方法。故本书从科学合理性出发，参考 Carroll 结构，根据本书研究特点以及采矿行业相关数据的可获得性，对企业内部社会责任从经济、法律、伦理道德、发展承诺四个维度设计了企业员工社会责任评价指数，各维度权重比例为 4∶3∶2∶1。采用内容分析的研究方法，构建以上四个维度的企业内部社会责任综合评价指数（SOCIAL）来衡量企业对员工承担的内部社会责任，具体分类如表 6－3 所示。

表 6－3　　内部社会责任评价指标体系

责任维度	分项指标
员工经济责任	合理薪酬管理和分配机制；社保覆盖率；工资发放及时；员工失业率
员工法律责任	依法签订劳动合同；加班休假权；保险、福利制度；员工安全保障
员工伦理道德责任	职工健康检查；与员工交流、沟通；安全、健康的工作条件和生活状况；员工关怀；残疾人就业机会；员工满意度
员工发展承诺责任	员工培训体系；员工参与管理；员工职业发展；员工内部晋升机制

该企业内部社会责任表中一共有 18 项评价指数，有信息披露的评价指数分值 =1，未披露的评价指数分值 =0。全部评定结束后，按四个维度进行分组，各维度中所有评价指数的分值相加，再除以该维度需评分的指数总个数，就得出了该维度的总评价指数，最后以四个维度评价指数的均值为企业内部社会责任综合评价指数。具体公式如下：

$$SOCIAL = \sum_{i=1,2,3,4} A_i/4 \qquad (6-1)$$

3. 控制变量

通过分析，本书最终确认了以下五个控制变量，对每一控制变量的理解和设定，详见表 6－4。

表 6－4　　　　变量定义表

变量	变量类型	变量衡量指标	变量代码
股权集中度	控制变量	第一大股东持股占全部股份的比例	TOP1
企业规模	控制变量	企业总资产的自然对数	SIZE
企业杠杆	控制变量	资产负债率	LEV
企业成长性	控制变量	营业收入增长率	GROWTH
企业性质	控制变量	国有控股企业或民营控股企业。国有控股取 1，民营控股取 0	SOE

（三）研究假设及模型构建

1. 研究假设

文献整理发现，关于企业承担内部社会责任对企业财务绩效影响的研究结论可谓是众说纷纭，有学者的研究结论表明，企业承担员工责任能够为企业带来员工工作绩效的提高，进而直接对企业财务绩效和企业绩效产生有益的影响，具有积极的作用；也有学者认为，企业从承担员工责任中获得的企业效益，短期内还不足以弥补承担员工责任给企业带来的经营成本，具有消极影响。两种观点主要分歧在于企业承担内部社会责任后给财务绩效带来的影响是否具有滞后性。带着对企业承担内部社会责任所产生的当期、后期积极效应是否大于投入成本这一问题的思考，本书提出以下两个假设：

假设 H_1：采矿行业企业承担内部社会责任与企业短期财务绩效正相关。

假设 H_2：采矿行业企业承担内部社会责任与企业长期绩效显著正相关。

2. 模型设计

为了筛选合适的模型来拟合数据，本书采取了三种不同的模型，包括混合回归、随机效应、固定效应。

（1）LM 检验：比较混合回归和随机效应，若显著，那就选择随机效应，否则就是混合回归；

（2）豪斯曼检验：比较随机效应和固定效应，若显著，则是固定效应更优，否则就是随机效应；

（3）F 检验：比较固定效应和混合回归，若显著，那就选用固定效应，否则选用混合回归。

由表 6－5 可知，无论因变量是 ROA 还是 TQ，所有检验都是显著的，也就是固定效应优于随机效应，随机效应优于混合回归，故最终选择了固定效应。而且本书研究样本涵盖了中国所有采矿行业上市公司，一般来讲，选用固定效应模型最为适合。

表 6－5　　模型检验

因变量	检验方法	检验结果	P 值
ROA	LM 检验	chibar2(01)＝360.68	0.0000
	F 检验	F(72，638)＝7.20	0.0000
	Hausman 检验	chi2(5)＝36.99	0.0000
TQ	LM 检验	chibar2(01)＝120.94	0.0000
	F 检验	F(72，638)＝4.07	0.0000
	Hausman 检验	chi2(5)＝36.65	0.0000

首先，建立固定效应模型（6－2），以 ROA 为被解释变量，如下：

$$ROA_{i,t} = \alpha + \beta_1 SOCIAL_{i,t} + \beta_2 SIZE_{i,t} + \beta_3 TOP1_{i,t} + \beta_4 GROW_{i,t} + \beta_5 LEV_{i,t} + \beta_6 SOE + Y_i + \varepsilon_{i,t} \qquad (6-2)$$

其次，建立固定效应模型（6－3），以 TQ 为被解释变量，如下：

$$TQ_{i,t} = \alpha + \beta_1 SOCIAL_{i,t} + \beta_2 SIZE_{i,t} + \beta_3 TOP1_{i,t} + \beta_4 GROW_{i,t} + \beta_5 LEV_{i,t} + \beta_6 SOE + Y_i + \varepsilon_{i,t} \qquad (6-3)$$

其中，下标 i，t 分别表示企业和时间，Y_t 为年份固定效应，$\varepsilon_{i,t}$为随机扰动项。

（四）描述性统计分析

本章对所选取的 2010～2020 年 73 家采矿行业上市公司，合计 716 个样本数据进行描述性分析，结果见表 6－6。

表 6－6　　变量描述性统计

variable		N	mean	p50	sd	min	max
ROA	总资产报酬率	716	6.21	5.24	8.82	－21.62	49.05
TQ	托宾 Q 值	716	2.16	1.65	1.39	0.66	10.09
SOCIAL	员工责任	716	1.31	1.14	0.69	0.01	2.77

续表

variable		N	mean	p50	sd	min	max
SIZE	企业规模	716	23.20	23.21	1.77	19.82	28.48
TOP1	第一大股东持股比例	716	43.47	44.12	17.96	8.48	86.35
GROW	营业收入增长率	716	14.64	7.49	44.26	-53.97	247.47
LEV	资产负债率	716	46.97	48.24	19.85	4.40	100.83
SOE	产权性质	716	0.65	1.00	0.48	0.00	1.00

由表6-6可知，总资产报酬率（ROA）的中位数为5.24，均值为6.21，标准差为8.82；TQ的中位数为1.65，均值为2.16，标准差为1.39，最大值、最小值两者之间的差距较大，说明采矿行业中不同的上市公司的绩效差异较大。

企业内部社会责任（SOCIAL）的中位数为1.14，均值为1.31，标准差为0.69，说明采矿行业对员工承担内部社会责任的水平总体不高，尚有进步的空间。

企业规模（SIZE）的中位数为23.21，均值为23.20，标准差为1.77；中位数和均值相对接近，标准差表现较小，说明各企业规模比较稳定。

第一大股东持股比例（TOP1）的中位数为44.12，均值为43.47，标准差为17.96；中位数和均值相差无多，说明各企业股权相对集中。

营业收入增长率（GROW）的中位数为7.49，均值为14.64，标准差为44.26；说明了企业发展两极分化严重，有些企业成长势头较好，营业收入往正方向发展，有些企业发展势头较差，往负方向发展；而营业收入增长率的均值大于中位数，说明了成长较好的企业拉高了整体样本企业的水平。

资产负债率（LEV）的中位数为48.24，均值为46.97，标准差为19.85；说明各企业财务杠杆水平相差无几。

企业性质（SOE）的均值为0.65，说明在样本的73家矿业上市公司中，有远超半数的企业为国有控股企业。

（五）相关性分析

为了进一步了解变量之间的相关关系，本书分析了当期自变量和当期因变量的相关关系及当期自变量和滞后一期因变量的相关关系。

1. 相关性分析——采矿业承担内部社会责任与财务绩效

当期自变量和当期因变量的相关关系及当期自变量之间的相关关系，如表6－7所示。

表6－7　相关性分析：企业内部社会责任与财务绩效

	ROA	TQ	SOCIAL	SIZE	TOP1	GROW	LEV	SOE
ROA	1.000							
TQ	0.228***	1.000						
SOCIAL	0.028**	0.175**	1.000					
SIZE	0.001	0.052	0.247***	1.000				
	0.983	0.165	0.000					
TOP1	0.181***	0.177***	0.106***	0.548***	1.000			
GROW	0.186***	0.185***	0.034	−0.070*	−0.140***	1.000		
LEV	−0.250***	−0.221***	−0.025	0.237***	0.029	−0.035	1.000	
SOE	−0.034	−0.004	0.240***	0.505***	0.524***	−0.176***	0.197***	1.000

注：*** $p<0.01$，** $p<0.05$，* $p<0.1$。

由表6－7可知，ROA与SOCIAL的相关系数为0.028，表明公司内部社会责任与财务绩效有着相关性。P值＝0.049，低于0.05，表明在5%的水平上呈显著正相关关系。企业内部社会责任对财务绩效有正向促进作用，并且这种影响在国有企业中表现得更强。这也进一步诠释了企业积极承担、主动承担对员工的社会责任，可以激发员工的劳动潜力、工作热情，便于更好地为企业提供服务，从而为企业经济效益发展创造更大的空间。

TQ与SOCIAL的相关系数为0.175，说明企业内部社会责任承担的越好，长期绩效越好，P值＝0.046，说明企业内部社会责任对财务绩效有5%水平上显著的正向促进作用。企业对员工负责，给予足够的薪酬福利，提供良好的工作环境，完善员工发展道路，虽然会产生一定的成本，但员工也回报了相应的劳动，为企业创造更多的价值。

根据上述对相关性强弱的分析，说明了解释变量企业内部社会责任（SOCIAL）对被解释变量企业绩效（ROA、TQ）有正相关关系，具备了进一步回归分析的条件。

2. 共线性检验

为了防止因为变量之间高度相关，存在共线性，而导致后续的模型拟合受到影响。本章采取共线性检验，结果如表6－8所示。

表6－8　共线性检验

Variable	VIF	SQRT VIF	Tolerance	R－Squared
SOCIAL	1.12	1.06	0.8967	0.1033
SIZE	1.72	1.31	0.5816	0.4184
TOP1	1.69	1.3	0.5914	0.4086
GROW	1.04	1.02	0.9588	0.0412
LEV	1.11	1.06	0.897	0.103
SOE	1.63	1.28	0.6123	0.3877
Mean VIF	1.39			

若存在共线性，则某一变量的VIF值会大于10，且均值VIF会大于2。而通过表6－8可以看出，各个变量的VIF在1.04～1.72，均值VIF为1.39，故不存在共线性。

（六）回归分析

1. 回归分析——采矿业当期内部社会责任承担与当期财务绩效

为了对假设 H_2 是否成立进行检验，本章建立以当期内部社会责任承担为解释变量、当期财务绩效为被解释变量的固定效应模型进行回归分析，见表6－9。

表6－9　回归分析：当期内部社会责任承担与当期总资产报酬率

VARIABLES	(1)	(2)	(3)
	总体	非国有	国有
	ROA	ROA	ROA
SOCIAL	0.786*	－1.175	1.398***
	(1.782)	(－0.939)	(3.571)
SIZE	－0.744*	－0.420	－0.287
	(－1.835)	(－0.484)	(－0.641)

续表

VARIABLES	(1)	(2)	(3)
	总体	非国有	国有
	ROA	ROA	ROA
TOP1	0.289 *** (7.379)	0.410 *** (4.707)	0.186 *** (4.280)
GROW	0.040 *** (6.960)	0.023 ** (2.551)	0.084 *** (9.710)
LEV	-0.240 *** (-12.037)	-0.237 *** (-6.746)	-0.202 *** (-7.730)
Constant	20.594 ** (2.202)	13.823 (0.673)	10.777 (1.077)
Observations	716	251	465
R-squared	0.279	0.310	0.340
年度固定效应	Yes	Yes	Yes

注：t-statistics in parentheses，*** $p<0.01$，** $p<0.05$，* $p<0.1$。

由表6-9可知，企业当期内部社会责任承担对当期的总资产报酬率有显著性正向影响。通过数据分析可看出，在非国有企业的样本中，SOCIAL对ROA并没有显著性影响。但在总体样本中，SOCIAL每有一个单位的增长，ROA就有0.786个单位的增长；在国有企业样本中，SOCIAL每有一个单位的增长，ROA就有1.398个单位的增长。由此可见企业内部社会责任（SOCIAL）的承担对短期财务绩效的增长有着正向的促进作用，尤其是对国有企业来说，效果尤为明显。

为了对假设 H_2 是否成立进行检验，建立以当期内部社会责任承担为解释变量、当期TQ为被解释变量的固定效应模型进行回归分析，见表6-10。

表6-10　回归分析：当期内部社会责任承担与当期净资产收益率

VARIABLES	(1)	(2)	(3)
	总体	非国有	国有
	TQ	TQ	TQ
SOCIAL	1.779 ** (1.964)	0.750 (0.337)	1.876 ** (1.976)

续表

VARIABLES	(1)	(2)	(3)
	总体	非国有	国有
	TQ	TQ	TQ
SIZE	-1.042 (-1.252)	-0.448 (-0.291)	0.336 (0.309)
TOP1	0.500*** (6.220)	0.678*** (4.372)	0.470*** (4.454)
GROW	0.071*** (5.981)	0.034** (2.125)	0.160*** (7.654)
LEV	-0.394*** (-9.620)	-0.298*** (-4.782)	-0.496*** (-7.837)
Constant	23.746 (1.237)	6.070 (0.166)	-4.982 (-0.205)
Observations	716	251	465
R-squared	0.208	0.218	0.268
年度固定效应	Yes	Yes	Yes

注：t-statistics in parentheses，*** $p<0.01$，** $p<0.05$，* $p<0.1$。

由表6-10可知，解释变量企业内部社会责任对被解释变量净资产报酬率有显著性正向影响。在非国有企业样本中，SOCIAL对TQ并没有显著性正向影响。但在总体样本中，SOCIAL每有一个单位的增长，TQ就有1.779个单位的增长；在国有企业样本中，SOCIAL每有一个单位的增长，TQ就有1.876个单位的增长。控制变量方面得出的结论与被解释变量为ROA的结论一致，故采矿行业中主动承担员工内部社会责任的企业，更加能够激发员工的创造力，为企业长期绩效也带来更加积极的影响。因此，本书假设 H_2 成立。

2. 回归分析——采矿业当期承担内部社会责任与滞后一期、两期企业绩效

为了进一步验证第二个假设 H_2 “企业承担内部社会责任会对长期绩效产生正向影响”。本书将分别以滞后一期的ROA以及TQ作为被解释变量来进行回归分析，得出结果如表6-11所示。

表 6-11　回归分析：当期内部社会责任承担与滞后一期财务绩效

VARIABLES	(1)	(2)	(3)	(4)	(5)	(6)
	总体	非国有	国有	总体	非国有	国有
	L. ROA	L. ROA	L. ROA	L. TQ	L. TQ	L. TQ
SOCIAL	1.764***	-1.307	2.718***	2.001**	-1.088	3.076***
	(3.318)	(-0.810)	(5.747)	(1.977)	(-0.464)	(2.723)
SIZE	-0.432	1.018	-1.057*	-1.289	1.222	-1.893
	(-0.840)	(0.900)	(-1.867)	(-1.314)	(0.745)	(-1.400)
TOP1	0.139***	0.243**	0.120**	0.338***	0.525***	0.375***
	(2.845)	(2.098)	(2.269)	(3.625)	(3.122)	(2.983)
GROW	-0.012*	-0.014	-0.015	-0.012	-0.018	-0.011
	(-1.762)	(-1.341)	(-1.420)	(-0.888)	(-1.208)	(-0.448)
LEV	-0.201***	-0.165***	-0.220***	-0.364***	-0.232***	-0.514***
	(-8.130)	(-3.795)	(-6.845)	(-7.739)	(-3.667)	(-6.699)
Constant	17.898	-13.739	32.784***	36.895	-23.474	54.345*
	(1.519)	(-0.510)	(2.597)	(1.644)	(-0.601)	(1.803)
Observations	643	220	423	643	220	423
R-squared	0.138	0.128	0.211	0.122	0.147	0.145
年度固定效应	Yes	Yes	Yes	Yes	Yes	Yes

注：t-statistics in parentheses，*** $p<0.01$，** $p<0.05$，* $p<0.1$。

由表 6-11 可知，解释变量对被解释变量有显著性正向影响。在非国有企业样本中，SOCIAL 对 ROA 和 TQ 没有显著性影响。在总体样本中，SOCIAL 每增加一个单位，滞后一期的 ROA 就增加 1.764 个单位；在国有企业样本中，SOCIAL 每增加一个单位，滞后一期的 ROA 就增加 2.718 个单位。在总体样本中，SOCIAL 每增加一个单位，滞后一期的 TQ 就增加 2.001 个单位；在国有企业样本中，SOCIAL 每增加一个单位，滞后一期 TQ 就增加 3.076 个单位。可见企业承担内部社会责任（SOCIAL）与企业长期绩效的相关性比短期财务绩效更加显著。

为了保证实验结论的可靠性，本书将再次改变被解释变量的滞后期，选用滞后两期的 ROA、TQ 再次进行回归分析，得出结果见表 6-12。

表 6－12　回归分析：当期内部社会责任承担与滞后两期财务绩效

VARIABLES	(1)	(2)	(3)	(4)	(5)	(6)
	总体	非国有	国有	总体	非国有	国有
	L2. ROA	L2. ROA	L2. ROA	L2. TQ	L2. TQ	L2. TQ
SOCIAL	2.582 ***	－1.117	3.582 ***	4.387 ***	1.823	5.280 ***
	(4.316)	(－0.621)	(6.908)	(3.872)	(0.731)	(4.221)
SIZE	－0.257	1.935	－1.847 ***	－0.614	4.100 **	－3.465 **
	(－0.420)	(1.462)	(－2.830)	(－0.530)	(2.235)	(－2.201)
TOP1	0.135 **	0.212	0.129 **	0.249 **	0.396 **	0.337 **
	(2.395)	(1.473)	(2.208)	(2.329)	(1.984)	(2.398)
GROW	－0.022 ***	－0.007	－0.068 ***	－0.037 ***	－0.006	－0.138 ***
	(－2.946)	(－0.659)	(－5.821)	(－2.601)	(－0.427)	(－4.862)
LEV	－0.215 ***	－0.236 ***	－0.159 ***	－0.311 ***	－0.247 ***	－0.340 ***
	(－7.264)	(－4.522)	(－4.430)	(－5.543)	(－3.411)	(－3.935)
Constant	14.055	－30.287	47.572 ***	20.153	－85.918 *	83.267 **
	(1.011)	(－0.958)	(3.272)	(0.765)	(－1.962)	(2.374)
Observations	572	193	379	572	193	379
R－squared	0.148	0.161	0.263	0.106	0.131	0.169
年度固定效应	Yes	Yes	Yes	Yes	Yes	Yes

注：t－statistics in parentheses，＊＊＊ $p<0.01$，＊＊ $p<0.05$，＊ $p<0.1$。

由表 6－12 可知，解释变量对被解释变量有显著性正向影响。在非国有企业样本中，SOCIAL 对 ROA 和 TQ 没有显著性正向影响。在总体样本中，SOCIAL 每增加一个单位，ROA 滞后二期增加 2.582 个单位；在国有企业样本中，SOCIAL 每增加一个单位，ROA 滞后二期增加 3.582 个单位。在总体样本中，SOCIAL 每增加一个单位，TQ 滞后二期增加 4.387 个单位；在国有企业样本中，SOCIAL 每增加一个单位，TQ 滞后二期增加 5.280 个单位。由此可以看出，公司的内部社会责任对推后两年的绩效都具有明显的正相关关系，说明了企业承担内部社会责任，从四个维度出发，全面调动员工工作积极性，提升员工满意度，培养员工的认同感，与企业长期绩效显著正相关，再次验证了假设 H_2。

（七）实证结论

前面以2010~2020年中国采矿行业上市公司为样本对象，通过创建企业内部社会责任评价指标体系，得出企业内部社会责任综合评价指数（SOCIAL），并与ROA、TQ两个绩效指标进行分析，描述分析了SOCIAL、ROA、TQ指标的极大极小值、均值和中位数等相关信息。并论证了SOCIAL与ROA、TQ之间具有相关性，最后构建固定效应模型，进一步对当期SOCIAL与当期ROA、TQ以及当期SOCIAL与滞后一期ROA、TQ、滞后两期ROA、TQ进行了实证考察。这些结果表明，矿业行业的企业承担内部社会责任对当期绩效有着显著的正向影响；采矿业企业承担内部社会责任对滞后一期、滞后两期绩效也有着显著正向影响。无论从短期效益还是长期发展层次来看，企业对员工承担内部社会责任，各个维度激励员工提高工作效率，提升员工满意度，激发企业认同感，培养员工创造力，进而使员工能够更好地为企业创造价值，提升企业盈利能力和发展能力，甚至可以宣传企业口碑，树立企业形象，使企业非财务绩效方面也得到了提升。

二、基于内部收入平等的财务治理绩效实证分析

目前，公司普通雇员与高管之间的工资差距逐渐增大，大批公司高管可以获得高额薪酬，不仅货币薪酬相对较高，有些还享有股权激励等长期薪酬待遇。企业为提升绩效，对高管进行薪酬或非薪酬激励本无可厚非，但普通员工与企业高管之间的薪资差距过大，不仅会使普通百姓对于勤劳工作未能获得理想报酬感到不满，还会引发一系列社会问题，影响社会和谐与稳定，最终也会反过来影响企业自身的发展和绩效。我国当前正践行“共同富裕”发展理念，努力促进收入公平和平等。2016年，“合理分配与效率”的理念被提出，得到人们的一致认可。2017年，党的十九大又提出了“推进分配更加合理、更加有序”“坚持与居民收入同步增长、劳动生产率同步提高”。习近平总书记也曾多次强调“共同富裕”是实现社会主义现代化的一个重大目标，有着战略性的意义，是中国现代化进程中不可缺少的一环。2022年，党的二十大报告提出，要完善分配制度，坚持按劳分配为主体、多种分配方式并存，坚持多劳多得，鼓励勤劳致富，促进机会公平，增加低收入者收入，扩大中等收入群

体，规范收入分配秩序，规范财富积累机制。

合理化的员工薪酬与高管薪酬差距有利于激发高管人员与员工的工作积极性，从而提高企业的绩效。然而，不合理的员工薪酬与高管薪酬差距，则会使员工产生不公平感，或是无法对高管人员产生激励的作用，继而对公司的业绩产生不良的消极影响。因此，企业在制定薪酬政策和激励制度时，要结合企业的性质、所处地区的经济发展水平，同时考虑到员工的心理承受能力，兼顾公平。只有这样，企业才能够既充分利用薪酬差距所带来的激励作用，又能够有效避免薪酬差距所带来的消极影响。因此，在关注和维护企业员工权益方面，重要的是保障员工的薪资福利，注重员工的发展空间，确定合适的高管与员工薪酬差距。然而很多企业在承担对员工的社会责任中，制订合适的薪酬差距是最容易疏漏和懈怠的，也是最难监测和考核的。

高管—普通员工薪酬差距与公司绩效的关系中，学者们研究提出了锦标赛理论、行为理论、倒“U”形理论。从文献的绝对数量来看，支持第一种可能性和第三种可能性观点的学者较多。

激励理论是指通过激励，满足员工需求从而达到促进员工积极性的目的。现代公司人力资源管理需要确定员工合理的报酬，确立正确、有效的激励机制。有效的激励机制可以促进公司团结，加强公司凝聚力，增强员工归属感，让员工更加积极工作。

锦标赛理论的基点是普通员工工资的递增应该与职务的提升相匹配。Kato和Long认为，公司管理层与普通员工的报酬差距同公司绩效之间呈显著的正相关关系；即职位的晋升会获得确定的加薪，将会对处于此职位之下的普通员工起到一定的激励作用，但是激励效果并不明显，影响到员工工作的积极性；而在职位晋升会获得的加薪并不明确时，普通员工的期望会更大，就会更加被激励去努力工作，以谋求晋升的机会。这个理论主张公司应该通过提升职位或是加薪的多种有效方式来激发出员工工作的积极性。

行为理论更加注重对人需求的满足，主要讨论了工资差异对社会公平的影响，与“锦标赛”理论不同的是，Martin认为“员工薪酬差距”与“公司绩效高低”之间为显著的负相关关系。普通员工与高层的薪酬差距过大，会导致组织内部员工感到不公平，甚至产生隔阂，不利于组织内合作与发展等情况，从而对公司价值产生负面影响。

倒“U”形理论根据大量的研究结果，主张当薪资差距并不巨大时，其对公司绩效是正向主导作用；而当薪酬差距过大时，则对公司绩效是负面影响占主导作用。目前，在中国已出现大量的薪酬差距过大而导致公司绩效受到负面影响的情况。

本书基于这三种理论、其他辅助理论和相关的文献研究提出相应的研究假设，并通过实证研究进行论证及探讨。公司人员组织架构主要包括高管和普通员工。高管的主要工作任务在于制订公司的任务和战略，确定各部门的任务及资源分配，确保公司按战略规划顺利运行等职责，其承担了公司生产经营的重大压力。而普通员工基数大，但其承担的风险是有限的。按照公平理论，所谓责任越大，薪酬越高。由此可知，高管和普通员工薪酬差距的存在是合理的。合理的薪酬差距有利于激励高管，同时让普通员工看到加薪升职的空间及可能性，更能激发其潜在的动力，为公司创造更大的价值。不同产权下高管—普通员工薪酬差对公司绩效的影响程度也并不相同。本书将具体探讨这个问题，做出相应的论证研究。

（一）样本选择及数据来源

选取2010～2020年杭州地区143家以及上市公司年报上市公司为研究样本，本书所用的数据均来源于国泰安数据库。为使最终分析结果更加可靠，抽样时剔除：

（1）数据缺失样本；

（2）高管薪酬小于或等于普通员工薪酬的样本；

（3）连续变量首尾各5%，进行缩尾处理以消除极端值的影响。

（4）鉴于在会计核算和经营模式方面，金融以及保险行业同其他行业存在明显的差异，故本样本中剔除金融行业和保险行业的上市公司。

经过数据搜集及整理，本章共获取1017组样本数据。

（二）变量设计

高管薪酬激励机制是一种通过对公司管理层进行薪酬激励，以期解决股东与公司管理层的利益冲突，实现企业价值最大化。对于一般普通员工，企业通常没有设计相应的激励机制。一般普通员工薪酬是指普通员工由于雇佣关系而得到的各种经济报酬。企业绩效是指公司在一定经营期间所取得的各方面业绩，对企业绩效的评价有短期财务绩效和长期绩效。

本书选用托宾 Q 来研究公司长期绩效的变化，用净资产收益率衡量企业短期财务绩效。控制变量包括公司规模、公司成长性和财务杠杆等。各变量及其具体计算见表 6－13。

表 6－13　变量设计

被解释变量	托宾 Q（长期财务指标） 净资产收益率（ROE）	(股票市值＋负债)/公司总资产 净利润/平均净资产
解释变量	高管—普通员工薪酬内部差距（WG）	前三名高管薪酬均值/普通员工人均薪酬
控制变量	公司规模（SIZE） 成长性（GROW） 行业竞争性（COMP） 财务杠杆（LEV） 产权性质（SOE）	LN（总资产） 营业收入增长率 市场份额的平方之和 资产负债率＝总负债 产权性质为国有取 1，否则取 0

1. 被解释变量

本书的研究内容是员工薪酬与高管薪酬差距合理性对企业财务治理绩效的影响，因此选择企业绩效作为因变量。本书选用 ROE 即净资产收益率来表示企业短期绩效。本书选取托宾 Q 作为企业长期绩效的度量指标，托宾 Q 值是权益市场上企业资产价值与这些资产重置成本的比值。

2. 解释变量

本书的解释变量定为企业内部的高管—普通员工薪酬差距。其中，员工薪酬是指公司全体员工中除高管之外的员工。高管总薪酬中的高管则包括执行董事（含董事会秘书）、总经理和副总经理。员工的平均年薪＝公司支付给员工以及为员工支付的现金/(员工总数－高管人数)，高管的平均年薪＝高管的年薪总额/(高管总人数－未领薪的高管人数)。

3. 控制变量

公司的绩效不仅会受到高管和员工薪酬的影响，还会被很多变量所影响。为了保证研究结果的严谨性，将公司规模、成长性、行业竞争性、财务杠杆以及产权性质均作为控制变量。

公司规模在一定程度上反映了公司可以使用的资源。大型的公司普遍可以使用、分配的资源量更多。由此选取规模基本一致的公司更有利于得到分析数据的可靠性。

成长性不同的公司对高管—普通员工薪酬差距与企业绩效的反应程度存在显著差异，由此研究样本应尽可能避免该变量对结论带来的不当影响。

行业竞争性是指市场中竞争的激烈程度。行业竞争越激烈，公司感知风险的能力越强，相应的内外部措施更为完善。

财务杠杆是公司负债的一个重要指标。公司的债务水平越高，公司越容易陷入破产的危机，这就需要考虑到公司的债务水平与企业绩效的相关性。因此，在选取样本时，应尽可能选用公司可持续经营、没有过大财务风险、不会有破产危机的样本。

国有企业与非国有企业的所有权属不同，导致这两种类型的企业在管理和决策过程中存在一定的差异。国有控股企业薪酬制度相对比较保守，晋升难度较大，同时国有控股企业相对承担更多的社会责任，相对非国有控股企业，各层级间的薪酬差距有所不同。

（三）研究假设及模型构建

1. 研究假设

高管与员工薪酬差距过大，从现实考量其实并不合适，容易使员工产生不公平的感觉，辞职跳槽现象频发，不利于激发员工的动力，更不利于公司的长远发展。而高管与员工的薪酬差距过小，在一定程度上实现了全体职工平分利益，虽然在短期内可以激励普通员工努力工作，但长期考虑容易使员工看不到上升空间，产生懈怠心理，同时不利于调动高管的积极性。薪酬差距的适当增加，才能实现竞争性和公平性的较好平衡，由此提高公司的绩效，有利于公司的可持续性发展。由此，本书提出如下假设：

H_1：高管—普通员工薪酬差距与企业绩效呈正“U”形关系。

在不同的产权性质下，公司的管理机制也不尽相同。国有控股企业存在严重的股东缺位现象，因此必须特别关注委托代理问题。在公司的运营和管理过程中，经理们的薪金一般与公司当年绩效挂钩。而经理们往往出于年薪的考量，会做出有利于公司短期绩效的财务决策，但并不有利于公司的长期发展。

另外，国家政策对我国国有控股企业在管理上起到一定的制约作用，缺少对其进行有效的薪酬激励。非国有控股企业在薪酬激励政策上更具有严格具体的规范要求，更注重薪酬差距对企业绩效作用的引导作用。由此提出如下假设：

H_2：非国有控股企业相对于国有控股企业，薪酬差距和短期绩效相关性更显著；非国有控股企业相对于国有控股企业，薪酬差距和长期绩效的相关性没有显著差异。

2. 模型设计

本书所使用的数据类型属于面板数据。本书采用混合回归、随机效应和固定效应三种模型进行比对，以选择适当的模型进行拟合。在此基础上，利用LM检验，将混合回归与随机效应进行比较，如果结果呈现为显著，那么就选择随机效应，反之为混合回归；利用豪斯曼检验，将随机效应和固定效应进行比较，若显著，则是固定效应更优，反之就选随机效应；利用F检验，将固定效应和混合回归进行比较，若显著，那就选用固定效应，反之选用混合回归。

由表6－14可知，不论自变量为TQ，或是ROE，均具有显著性，即固定效应比随机效应好，随机效应比混合回归好，故最终确定为固定效应模型。

表6－14　模型筛选

TQ	LM检验	chibar2(01)＝1614.67	0.0000
	F检验	F(143，864)＝11.95	0.0000
	Hausman检验	chi2(16)＝88.40	0.0000
ROE	LM检验	chibar2(01)＝218.87	0.0000
	F检验	F(143，864)＝3.71	0.0000
	Hausman检验	chi2(16)＝6340.96	0.0000

基于以上分析，以企业长期绩效TQ（托宾Q）为被解释变量建立模型：

$$TQ_{i,t} = \alpha + \beta_1 WG_{i,t} + \beta_2 SIZE_{i,t} + \beta_3 GROW_{i,t} + \beta_4 COMP_{i,t} + \beta_5 LEV_{i,t} + \beta_6 SOE_{i,t} + Y_t + \varepsilon_{i,t} \quad (6-4)$$

以企业短期财务绩效ROE为被解释变量建立模型：

$$ROE_{i,t} = \alpha + \beta_1 WG_{i,t} + \beta_2 SIZE_{i,t} + \beta_3 GROW_{i,t} + \beta_4 COMP_{i,t} + \beta_5 LEV_{i,t} + \beta_6 SOE + Y_t + \varepsilon_{i,t} \quad (6-5)$$

其中，下标 i，t 分别表示企业和时间，Y_t 为年份固定效应，$\varepsilon_{i,t}$ 为随机扰动项。

（四）实证结果与分析

1. 描述性统计与分析

描述性分析，结果如表 6－15 所示。可以看出，TQ（托宾 Q）的均值为 2.27，中位数为 1.71，标准差为 1.58；ROA（总资产收益率）的均值为 5.58，中位数为 5.50，标准差为 7.20；ROE（净资产收益率）的均值为 8.73，中位数为 9.39，标准差为 12.78；WAGE（薪酬差距）的均值为 13.10，中位数为 13.10，标准差为 0.75；SIZE（公司规模）的均值为 22.00，中位数为 22.00，标准差为 1.14；GROW（成长性）的均值为 16.35，中位数为 13.59，标准差为 29.67；COMP（行业竞争性）的均值为 8.03，中位数为 5.98，标准差为 7.95；LEV（财务杠杆）的均值为 40.43，中位数为 38.11，标准差为 20.55；SOE（产权性质）的均值为 0.22，22% 的公司是国有控股企业。

表 6－15　　描述性分析

variable	变量定义	N	mean	p50	sd	min	max
TQ	托宾 Q	1017	2.27	1.71	1.58	0.94	9.57
ROE	净资产收益率	1017	8.73	9.39	12.78	-51.81	35.86
WG	薪酬差距	1017	13.10	13.10	0.75	11.16	14.99
SIZE	公司规模	1017	22.00	22.00	1.14	19.69	25.39
GROW	成长性	1017	16.35	13.59	29.67	-55.59	132.17
COMP	行业竞争性	1017	8.03	5.98	7.95	1.26	53.21
LEV	财务杠杆	1017	40.43	38.11	20.55	6.10	83.70
SOE	产权性质	1017	0.22	0.00	0.41	0.00	1.00

通过分析净资产收益率（ROE），我们可以看出样本中的各公司财务绩效之间存在一定的差异。整体样本的平均水平是 8.73，说明杭州大多数上市公司的净资产收益率仍有较大的提升空间。总体而言，薪酬差距水平（WG）普遍较高，这也反映了薪酬差距问题的重要性和必要性。

2. 相关性分析

在本书中，我们对各变量的相关性进行了分析，并在表 6－16 中显示了这些变量的相关性。各变量的第一行为相关系数，第二行是相关系数对应的显著性P值。由表6－16可知，自变量与因变量显著性正相关，TQ（托宾Q）与WG（薪酬差距）的相关系数为－0.120(P<0.001)；ROE（总资产收益率）与WG（薪酬差距）的相关系数为0.126(P=0.011)。

表6－16　各变量间相关性分析

	TQ	ROE	WG	SIZE	GROW	COMP	LEV	SOE
TQ	1.000***							
ROE	0.176***	1.000						
WG	－0.120***	0.126***	1.000					
SIZE	－0.276***	0.092***	0.510***	1.000				
GROW	0.107***	0.333***	－0.017	－0.001	1.000			
COMP	－0.039	－0.030	－0.097***	0.044	0.031	1.000		
LEV	－0.209***	－0.188***	0.221***	0.463***	－0.046	－0.049	1.000	
SOE	－0.144***	－0.050	0.156***	0.268***	－0.091***	－0.055*	0.209***	1.000

注：*** p<0.01，** p<0.05，* p<0.1。

3. 共线性检验

为避免变量间的高度相关，存在共线性关系，从而影响后续模型的拟合。本章采用了共线性检验，其结果如表6－17所示。当存在共线性时，某一变量的VIF值超过10，且均值VIF大于2。从表6－17可以看出，各变量的VIF在1.01～1.72，均值VIF为1.26，没有共线性关系。

表6－17　共线性检验

Variable	VIF	SQRT VIF	Tolerance	R－Squared
WG	1.38	1.17	0.7248	0.2752
SIZE	1.72	1.31	0.5815	0.4185
GROW	1.01	1.01	0.9888	0.0112
COMP	1.03	1.02	0.9684	0.0316
LEV	1.30	1.14	0.7714	0.2286
SOE	1.10	1.05	0.9081	0.0919
Mean VIF	1.26			

4. 实证结果与分析

模型（6－3）的回归分析结果如表6－18所示。

表 6-18 高管—普通员工薪酬差距与企业长期绩效的关系的回归分析

VARIABLES	(1)	(2)	(3)
	总体	非国有	国有
	TQ	TQ	TQ
WG	-2.946** (-2.210)	-3.268* (-1.849)	-3.720* (-1.877)
SIZE	-0.120 (-1.437)	-0.020 (-0.196)	-0.339** (-2.443)
GROW	0.003*** (2.645)	0.003** (2.209)	0.000 (0.214)
COMP	-0.035*** (-3.198)	-0.033*** (-2.749)	-0.056* (-1.761)
LEV	0.002 (0.826)	0.001 (0.276)	0.005 (0.837)
SOE	0.107** (2.076)		
Constant	24.982*** (2.818)	24.772** (2.104)	34.822*** (2.663)
Observations	1024	800	224
R-squared	0.252	0.279	0.225
年度固定效应	Yes	Yes	Yes

注：t-statistics in parentheses，*** $p<0.01$，** $p<0.05$，* $p<0.1$。

绘制折线图如图 6-1 所示。

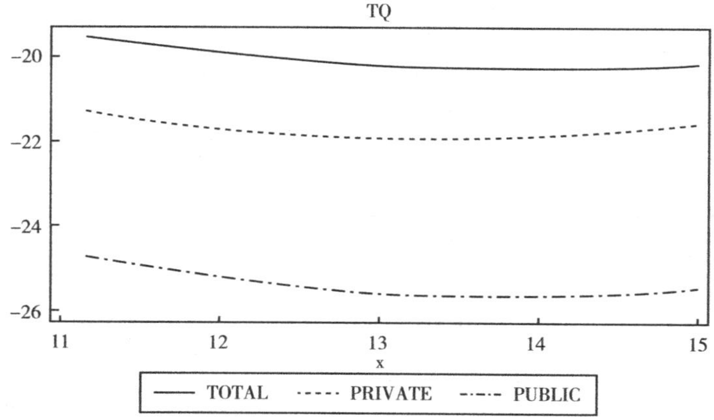

图 6-1 高管—普通员工薪酬差距与企业长期绩效的关系折线图

高管—普通员工薪酬差距与企业绩效关系如表 6 – 18 所示，总体上自变量对因变量有显著性影响。由表 6 – 18 可知，在总体公司样本中，WG 每增加一个单位，TQ 降低 2.946 个单位；在非国有控股企业样本中，WG 每增加一个单位，TQ 降低 3.268 个单位；在国有控股企业样本中，WG 每增加一个单位，TQ 降低 3.720 个单位。

从回归分析结果来看，发现两种类型的薪酬差距具有正向的相关性，而高管—普通员工的薪酬差距与企业绩效之间呈正“U”形曲线关系得到了验证。即在薪资差距不大的情况下，工资差距越大，对公司绩效就越不利；而薪酬差距的适当增加，则对企业绩效是正面影响占主导作用，假设 H_1 得到了验证。从模型（6 – 4）的结果来看，假设没有得到充分的验证，即从长期绩效的角度，国有控股企业和非国有控股企业对于薪酬差距与企业绩效的相关性没有显著差别。

模型（6 – 5）的实证结果如表 6 – 19 所示。在总体公司样本中，在总体公司样本中，WG 每增加一个单位，ROE 降低 11.709 个单位；在非国有公司样本中，WG 每增加一个单位，ROE 降低 17.911 个单位；在国有公司样本中，WG 每增加一个单位，ROE 降低 7.394 个单位。可以说，从短期绩效的角度，非国有控股企业相对于国有控股企业，薪酬差距与绩效的相关性更显著，假设 H6 – 4 得到了验证。

表 6 – 19　高管—普通员工薪酬差距与企业短期财务绩效的关系的回归分析

VARIABLES	(1)	(2)	(3)
	总体	非国有	国有
	ROE	ROE	ROE
WG	–11.709 (–1.613)	–17.911* (–1.865)	–7.394 (–0.690)
SIZE	2.462*** (5.401)	2.410*** (4.319)	2.675*** (3.564)
GROW	0.049*** (8.361)	0.055*** (8.049)	0.020* (1.761)
COMP	–0.306*** (–5.141)	–0.230*** (–3.551)	–0.954*** (–5.507)
LEV	–0.215*** (–13.557)	–0.225*** (–11.782)	–0.221*** (–7.440)

续表

VARIABLES	(1)	(2)	(3)
	总体	非国有	国有
	ROE	ROE	ROE
SOE	0.463 * (1.649)		
Constant	38.427 (0.796)	79.771 (1.247)	8.400 (0.119)
Observations	1024	800	224
R - squared	0.326	0.342	0.382
年度固定效应	Yes	Yes	Yes

注：t - statistics in parentheses，*** p < 0.01，** p < 0.05，* p < 0.1。

绘制折线图如图 6 - 2 所示。

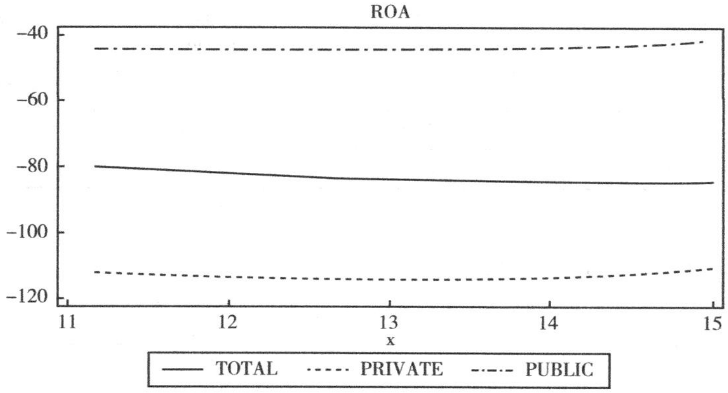

图 6 - 2　高管—普通员工薪酬差距与企业短期财务绩效的折线图

从实证结果来看，非国有企业样本中的高管—普通员工薪酬差距与企业绩效的敏感性比国有企业样本中的敏感性显著，证实了假设 H_2。

5. 稳健性检验

变量替换：将基本回归中的绝对薪酬差距替换成相对薪酬差距，代入基本模型（6 - 5）中进行回归，相对薪酬的衡量方法是将高管均薪和员工均薪之比取对数，稳健性检验结果见表 6 - 20。从表 6 - 20 可以看出，变量替换之后，回归结果依旧稳健。

表 6-20 稳健性检验

VARIABLES	(1) 总体 ROE	(2) 非国有 ROE	(3) 国有 ROE
WG	-26.111* (-1.775)	-49.473*** (-2.706)	-1.160 (-0.043)
SIZE	5.962*** (6.453)	5.867*** (5.521)	5.928*** (3.125)
GROW	0.085*** (7.189)	0.090*** (6.965)	0.047* (1.675)
COMP	-0.616*** (-5.110)	-0.436*** (-3.544)	-2.041*** (-4.659)
LEV	-0.295*** (-9.185)	-0.327*** (-9.011)	-0.292*** (-3.892)
SOE	1.018* (1.791)		
Constant	67.183 (0.686)	222.933* (1.830)	-98.719 (-0.552)
Observations	1024	800	224
R-squared	0.249	0.278	0.301
年度固定效应	Yes	Yes	Yes

注：t-statistics in parentheses, *** p<0.01, ** p<0.05, * p<0.1。

绘制折线图如图 6-3 所示。

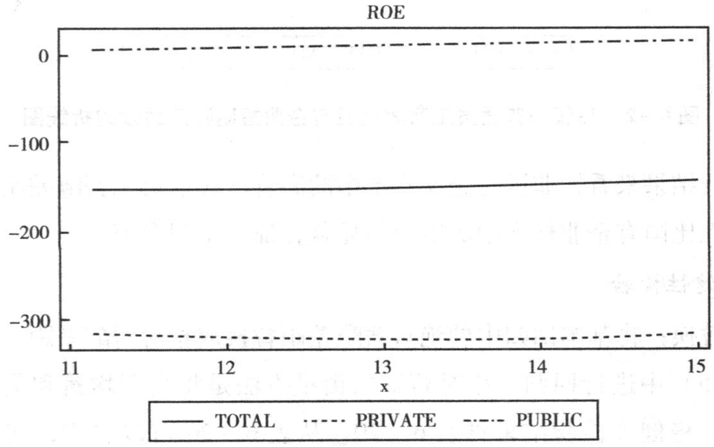

图 6-3 稳健性检验折线图

（五）研究结论

在过往的研究中，以锦标赛理论、行为理论和倒“U”形理论为主。本章在研究过程中发现单纯考虑锦标赛理论和行为理论，都不能充分解释薪酬差距在上市公司中的实际激励效应。薪酬差距与企业绩效之间并非单纯的线性关系。本章实证研究表明，高管—普通员工薪酬差距与企业绩效的关系呈“U”形，同时非国有控股企业相对于国有控股企业，薪酬差距与企业绩效的相关性，短期前者较为显著，长期来看没有明显差异。笔者认为，企业在制定高管和普通员工的薪酬制度时，要综合考量公司的性质、所处环境，结合公平公正原则以及有效的激励政策，制定合理的薪酬差。对普通员工来说，适当的加薪可以帮助员工改善工作和生活状况，促进员工的工作热情，能够提高企业绩效。基于此，在当前高管—普通员工薪酬差距还比较大的情况下，在共同富裕政策指引下，应适当缩小薪酬差距，进而实现企业的可持续性发展。

第七章　可持续财务治理：基于外部社会责任承担的分析

第一节　基于价值链生态的财务治理机制和绩效

案例导入：锂电材料囤货引起的“反暴利”争端

11 月 9 日，长安汽车董事长朱华荣在 2022 中国汽车论坛上表示，“缺芯贵电”对汽车产业的生产秩序造成严重破坏。他表示，1～9 月，长安汽车损失 60.6 万辆产量，“缺芯”造成大量半成品库存，“贵电”导致单车成本增加 5000～35000 元。朱华荣建议，“国家层面打击个别企业原材料囤货与炒作的行为、加强政策引导，优化上游原材料资源配置，行业层面推动废旧电池及关键金属资源回收利用，完善动力电池回收利用管理体系。”

就朱华荣提及的动力电池原材料囤货与炒作，有记者以投资者身份致电天齐锂业（002466. SZ；9696. HK）和永兴材料（002756. SZ）董秘办。天齐锂业回复称没有囤货，永兴材料则表示对相关情况并不清楚。天齐锂业的锂产品价格随行就市，而永兴材料则走的长单价格。“我们基本上是长单，参照月均价来结算，如果是上涨行情的话，会比现价便宜一点。”永兴材料相关工作人员对记者说。

2022 年以来，电池级碳酸锂价格上涨，多次刷新历史纪录。业内人士指出，锂产品价格高企的背后是行业内供需错配。当前锂产品需求端持续保持强劲增长势头，2022 年前三季度，中国动力电池出货量同比增长超 120%，储能电池增长近 1 倍。澳洲锂矿供应商皮尔巴拉锂精矿成交价持续刷新高点，成交价已超 7000 美元/吨，算上运费后对应电池级碳酸锂生产成本已超 54 万元/吨。国外锂精矿价格上涨，自然对国内锂产品价格产生影响。

有券商研报指出，从供给侧来看，上游锂矿资源短期内仍然无法大量释放，2022 年以来多数锂项目都在推迟投产进度。目前，原料及锂精矿紧缺现状难以缓解，产量暂无明显增量，市场供应持续紧张，下游增产在情绪上推动价格上涨幅度。2022 年第四季度的供给或更加紧张，需求增长催化加速。

同时，锂产品的供不应求与原料项目的投产周期也密切相关。有记者亦就锂矿供应问题联系了赣锋锂业。赣锋锂业方面回复记者称，锂产品的供不应求，具体来说是近年来行业发展迅速，整体需求增长。“虽然上下游都在同步扩产，但是上游的资源项目客观上就无法匹配下游的投产速度，投产周期明显长于下游。”前述高管也向记者表示，需求端项目的投产周期要快于供应端项目。“在海外建设资源项目的周期基本在 3 年以上，遇上成熟度低、需要勘探的，周期拉至 6 ~ 7 年也是正常现象。”

全球岩石锂矿主要分布在澳大利亚、墨西哥、捷克、美国、塞尔维亚、加拿大等国，其中澳洲锂矿在资源量及品位上均具有优势，墨西哥及美国矿石类型主要为黏土矿尚未实现商业化。2021 年，全球锂资源主要集中在南美锂三角（玻利维亚、智利、阿根廷）占比约 56.0%。由于锂矿原料供应以海外市场为主，因此锂矿企业不得不面临日益增加的海外市场风险。11 月 3 日，加拿大工业部以“国家安全”为由，命令部分外国投资者撤出对加拿大关键矿物公司的投资。这一事项涉及多家上市公司。

一、价值链及价值链生态

（一）价值链

1. 价值链的概念

价值链（value chain）概念首先由迈克尔·波特（Michael E. Porter）于 1985 年提出，主要是指针对垂直一体化公司的，强调单个企业的竞争优势。波特认为，“每一个企业都是在设计、生产、销售、发送和辅助其产品的过程中进行种种活动的集合体。所有这些活动可以用一个价值链来表明。”随后波特于 1998 年进一步提出了价值体系（value system）的概念，将研究视角扩展到不同的公司之间。

企业要生存和发展，必须为企业的股东和其他利益集团包括员工、顾客、供货商以及所在地区和相关行业等创造价值。如果把“企业”这个“黑匣子”打开，我们可以把企业创造价值的过程分解为一系列互不相同但又相互关联的经济活动，或者称为“增值活动”，其总和即构成企业的“价值链”。

任何一个企业都是其产品在设计、生产、销售、交货和售后服务方面所进行的各项活动的聚合体。每一项经营管理活动就是这一价值链条上的一个环节。企业的价值链及其进行单个活动的方式，反映了该企业的历史、战略、实施战略的方式以及活动自身的主要经济状况。

价值链的增值活动可以分为基本增值活动和辅助性增值活动两大部分。企业的基本增值活动，即一般意义上的“生产经营环节”，如材料供应、成品开发、生产运行、成品储运、市场营销和售后服务。这些活动都与商品实体的加工流转直接相关。企业的辅助性增值活动，包括组织建设、人事管理、技术开发和采购管理。这里的技术和采购都是广义的，既可以包括生产性技术，也包括非生产性的开发管理，如决策技术、信息技术、计划技术；采购管理既包括生产原材料，也包括其他资源投入的管理，如聘请有关咨询公司为企业进行广告策划、市场预测、法律咨询、信息系统设计和长期战略计划等。

2. 价值链管理

价值链不仅存在于企业内部，也延伸到上下游企业之间以及同行业企业之间，企业各自的价值创造都直接或间接地影响客户、供应商和同业的利益。因此，学者们一致认为对企业价值链进行管理，可以将其分解为内部价值链、纵向价值链和横向价值链三个不同的维度展开分析。

（1）内部价值链管理。

企业的价值活动是通过企业价值链内部的各种关联联结在一起的。所谓关联是指某个价值活动执行方式与其他活动的成本和表现形式的关系，企业价值链内部的关联数量很多，很多关联在各个企业内部都普遍存在。企业价值活动之间的关联使单单考虑某一项活动是不能全面了解企业价值活动的相关成本行为。因此，竞争优势不仅与各种活动本身有关，还源自于各种活动之间的关联，优化和协调企业价值活动之间的关联可以使企业提升或保持一定的竞争优势。

（2）纵向价值链管理。

不仅仅在企业内部价值活动之间存在关联，关联也存在于企业价值链与供应商价值链和买方价值链之间的价值活动，这种关联称为纵向关联。每一个上下游企业都是企业产业链中必不可少的部分，对纵向价值链的分析，主要是将战略管理目标与企业产业链的上下游企业相关联。纵向关联在企业的战略管理中，很多情况下被管理者不能完全考虑甚至直接忽视。而即使人们意识到纵向价值链关联的存在，而供应商、渠道或买方独立拥有价值链，这样会减弱利用纵向关联所需要达到的利益协调和共同优化的效果。因此，要利用纵向关联就需要信息或者能够推动优化、协调发生的信息流存在，需要现代的信息系统来创造更多的机会。

纵向价值链的概念将最终产品看作是一系列作业的集合体，企业是整个作业链中的一环或几环。这样企业可以从最基本原材料的取得到最终产品使用后废弃这一整体价值链的层次上分析产品的成本和收益，从合理分享利润的角度进行战略规划。

（3）横向价值链管理。

横向价值链分析就是对一个产业内部的各个企业之间的相互作用进行分析。在大多数产业中，不论其产业平均盈利能力如何，总会有一些企业比其他企业获利更多。企业通过横向价值链分析可以确定自身与竞争对手之间的差异，从而确定能够为企业取得相对竞争优势的战略。

横向价值链分析是企业确定竞争对手成本的基本工具，也是公司进行战略定位的基础。例如，通过对企业自身各经营环节的成本测算，不同成本额的公司可采用不同的竞争方式，面对成本较高但实力雄厚的竞争对手，可采用低成本策略，扬长避短，争取成本优势，使规模小、资金实力相对较弱的小公司在主干公司的压力下能够求得生存与发展；而相对于成本较低的竞争对手，可运用差异性战略，注重提高质量，以优质服务吸引顾客，而非盲目地进行价格战，使自身在面临价格低廉的小公司挑战时，仍能立于不败之地，保持自己的竞争优势。因此，横向价值链分析强调竞争对企业战略的影响，以及由于为获得竞争优势而进行的投资决策问题。其目的在于通过产品创新、技术开发、优质服务等形成差异，或使总成本最低，以获得竞争优势。

（二）价值链生态

1. 价值链生态的概念

价值链理论认为，在一个企业众多的“价值活动”中，并不是每一个环节都创造价值。企业所创造的价值，实际上来自企业价值链上的某些特定的价值活动；这些真正创造价值的经营活动，就是企业价值链的“战略环节”。企业在竞争中的优势，尤其是能够长期保持的优势，说到底，是企业在价值链某些特定的战略价值环节上的优势。而行业的垄断优势来自该行业的某些特定环节的垄断优势，抓住了这些关键环节，也就抓住了整个价值链。这些决定企业经营成败和效益的战略环节可以是资源优势、产品开发、工艺设计，也可以是市场营销、信息技术，或者人事管理等，视不同的行业而异。

在价值链的研究中，存在多种产业竞争和集群竞争的分析框架。学者们往往从经济学、社会学、心理学等角度剖析价值链中的位置和分工。市场和等级制度主导了目前学术界对价值链中权力的研究方向。以微软为例，微软及其 Windows 操作系统作为个人电脑桌面——许多商业软件都是为此开发的核心，经常被看作驱动了一条价值链（value chain）的公司和产品的典型。企业在为个人电脑购买软件时，花在附加软件的支出远远超过基本操作系统的支出，而操作系统是运行这些附加软件事实上的标准。其他公司必须符合 Windows 的标准，从这个意义上可以说微软控制了一条价值链。

价值链生态是一个借鉴生物学类演变而来的新兴概念，在自然界中，生物的存在总是离不开其所处的环境，生物种群为了生存，自然地形成了一定的食物链；种群之间更存在竞争、捕食、寄生、共生、互惠等多种关系，从而达到生态平衡。同样，企业为了生存发展，同业竞争与合作，为员工和上下游企业创造价值，以实现可持续发展。这种现象类似自然界中的食物链，因此我们称其为价值链生态。价值链生态强调价值链上下游企业之间、同业之间在竞争与合作基础上的和谐共生关系，以建立可持续发展的生态系统。

与当前多数学者侧重于研究价值链各环节各企业之间的分工、协同和重构不同，笔者所提出的价值链生态关注的重点在于价值链各企业之间的利益协调、均衡与共赢。每一个企业无论规模大小或从事什么行业，都应当承担客户责任（狭义即产品责任）以及对供应商的责任，因此本书后面主要研究企业与上游供应商及下游客户之间的价值协同问题。

2. 价值链生态的财务治理机制

与价值链管理侧重于研究企业怎样在价值链条中获取优势和利益不同，价值链生态强调企业之间的利益协调和共同发展，是价值链上各企业各环节参与财务治理的过程，是可持续发展理念在价值链中的应用。价值链生态是一种和谐共生的生态系统，每个企业都需要承担对供应商和客户以及同业的责任。

从可持续财务治理主体的角度，客户和供应商是市场资本的拥有者，其拥有求偿权、知情权等。客户作出最有利于自己的选择时，必须了解有关的商品或服务的真实情况，为此需要享有知情权。客户因购买、使用商品或接受服务受到人身、财产损害的，享有依法获得赔偿的权力。供应商是引致投资者，即他们的投资是由公司的产量或规模决定的，因而与公司休戚相关。客户和供应商的财权 = 市场资本 + 求偿权、自主选择权、知情权等。上述权利是价值链上下游企业参与企业财务治理的基础。

（1）运用系统方法以形成整合优势。价值链生态为企业生态系统的价值整合提供系统方法。价值链生态通过打通各企业的价值链，形成一个畅通的、统一协调的价值链系统。建立价值链生态，确定各种资源更加一致的单元界限，并通过企业组织结构与价值链的内部联系，把供应商或客户甚至同业的联系关联起来，从而提供适当的协调方式和系统方法。企业要实现可持续发展，要综合考虑供销商、供应商、利益相关者、基础设施部门、政府和环境等因素，这些都是价值创造和分享的利益相关者，需要参与或影响企业的财权的配置。通过企业、企业生态系统和商业生态环境的协同进化，通过系统内部企业的创新和发展，通过企业生态系统不断拓展地域范围，突破资源的限制，促进所处生态系统的整体地位提高，形成整体优势。

（2）实现风险共担和合作共赢。价值链生态的思想和方法应用到企业生态层次上，考虑更宏观的价值创造形式。在新的竞争环境下，产业中的竞争不仅仅表现为单个企业之间的竞争，还表现为价值链生态之间的竞争。随着全球化的深入，在企业生态系统中，企业需要开始重新定义与其他共生体之间的关系，放弃过去那种过度竞争模式和价格战等低级竞争手段，而寻求相互合作、共同进化以促进整个企业生态系统的发展。以追求某一环节的垄断为主的产业链竞争已经进化为以追求更大客户价值的合作创造市场的生态环境竞争。在价值链生态这张生态网中，将很难有绝对的领导者。为了长期生存，企业的行为特征、运行规律正发生深刻的变化，并与整个价值链生态上的成员协同进化。建立价值链生态的目的不仅仅是传统意义上的风险共担，更包括从长远利益和大局考虑创建可持续发展机会的各种新的战略联盟。

（3）资源节约和资源增值。在生物群落中，物种之间存在相互有利的共居关系，彼此之间有直接的营养物质交流，相互依存，互惠互利，企业之间也存在类似的关系。建立价值链生态，使企业更易于紧密配合、功能互补、节约资源和能源消耗以及交易费用，获得技术上的互补优势，进一步开拓合作双方的生存发展空间。处于价值链生态上的企业通过合作与交流，在横向上可以发挥规模经济、范围经济的优势，降低市场交易成本，减少污染排放，降低废物回收利用成本；在纵向上分工合作效率提高，充分利用产业链的深度，使上游企业产生的废弃物成为下游企业的原料，加强资源的循环利用。从而实现产业内部系统的物质充分利用和能量循环，使资源在产业的系统内循环使用，形成一个封闭的产业价值链生态，在保护环境的同时，实现整个价值链生态系统资源的增值效应。

3. 价值链生态的一般模式

在自然生态链中，一般是由低级生物到高级生物呈现出金字塔的形状，传递的能量逐渐减少，生物数量也逐渐减少，构成特定的生态链。同样，企业存在相互依存的关系，形成了价值链生态。按它们的依存关系可分为“上、中、下游”行业，下游为上游产品的消费者。生态价值链中环境资源发生单向或双向流动的企业之间，合作关系占主导地位。同一产品的生产往往不是由某个企业单独来完成的，而是由众多企业通过专业化分工来合作实现的，这样一来就形成了生产某种产品的价值链。在同一价值链中，上游企业的中间产品将以原材料的形式成为下游企业的生产性资源；同时，下游企业则以需求者的角色作为上游企业的市场性资源。虽然上下游企业之间传统的资源流动能够完成某一产品的生产过程，但是这种单向的线性资源流动和转化并不能实现资源（尤其是稀缺资源）的充分合理利用，甚至会造成很大的浪费。在循环经济发展模式下，这种单向的线性资源流动方式将会被双向的循环利用模式所取代。也就是说，原来属于同一产业链上的上下游企业将可能相互为彼此提供生产性资源和市场性资源，企业之间的合作关系得到加强，相应地，上下游的界线也会逐渐模糊。这种行业中企业合作所形成的价值链即为价值链生态的一般模式。

价值链生态超越了传统价值链，是涉及供应商、分销商、外包服务公司、融资机构、关键技术提供商、互补和替代产品制造商，甚至包括竞争对手、客户和监管机构与媒体等企业利益相关者在一块，综合价值链、产业链、人才链为一体的动态价值链。与自然生态系统中的食物链一样，企业生态价值链中的每一家企业最终都要与整个生态价值链的企业共命运。因此，在制订公司战略时，不能只着眼于企业本身，着眼于眼前的利益，不能霸占资源，浪费资源，应从全局考虑，了解整个生态价值链和价值链上全部企业生态环境的健康状况，以及企业自身在价值链中扮演的角色，打破对资源的垄断。基于企业生态价值链的战略不仅使企业自身得利，而且使所有生态价值链的企业共同受益，从而形成生态系统的良性循环，保证企业的持续健康发展。

二、基于价值链生态的财务治理绩效——以特斯拉为例

（一）特斯拉公司简介

特斯拉是一家美国生产和出售电动汽车的公司。它由马丁·艾伯哈德的工程师于2003年7月1日创立。其总部位于美国加州的硅谷地带。

特斯拉汽车公司以电气工程师和物理学家尼古拉·特斯拉的名字命名，专门研究纯电动车。生产的几款主要车型包括Tesla Roadster、特斯拉S型和特斯拉X型。特斯拉是全球首个采用锂电的公司，它的首款电动车是Roadster。2008～2012年，夏洛克Roadsters在31个不同的国家销售了超过2250台。2010年，它在英国和爱尔兰的市场上推出了Roadster的右边汽车，并且把它的销量扩展到了澳洲、日本、中国、新加坡。2016年11月22日，SolarCity公司完成了对SolarCity的并购。

对于特斯拉来说，其发展的驱动力不仅来源于公司实现价值和使命，还来

源于可持续发展。同时，可持续发展对特斯拉的股东、员工和客户甚至供应商和同业也具有重要意义。特斯拉的产品和服务主要是运输、能源生产和能源储存。其中，前两者一直是美国乃至世界上最大的污染源。为了实现零排放的未来，特斯拉在世界各地的主要生产设施和运营社区实施了一系列计划和倡议，为当地学校、非营利组织和其他类似组织提供清洁能源。

（二）特斯拉公司的产业环境和价值链

1. 产业环境

各国的政策支持也是新能源汽车产业发展的动力之一。美国政府于2012年推出了一项鼓励轻型技术的全国电动车革新项目、锂离子电池的高性能材料。为了在5年之内实现汽车额外费用的目的，开发插入式汽车技术等核心技术。德国早期鼓励电动车购置的政策多是依靠减税，而到了2015年，德国推出了一项鼓励消费的新举措，增加了在电动车购置方面的扶持。与此同时，德国也在全球范围内，构建起了先进制造、动力系统、基础设施等技术，并在2020年实现百万辆电动车的发展，并在2020年建成电动车的全球领先国家和电动汽车的核心市场。日本政府采取了一系列的减税措施，以及对电动自行车的补贴，以此来激励民众购买电力车辆。法国政府通过补贴购置电力车辆，同时对购买高排放CO_2的汽油车辆征税，作为对其进行促销和销售的激励。英国和加拿大都将在2035年停止出售燃料汽车。中国碳达峰行动计划还提到，2021年的新能源和清洁能源动力汽车的比例将达到40%左右。

2. 价值链

汽车工业属于资金密集型产业，在整个工业链条中有很多的联系，例如，钢铁、纺织业、电子、石化、汽车配件及整车生产、保险、加油站等行业。

新能源车与传统的汽车产业链相似，只不过在原有的基础上进行了扩展。目前新能源汽车行业的产业链主要是：电动控制、动力电池及其他工业电池回收处理，充电基础设施等。

由于特斯拉并购了太阳能设备提供商太阳城，马斯克与众多看上去并不相关的公司进行了密切合作，发展并共享了该公司的技术。从2012年开始，特斯拉就一直在使用太阳城建设一个超级充电站，而特斯拉则为太阳城公司生产了一系列高效率的电池箱以及太阳能板的储能技术。双方的协作可以分享技术，减少费用，并且逐步建立起以特斯拉为基础的生产模型。同时，该公司也成为全球唯一的纵向一体化企业。

特斯拉已经建立起一个完整的电动汽车产业链，包括动力电池、电动汽车、超级充/换电站以及汽车后维护，从而增强其竞争力，为其今后的利润和增值打下坚实的基础（见表7－1）。

表7－1　　特斯拉2020年所购钴原料的开采商及冶炼供应商清单

电池供应链	钴原料开采商及冶炼商		
	购自刚果民主共和国	供应商	RMI分类
内华达超级工厂及弗里蒙特工厂（电芯外部采购）	是	Umicore Finland Oy（芬兰）	已获认定
	否	Murrin Murrin Nickel Cobalt Plant（澳大利亚）	已获认定
	否	NorilskNickel Harjavalta Oy（芬兰）	审计在途
	否	Harima 冶炼厂，住友金属开采（日本）	符合
	否	住友金属开采（日本）	审计在途
	否	广东芳源环保股份有限公司（中国）	未列出
上海超级工厂	是	Kamoto 铜业公司（DRC）	已获认定
	是	贵州中伟资源循环产业发展有限公司（中国）	审计在途
弗里蒙特工厂（电芯自主生产）	是	Kamoto 铜业公司（DRC）	已获认定
	是	衢州华友钴新材料有限公司（中国）	审计在途

（三）特斯拉公司的价值链生态构建

1. 特斯拉纵向价值链

特斯拉的供应链策略是纵向集成。特斯拉打算通过加盟商的方式来建立包含核心部件的研究和开发、电池生产、整车制造、直销、售后、增值服务。Gigafactory 1号于2014年开工，其中一些供应商将会作为策略伙伴，在工厂中进行直接的生产，以达到规模化和供应链整合，减少时间和生产成本。

（1）协调上游企业。

特斯拉公司拥有38个主要的技术供应商，其中大部分都是日本、美国和欧洲的公司。松下是特斯拉唯一的电池供货商，Argent是唯一的电池组制冷剂的供货商，马达则是中国台湾富田公司共同开发，电子控制系统则是特斯拉自己开发制造，减速装置则是中国台湾和大公司。

与以往的供应链模式相比，特斯拉采用了一种全新的、开放的方式，它与世界各地的技术供应商进行了广泛的协作，将自己所拥有的电池技术与充电技术融合在一起。特斯拉对供应商非常依赖，不仅包括核心零部件，而且锂电池、轮胎、变速器等零部件都是从别的厂商那里买来的，而且大多数都是不可替代的，所以特斯拉的谈判实力并不强。

（2）优化整合下游资源。

特斯拉的电动车制造和装配都是由特斯拉自己建设的工厂来完成的，从而保证了其电动车的高品质。与普通汽车销售的不同之处在于，特斯拉汽车制造商不依靠代理商，而是直接向客户供应商品。特斯拉奉行的是为满足消费者需要的个性化的产品，如车身油漆、天窗、内部设计等。总之，有意向购买电动车型的顾客，可以在特斯拉的线下体验中心，试一试自己喜爱的电动车，然后在网络上下单付款。

2. 特斯拉横向价值链

特斯拉的横向价值链整合，就是通过对同行业企业进行横向兼并重组，达到规模效益，从而达到提高生产效率的目的。而从更广泛的角度看，也可以是在经营方面与行业内各类企业进行业务或技术协作，建立战略联盟，以提高效率、降低成本，实现和谐共赢。通过横向价值链整合，特斯拉公司的技术实力得到了提升，并扩大了产能，从而减少了生产和经营的费用。

（四）特斯拉价值链生态的财务治理绩效

1. 企业运营能力上升

在制造业，大多数企业希望获得更高的存货周转率，因为较高的存货周转率代表低库存和高运营效率。2016～2018 年，特斯拉下游的供应商对特斯拉能否实现长期生产目标提出了一些质疑。近年来，特斯拉在存货周转率方面有明显改善。

虽然近三年来，特斯拉的存货周转率有所回升，但据美国财经媒体的报道，特斯拉的存货周转率仍旧低于传统燃油汽车公司，如丰田汽车和福特汽车的存货周转率分别为 10.2 和 13。

存货周转率的水平通常与企业所在的环境有关。特斯拉最近完成了 Model X 模型的生产流程优化。在此之前，因为零部件的损坏而导致产品返工或是原材料的浪费，再加上人力资源和经济资源的约束，进而影响原定生产计划和目标的实施速度，最终导致目标产量无法达到预期的期望。可以看到，特斯拉在存货周转率方面无法保证和传统汽车行业一样有较高的水平。

由图 7－1 可以看出，特斯拉 2016～2018 年应收账款周转率保持上升趋势，之后有所下降，在 2021 年又回到了高位。该提升与特斯拉在信用政策方面所做的调整有关，其中包括给客户提供现金折扣的政策，吸引客户为了享受限时的价格优惠而提前交付余额。相较于传统燃油汽车行业，特斯拉的应收账款周转率相对乐观。

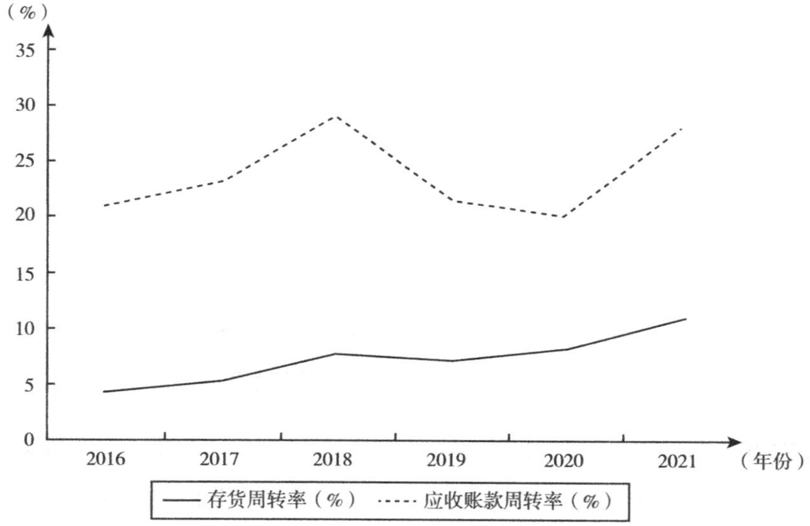

图 7－1　特斯拉 2016～2021 年应收账款周转率

数据来源：特斯拉公司 2016～2021 年财务报表。

2. 盈利能力和盈利质量较高

新能源汽车的产业链在传统燃油汽车行业的基础上有所延伸，从其下游开始，即电动控制、电池及其他工业电池回收处理、充电基础设备等。在特斯拉购买了太阳能电力系统提供商太阳城之后，两家公司联合研发和共享锂离子电池的技术。自 2012 年以来，特斯拉一直依赖于太阳城公司来建造自己的超级充电器网络，特斯拉也为该公司生产高效的电池箱以及其电池组的储能技术。这种技术可以减少特斯拉在纵向上的生产成本。

从图 7 – 2 中可以看出，特斯拉公司的运营资金和净利润都在迅速增长，这与特斯拉自身的高速增长有着密切关系。特斯拉在价值链条上采取了恰当的策略，从而赢得了更多的销售订单。按照订货方式进行生产，既可以增加产品的销量，又可以降低存货，节省材料和人员，有利于客户价值实现，达到一个良好的循环，有利于公司的长期持续发展。

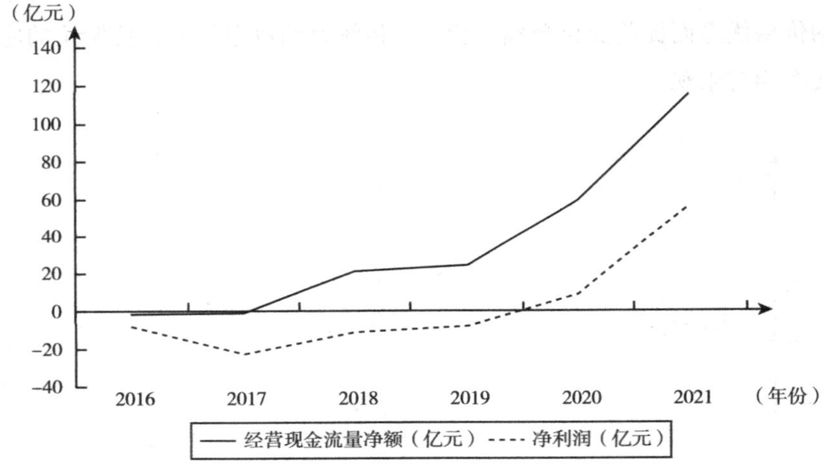

图 7 – 2　特斯拉经营现金流量与净利润

在资金流动方面，特斯拉公司的营运资金状况较为稳定，为公司未来投资固定资产、扩大产能提供了充足的资金支持。因此，价值链生态的整合对中上游的财务治理效益体现在企业的现金流量增加上。

3. *长期绩效之研发能力上升*

特斯拉横向价值链生态整合，主要是与中国的均胜电子、上海临港集团与上海电气集团建立合作伙伴关系。特斯拉可以通过水平合并来扩展业务，增加了资源使用效率并实现了规模效益，节约了资源的消耗并将其用于研发。特斯拉的横向价值链生态强调在企业内部进行的横向技术集成。

由图 7 – 3 可以看出，特斯拉在报告期内虽然研发费用占比显著下降，但是在 2021 年其专利数量达到 580 余项，大大超过一般行业水平，这证明了由于价值链生态的整合导致特斯拉在保持其竞争优势方面的绝对实力，可见特斯拉在横向的研究和开发方面的整合能力。特斯拉一直坚守自主研发技术，在维持自主研究的前提下，加强与同类公司的联合开发，并在近年来不断进行技术更新和优化，促使产品性能引领市场的要求，公司在研发上的持续投入将会继续维持企业的核心竞争力，并为公司的长期发展规划提供帮助。

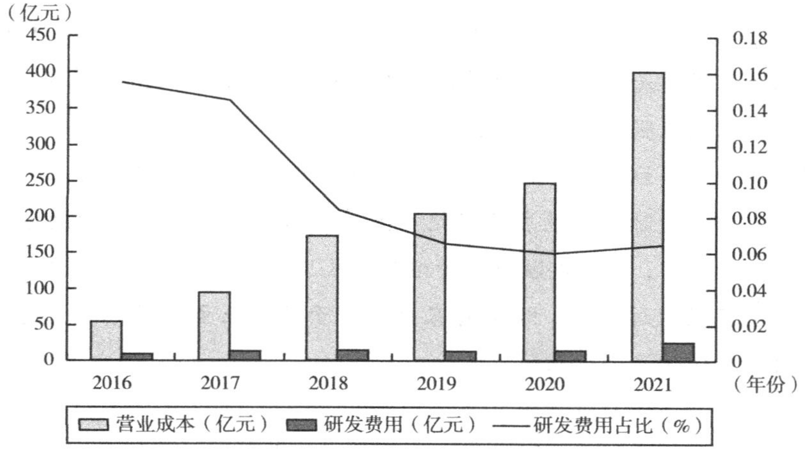

图7－3　特斯拉报告期内研发能力

第二节　基于公益捐赠的财务治理机制和绩效

案例导入：麦田的社会责任情怀

麦田有三个核心信念，首先麦田相信企业社会责任这件事情是企业文化的外延，很多企业会通过培训标准化的动作，标准化的话术来落地服务这件事情，但是麦田相信好的服务不是管出来的，而是靠企业文化推动出来的。一个好的管理是激发人善的一面，德鲁克说过管理的本质是激发人善的一面；麦田的第二个核心是相信最好的媒体不是广告牌，而是自己的员工，麦田通过关注员工的感受，关注员工的价值，关注员工的关系，来打造一个有温度的组织，然后通过员工把这种有温度的体验传递给客户；麦田第三个核心是相信Z时代的员工更需要社会价值感，对于他们来讲，生活的压力驱动不是主要的，用马斯洛的需求理论来讲他们需要的是社会价值的认同感，发现很多麦田经纪人做公益是上瘾的，因为他们每天在社区里得到很多业主的感谢信，业主的点赞，这种正循环让很多经纪人特别喜欢去做公益，甚至用做业务的时间去做公益，正是这种正的反馈，让麦田的公益事业走向了正的循环。

麦田一年365天都在做公益活动，免费的磨刀，代收快递，免费的打印等一系列的公益活动。仅仅2021年一年时间，麦田就在北京一座城市做了7900多场公益活动，跟同心互会一家公益组织给有需要的留守儿童捐赠了大概70吨的旧衣服。虽说是旧衣捐赠活动，但实际上很多衣服是业主听到这个活动以后到超市买的新衣服，带着标签，通过麦田捐赠给那些有需要的人。2021年，麦田跟壹基金开展垃圾分类的培训，一年的时间就培训了大概五万多业主。在抗疫物资最短缺的时候，很多的经纪人开着私家车到北京周边的酒精生产厂家，口罩生产厂家，把这些抗疫物资运到社区里来，免费发放给业主。麦田已经很多年没有投放过广告，58%的客户来自于社区业主的转介绍，这样的信任，来自于麦田对这个行业的认知。

一、公益捐赠相关理论

改革开放以来，我国公益事业稳步发展，国内公益组织不断增加，捐赠规模不断扩大，公益事业逐步规范化、法制化。2016年我国《公益法》的正式出台，对国内公益组织以及公益活动都作出了明确规定，同时还提出了一系列的激励措施，如税收优惠、土地政策优惠等，激励自然人、法人积极进行公益捐赠。随着社会经济的发展，公益事业已经逐步和第三次分配相结合，成为我国分配制度的重要组成部分。

在2021年夏天河南发生了严重的洪涝灾害，亏损近2.2亿的“鸿星尔克”仍自发地承担起企业社会责任—捐赠价值5000万元的物资，这一战略捐赠行为产生了巨大的社会反响，引发了国民回馈式的消费，商品库存短期内全部清空，企业现金流获得大幅增长，品牌也得到了极其广泛的宣传，体现出了企业承担社会责任带来的财务提升和差异化竞争优势。

（一）战略公益捐助理论

战略公益捐赠理论认为公益捐赠是企业战略的一部分，企业公益捐赠应该以一种能增加企业资源和获取竞争优势的方式来承担社会责任。战略公益捐赠能提高客户对企业品牌的认知度，提高雇员的生产率，减少研发成本，有助于克服规制障碍，并将带来利润增加的好处等，从而实现企业经济绩效和社会责任绩效的双赢。

企业资源基础观（Resource based view）和资源依赖观理论（Resource dependence theory）为战略公益提供了理论基础。从企业资源基础观来看，捐赠有助于形成独特和有价值的资源，从而增加收入或减少成本。从资源依赖观理论来看，捐赠能提高从关键利益相关者处获取重要资源的可能性，这也将增加收入或减少成本。例如，为了获取当地政府的支持，企业可能为所在城市的社会发展项目提供捐赠。因此，战略公益的基本原理就是企业捐赠能吸引客户、员工、社区和其他利益相关者，以此来巩固企业资源基础或减轻资源约束。

战略公益理论相对于其他理论至少有两个优点：一是在关注企业利润最大化的同时，对企业社会责任中的商机进行了广角审视；二是促使企业为自己的利益相关者承担更全面、更深入及更长期的企业责任。但是，战略公益理论自身也存在不足：一是战略这个概念比较模糊，很难度量，很难回答为什么以及什么时候的公益行为会是战略性的。从企业投资角度来看，战略公益没有提供一个清晰的投资停止法则，很可能导致管理层滥用权力；另外，在实践中，企业不得不应对的许多社会压力事件和公益诉求可能并不符合企业的“战略目标”等。

（二）股东资本主义观

该理论认为营利性是企业的本质属性，企业的惟一责任就是在法律和规章制度许可范围内，利用它的资源从事旨在增加利润的活动。该理论认为企业公益捐赠没有价值，它与企业营利的本质属性是相悖的，所以企业不用也不能参与任何社会公益事业，公益捐赠的主体应该是社会中最终的财产所有者，而不能以自由企业的名义来行善。

股东资本主义观的理论支撑是完全竞争市场理论。从产品市场来看，公益捐赠行为将增加经营成本，则这些成本要么通过提高售价转嫁给消费者，要么通过降低利润由股东们承担。在完全竞争市场中，并未假设成本中含有社会责任成本，如果经营者提高价格，销售量将下滑，损失市场份额。如果企业不愿意提高产品售价，则必须通过降低利润来消化新增的成本，这又会影响要素市场的均衡。在一个竞争的要素市场中，要素资源的流动也是自由的，资本的逐利性会使资本要素流向获得最高回报率的企业。如果从事公益捐赠的企业不能将高成本转嫁给消费者，而不得不在内部吸收这些成本的话，资金要素的回报率将会降低。长此以往，资金要素会从这些捐赠企业中流出，注入那些不捐赠的企业，因为后者将会提供更高的回报率。

股东资本主义观具有两个明显的优点，首先，它清晰地界定了道德义务的边界，为企业的管理和投资行为提供了清晰的停止法则（Stopping rule）；其次，主张管理者以严格可计量的产出对股东负责；再者，确实从根本上防止了与公司公益有关的问题（Godfrey，2005）。但质疑者却反对说，“利润最大化是企业的第二位目标，而不是第一位目标，企业的第一位目标是保证自身的生存”；将企业社会责任与经济目标看成是相互对立、相互排斥的两个方面，这是一个“错误的二分命题”（Porter & Kramer，2002）。原因是社会捐赠的许多机会未被该理论意识到。波特认为，企业不可能独立于社会，企业竞争力在很大程度上依赖于企业竞争环境，即劳动力素质、基础设施条件、区域市场规模和完善程度以及政府效率等，而企业公益行为常常可以改善企业竞争环境。这种“竞争环境导向型公益行为”必然推动企业社会责任和经济目标由内在冲突走向相互兼容。

（三）企业公民理论

企业公民观与股东资本主义观针锋相对，认为公民义务是企业公益捐赠的行为基础，企业公益捐赠不用考虑任何经济收益。该理论认为企业是社会成员之一，与自然人一样属于国家公民。企业有权利也有责任为社会的发展做出贡献。企业公民应对员工、客户、股东、社会公众、供应商以及所在社区承担全面责任。在企业社会责任的金字塔的模型中，企业的经济责任、法律责任、道德责任的排列体现了各种社会责任的递进关系，位于最顶端的是企业的公益责任，要求企业公民对公益事业进行公益捐赠。这表明了公益责任是企业社会责任的最高体现。企业公民观的提出，反映了一种强烈的社会期望，人们期望企业能像公民个人一样，能对社会福利和公益事业的发展承担应有的责任。

企业公民观的主要优点有二：一是将企业视为公民能使企业深深嵌入全球社区和制度社会中，使企业行为真正与社会协调一致；二是为有意义的社会福利捐赠提供广泛的框架。对企业公民观的批评则主要集中在两点：一是没有清晰界定企业承担社会责任的边界，在理论或实践上均未提出企业投资公益事业的停止法则；二是使利益驱动的企业组织承担了更多的公共政治角色。

（四）社会交换理论

社会交换理论认为人的任何行为都可以被定义为交换行为，各方都会有其他人所需要的要价值的东西，交易双方共同决定交换的数量以及标的。被交换的物品可以是经济资源（如货币、资产、服务、信息等），也可以是社会资源（如名誉、声望等）或两者兼有。社会交换理论分析了交换的报酬与代价，通过评估交换中的报酬与代价，尽量使自己在交换中获得最大报酬，付出最小代价。企业的公益捐赠，在很多研究中都被看做是一项"政企纽带"，有利于企业获得更多的政府补贴收入以及其他政治优惠。此外，公益捐赠也是企业建立声誉，打造品牌，获取税收优惠的重要手段。企业有较强的动机通过公益捐赠换取更大的利益。

社会交换理论认为公益捐赠类似于企业其他交易行为，目的是获取经济利益，但并没有从战略的高度看待企业的公益捐赠。但与股东资本主义观不同，社会交换理论赞同企业公益捐赠行为，同时也与企业公民观差异明显，后者认为企业开展公益捐赠不图谋经济利益。

二、基于公益捐赠的财务治理机制

基于战略公益捐赠理论和社会交换理论，现实中较多情况下企业受利益驱动开展公益捐赠行为，"低成本，高收益"是企业慈善捐赠的理想模式，它兼顾了股东利益与社会公众利益，符合企业战略慈善和社会交换的基本思想。企业需要综合平衡公益捐赠的收益和成本，并设计激励与监督机制以提高企业捐赠净收益同时最大化社会利益，达到协调各方利益冲突以实现各利益相关者利益平衡的目标。

本书将公益捐赠作为一种外部治理机制展开逻辑分析，基于利益相关者综合价值最大化，公益捐赠将激励利益相关者采取有利于企业价值创造的行为，从而增进了更广泛的利益相关者的利益，最终能够实现企业经济绩效和社会责任绩效的双赢。

（一）公益捐赠的激励效应

1. 获得政府或公众的更多支持，企业能够取得或维持市场优势地位。企业可以通过慈善捐赠来获取或维持市场地位，企业捐赠可能成为一种游说的工具，以使外部政治生态符合企业可持续经营的需要，良好的政企关系甚至有助于企业获取或强化垄断地位。此外，通过慈善捐赠形成极佳的企业声誉，或通过捐赠优化企业的战略和竞争环境，增强企业的市场优势。企业积极参与慈善活动，修桥补路，扶贫济弱，办学助教等，使公众相信企业改善了他们的福利，特别是在行业内其他企业没有或较少从事捐赠时，这种感觉会更为强烈，使具有市场竞争优势的企业的“慈善”形象更加高大，致使公众通过积极的消费行为甚至向政府施压来主动强化该企业的优势地位。

2. 人才更加青睐积极公益的企业，有利于企业发展。与以往的“经济人”不同，现代雇员，尤其是年轻的高科技人才更像“社会人”，他们在企业工作不仅仅是为了挣取一份薪水，还希望企业能给自己带来荣耀和尊严，帮助实现“自我利益和社会道义”的均衡。这时，积极捐赠主动承担社会责任的优秀企业公民就更具吸引力。因为一旦进入这样的企业工作，员工自己也会“脸上有光”，能从企业慈善行为中获取提升自我形象、个人社会地位、增加个人效用等好处。因此，捐赠企业可能吸引更多的应聘者。在现实中，某些公司，比如 IBM、通用机器和微软，在人才招聘广告中均宣扬企业的慈善行为，这种实践说明，一些企业已将慈善作为一种广泛使用的招募工具。

3. 对冲环境和其他社会责任承担方面的负面影响。企业在经营中有可能破坏与利益相关者的关系，例如，采掘业和制造业的生产过程都可能造成环境污染，关闭工厂或削减产量等商业决策会对雇员和社区造成负面影响，某些商业行为（例如优先接待某些客户群）会对其他客户带来负面感受，从而引发利益相关者的制裁或报复行为，从而给企业带来价值损失，而慈善捐赠可以为企业的伤害行为预先保险，减弱受害者的制裁或报复强度。在日常生活中，企业通过持续、有效的慈善捐赠来维系和增加企业与政府、社区、客户、供应商等利益相关者的关系资产，在企业经营活动伤害利益相关者时，企业慈善捐赠累积的关系资本就会派上用场，它能促使利益相关者对企业的伤害动机做出良性的评价，减小利益相关者采取严厉制裁措施的可能性。也就是说，企业长期一贯的行善会使利益相关者相信企业事前没有伤害动机，伤害行为是因为事先不知情、疏忽或鲁莽造成的，从而给企业带来减小处罚力度。比如，利益相关者的制裁行为可能从惩罚性制裁降低为补救性制裁。惩罚性制裁可能包括吊销营业执照、罚款、关押关键责任人、负面的公众运动，或抵制企业产品或服务。补救性制裁可能包括新的规制或法律，目的是限制行为或建立未来责任。这类捐赠虽然不能给企业带来直接收益，但是可以降低企业损失财产、减少收入甚至停业破产的可能性。例如在 1992 年美国洛杉矶中南部暴乱期间，良好的声誉保护了麦当劳。由于麦当劳公司在当地创造就业机会和发展社区关系方面的努力，为公司赢得了非常好的声誉，以至于暴乱的参与者们拒绝破坏麦当劳的店铺。尽管恶意破坏的行为给这一地区的商业造成了巨大的损失，但麦当劳在这里的全部 60 家特许经营店都没有遭到破坏。

4. 改善要素市场，扩大消费需求。战略性慈善捐赠能改善企业的要素条件，例如改善教育和培训状况，为企业提供大量高素质劳动力储备；改善企业所在社区的生活条件，增大对专门人才的吸引力；有效提升所在地研发机构水平、行政机构效率、基础设施质量以及自然资源生产效率，这将全面提升企业的运营效率。另一方面，战略性慈善行为不仅可以扩大当地市场规模，还可以有效提高当地市场质量，如思科网络技术学院帮助客户获得训练有素的网络管理人员，而这些网管人员到岗后纷纷采购高质量的思科产品和服务。战略性慈善行为还可以推动相关产业的集群和支持性产业的进一步发展，最终对本产业和本企业产生带动作用。

现实中，一些企业将产品销售与社会问题或公益事业相结合，在为相关公益事业进行捐赠、资助其发展的同时，达到提高产品销售额、实现企业利润、改善企业的社会形象的目的。譬如农夫山泉的“一分钱”公益行动就取得了良好效果，从 2001 年支持北京申办奥运会开始，这个“一分钱”公益行动已经持续了四届，基本上每两年就更换一个主题：2002 年启动了“阳光工程”；2004 年，第三届“一分钱”行动与雅典奥运会同行，支持中国体育事业；到了 2006 年，“一分钱”行动的主题变成了“饮水思源”，农夫山泉从 5 亿瓶水中筹集 500 万元，与宋庆龄基金会共同成立“饮水思源”助学基金，感恩水源地人民为保护水源做出的巨大贡献。这一系列的公益营销活动，不仅在消费者心目中树立了良好的企业形象，也给其带来了滚滚财源，在当时十分残酷的“水战”中独领风骚。

（二）公益捐赠的成本分析

现代慈善捐赠不再是简单的界面交换行为，而是一个持续的过程，其涉及的成本不仅仅是捐赠财物本身的价值，在捐赠前的决策过程、捐赠执行中的管理和捐赠项目的事后评估宣传过程中都会产生很多的成本。具体包括：

1. 事前成本，即捐赠决策过程中的成本。如果是已经建立规范捐赠制度的企业，那么第一项成本就是制订捐赠计划所产生的成本。当然，一般的企业都没有成文的捐赠制度，捐赠决策过程中的成本主要是筛选捐赠领域、捐赠对象和捐赠渠道所产生的成本，企业要对众多的慈善需求信息（劝募信息）进行评估，从中筛选出能使企业收益最大化的受赠领域、对象和渠道，这并非一件简单的工作，需要耗用不菲的人力，甚至需要借助专业咨询机构。因此，无论是自主决策，还是聘请外部咨询机构都会产生一些费用。

2. 事中成本，即捐赠执行过程中的成本。一般来讲，这是捐赠过程中最大的成本，其中最为基本的是捐赠的财物成本。如果企业捐赠的财物在免税范围以内，则能够降低成本，否则，还需要补缴所得税。除了捐赠的财物成本以外，捐赠执行过程中还可能产生其他成本，譬如捐赠仪式的费用、捐赠物资的运输费用，如果企业选择与慈善机构合作的模式，还会产生管理成本等。

3. 事后成本，捐赠项目执行后的成本。这部分成本主要包括评估成本和宣传费用。要使捐赠项目产生预期的效果，必须对捐赠项目进行效果评估，否则就是盲目捐赠，也可能纵容第三方慈善机构的机会主义行为，增加代理成本。当然，宣传是放大慈善捐赠效用的必要手段，因此，也需要投入一定的资源。

基于以上分析，本书认为企业战略性慈善行为绝非单纯的利他行为，它对企业可持续发展具有积极意义，设计良好的捐赠策略不仅能降低捐赠成本，增加捐赠收益。还能给企业带来多重的治理效益。

三、基于公益捐赠的财务治理绩效实证分析—以房地产行业为例

（一）研究假设

战略公益理论认为，公益捐赠可以促进企业和社会的和谐发展，即以某种方式实现社会和企业经营目标。另外，根据利益相关者理论，很多影响企业可持续发展的因素，并非是企业本身拥有或可控的，而是由各利益相关者所拥有。公益捐赠活动能提升企业的社会形象、提升企业的知名度、将企业对公益事业的关怀化为实际行动，当公众等外部利益相关者对公益捐款做出了反应时，可以扩大产品销售，取得或维持企业竞争优势，提升企业绩效。

公益捐赠作为企业承担外部社会责任的主要方式，通过企业社会责任报告、媒体披露等等形式向社会公众和投资者公开。同时，公益捐赠信息并不是法定的披露要求，很多企业一般不会披露公益捐款详细资料，例如有些企业在其年报附注中的“营业外支出”中公布了公益捐助的简单信息。另外，一些企业公益捐赠信息披露不够及时，导致外部利益相关者对其做出反应也比较滞后，从而影响到公益捐赠的财务治理绩效，并且公益捐赠要发挥治理作用，本身也需要一定的反馈时间，因此理论上相对于对企业短期绩效的影响，公益捐赠对企业长期绩效影响更明显。

因此，本书提出研究以下两个假设 H1 和 H2：

假设 H1：企业公益捐赠与短期绩效之间没有明显的相关性

假设 H2：相对于短期绩效，企业公益捐赠对长期绩效的影响更显著

（二）样本选择和数据来源

本书以沪深证券交易所 2010 ~ 2021 年度上市的房地产行业上市公司（包括房地产业务占比大于等于 50% 的多元化企业）为样本，数据来自于国泰君安企业社会责任数据库和企业年度财务报告：（1）以国泰安数据库“上市公司社会责任报告基本信息表”中公布的社会捐赠金额为样本企业公益数据，剔

除社会捐赠为零的情况；(2) 剔除 ST 类上市公司；(3) 将收集到的财务绩效数据、非财务绩效数据与社会捐赠数据进行整理和组合，共获取 635 组样本数据。

(三) 模型构建和变量设计

为验证假设 H1，构建公益捐赠额对企业财务绩效当期影响模型一：

$$ROE_{it} = \beta_0 + \beta_1 Don_{it} + \beta_2 Size_{it} + \beta_3 Lev_{it} + \beta_4 Cash_{it} + \beta_5 TOP1_{it} + \beta_6 GOE_{it} + Year_i + \varepsilon$$

为验证假设 H2，构建公益捐赠额对企业长期绩效影响模型二：

$$TQ_{it} = \beta_0 + \beta_1 Don_{it} + \beta_2 Size_{it} + \beta_3 Lev_{it} + \beta_4 Cash_{it} + \beta_5 TOP1_{it} + \beta_6 GOE_{it} + Year_i + \varepsilon$$

按照本书前文的理论分析，上述实证模型以财务绩效来间接度量财务治理绩效。其中短期财务绩效采用净资产报酬率（ROE）进行衡量，ROE 反映了企业短期内利用资本创造利润的水平。同时选取托宾 Q 值来作为企业长期财务绩效的度量指标，托宾 Q 值是企业市场价值与企业重置成本的比值，该指标能够反映企业的长期投资回报率，投资者可以据此对企业的成长性做出判断，基于市场有效性理论，一定程度上反映了企业长期财务绩效。被解释变量、解释变量及控制变量见表 7-2 所示。

表 7-2　　各变量定义

变量	变量类型	变量衡量指标	变量代码
企业短期财务绩效	被解释变量	净资产收益率	ROE
企业长期财务绩效	被控制变量	托宾 Q	TQ
社会捐赠	解释变量	公益捐赠额的自然对数	Don
第一大股东持股比例	控制变量	第一大股东持股占全部股份的比例	TOP1
企业规模	控制变量	企业总资产的自然对数	Size
企业杠杆	控制变量	资产负债率	Lev
现金流	控制变量	经营活动产生的现金流量/利润总额	Cash
企业发展能力	控制变量	所有者权益增长率	GOE

（四）实证结果分析

1. 描述性统计

首先对数据进行描述性统计分析，见表7－3所示。

表7－3　　描述性统计分析

变量	N	最小值	最大值	均值	中位数	标准差
Don	635	8.987	24.28	14.84	14.69	2.366
ROE	635	0.0190	0.298	0.108	0.0980	0.059
TQ	635	0.6671	9.8453	1.6339	1.8823	0.726
Size	635	22.32	28.18	24.72	24.52	1.406
Lev	635	0.259	0.910	0.705	0.748	0.142
Cash	635	－10.22	40.62	1.248	0.485	5.804
GOE	635	－0.230	1.033	0.156	0.113	0.212
TOP1	635	7.120	66.10	37.56	35.65	13.95

表7－3显示，企业社会捐赠水平，即企业进行公益捐赠金额的自然对数最大值为24.28，平均值为14.84，由此可见房地产行业整体捐赠水平尚可，但不同企业的公益捐助金额存在很大的差别。从表7－3可以看出，分析样本中ROE的平均数据是0.108，最高是0.298，最低是0.019，整体虽然盈利，但不同企业的盈利能力有着明显的差异。此外，企业的第一大股东持股数占全部股数的比例的均值为37.56%，股权相对较为集中，意味着企业的第一大股东能够对企业的经营行为产生较大影响。企业平均资产负债率为0.705，最小值0.259，最大值0.91，只有少部分企业的资产负债率较低，大多数企业负债比例较高，理论上都会影响到公益捐款。所有者权益增长率从最小值为－0.23，最高为1.033，可以看出，一些企业出现了负增长，而另一些企业却在快速发展，这表明了我国房地产企业发展能力的个体差异较大，龙头效应明显。

2. 相关性分析

为了确保回归结果的正确性和可信度，需要将各变量相关性分析置于多元回归分析之前。

表 7-4 相关性分析

	Don	Size	Lev	ROE	Cash	TQ	GOE	TOP1
Don	1							
Size	0.326***	1						
Lev	-0.260*	0.656***	1					
ROE	0.136	0.254**	0.200**	1				
Cash	0.121	0.0350	0.142	-0.188**	1			
TQ	0.307*	-0.166*	-0.338**	0.516**	0.478**	1		
GOE	0.196**	0.204**	0.207**	0.256***	-0.008	0.375**	1	
TOP1	-0.040	0.113	0.183**	0.264***	-0.048	0.179**	0.207**	1
N	635	635	635	635	635	635	635	635

注：*** $p<0.01$， ** $p<0.05$， * $p<0.1$

上表列出了各变量之间的相关系数。相关性分析结果表明，企业公益捐赠（Don）与企业规模（Size）的相关系数为0.326，表现出显著的相关性，说明企业规模越大捐赠水平越高，这也反映了企业公益的实际情况。Don与企业负债水平（Lev）相关系数为-0.26，没有较强的显著性，说明债务可能一定程度上限制了企业的捐赠能力。Don与企业发展能力（GOE）相关系数为0.196，且具有较明显的显著性，表明企业发展能力越强就越有能力和意愿进行公益捐赠。TOP1与Don的相关系数为-0.04，说明第一大股东持股越集中，企业公益捐赠越少，但二者之间只有微弱的负相关关系，说明股权集中度并非影响企业公益捐赠的重要治理变量。企业短期财务绩效（ROE）与社会捐赠水平（Don）相关系数为0.136，呈现出不够显著的弱相关，一定程度上验证了前文假设H1。托宾Q与公益捐赠Don相关系数为0.307，明显大于ROE与Don之间的相关系数，一定程度上验证了前文假设H2，即公益捐赠对于企业长期绩效的影响更为明显。但TQ与Don之间的相关性没有非常明显的显著性，说明即使从长期来看，我国企业公益捐赠对于企业绩效没有产生明显的治理效果。

3. 回归分析

表7-5是前述模型回归分析的结果，可以发现，短期财务绩效ROE与公益捐赠的相关系数较小（只有0.015），且不够显著，假设H1得到了验证。长

期绩效 TQ 与 Don 的相关系数为 0.216，明显大于 ROE 与 Don 的相关系数，并且在 5% 的水平上显著相关，假设 H2 得到了验证。

但企业长期绩效与公益捐赠的相关系数依然较小，说明从长期来看，企业公益捐赠对企业业绩的提升没有起到理论上应有的作用。

表 7-5 回归结果

VARIABLES	(1)	(2)
	ROE	TQ
Don	0.015 * (2.01)	0.216 ** (2.17)
Size	0.005 (1.01)	0.003 (0.25)
Lev	-0.001 (-0.03)	-0.057 (-0.54)
Cash	-0.002 ** (-2.18)	-0.008 ** (-2.34)
GOE	0.039 (1.63)	0.058 (0.68)
TOP1	0.001 *** (2.71)	0.002 ** (2.49)
Constant	-0.133 (-1.37)	-0.165 (-0.84)
Observations	635	635
R-squared	0.247	0.408
年度固定效应	YES	YES

注：括号中数值为标准误差；*** $p<0.01$，** $p<0.05$，* $p<0.1$

（五）结论

以上运用相关分析和多元回归分析分析的方法，实证分析了房地产行业企业公益捐赠对企业财务治理绩效（以财务绩效间接度量）的影响，一定程度上揭示了公益捐赠行为的财务治理绩效。通过上述实证分析可以得到以下主要结论：企业公益捐赠与企业的短期绩效存在不够显著的弱相关关系，同时公益捐赠与企业的长期绩效存在着较为显著的正相关关系，揭示了一定程度上企业持续承担外部社会责任能够形成企业财务绩效的正反馈，有利于企业长期价值创造。模型回归数据显示企业公益捐赠与长期绩效的相关程度很小，这也说明了作为一种外部治理机制，实践中企业公益捐赠并没有很好地发挥治理效应。

第八章　企业可持续责任承担的长效机制

机制，指有机体的构造、功能及其相互关系，在社会学中的内涵可以表述为“在正视事物各个部分的存在的前提下，协调各个部分之间关系以更好地发挥作用的具体运行方式”。机制的建立，一是靠制度，二是靠体制，这里的制度，广义上是指包括国家和地方的法律、法规以及任何组织内部的规章制度；体制主要指的管理机构和管理规范的结合体或统一体，不同的管理机构和不同的管理规范相结合就形成了不同的体制。也就是说，通过与之相应的制度和体制的建立（或者变革），机制在实践中才能得到体现，或者说，通过建立适当的制度可以形成相应的机制。而长效机制是指长期保证制度正常运行并发挥预期功能的制度体系。

促进企业可持续责任承担的长效机制需要分别从企业外部和内部两个维度进行讨论。从企业外部来说，需要鼓励和引导非营利组织可持续发展、建立健全环境责任保险制度、有效发挥新闻媒体的责任信息传播作用、制定全面的转型金融标准以及建立企业责任承担的外部评级体系和信息公开制度；从企业内部来说，则需要加强责任承担相关的内部控制、构建关键利益相关者驱动责任承担的财务治理机制。

传统的财务治理契约主要侧重于股东、债权人与经营者之间的激励与约束机制，可持续财务治理并非认为传统的财务治理问题不需要关注，而是更强调将责任承担及其利益相关者嵌入其中，以建立促进企业长期责任承担的治理机制，积极主动关注和重视社会效益和环境效益，实现企业可持续健康发展。

第一节　企业外部维度

一、鼓励、引导非营利组织可持续发展

（一）非营利组织在企业责任承担中的角色定位

非营利组织作为人类发展历史上的组织创新和制度创新的产物，它是政府

社会管理服务的得力助手，在提供社会公益方面发挥着越来越重要的作用，扮演着举足轻重的角色。非营利组织不仅可以承担政府分离出来的公共服务职能，提供社会公共物品、慈善等公共事务，同时还可以提供社会领域内的高质量的、创造性的服务供给，为社会成员提供平等的机会，或者提供超越性的价值，追求社会的公平与正义。

以公共品领域来说，政府、营利组织和非营利组织是供给公共品的三个主体，三者具有不同的作用机制和领域，相互配合，相得益彰。在社会和环境责任相关的公共品提供方面，非营利组织有不可替代的优势。实践证明，公共品供给是政府、营利组织和非营利组织共同作为的结果。政府运用公民代表的投票机制集中公共品需求信息，通过征收税收和收费取得收入，提供公共品。政府适于提供需求普遍而且个体需求差异不大，难以排他和消费非竞争性的公共品，尤其是纯公共品，如国防、行政管理、司法服务、社会治安、环境保护、城市交通、基础教育与研究、公园、城市绿化等。营利组织通过制度设计明晰产权，通过技术创新解决公共品消费中的排他问题，将准公共品供给问题转化为私人品供给问题，引入市场机制，通过收费收回公共品成本费用，也参与了公共品供给。在高速公路、有线电视、博物馆、私人保安等领域，不少国家进行了成功的尝试。非营利组织运用自愿机制筹集资金，也借助于市场机制和政府支持，提供部分消费者偏好的公共品，如教育、医疗保健、宗教、研究、文化体育等。而且，在公共品的生产方面，政府、营利组织和非营利组织又形成了相互交叉结合的复杂格局。因此，公共品的有效供给制度应是多主体多机制的“多中心供给系统”。

非营利组织提供社会公益是可持续发展的社会环境不可缺少的因素。尤其在我国经济社会已进入高质量发展阶段，追求的是人与自然和谐发展，发展的目标不仅是衡量指标的数字增长，更是追求以人为目标的全面发展和生态保护。在促进个人的政治参与、社会公平公正的需求方面，以及弱势群体、特殊群体、落后地区对需求的满足方面，非营利组织为提供了具有无法比拟的优越的社会组织与表达平台。

慈善有广狭两义，“小慈善”指的是扶贫济困救灾，“大慈善”的含义还包括促进教育、科学、文化、卫生、体育等事业发展和环境保护等，只要有利于社会公共利益的活动都属于慈善。随着经济社会的发展，收入的提高，特别是社会保障水平的提高，“小慈善”逐步发展为“大慈善”。慈善的内容基本上也是企业社会和环境责任承担的主要方面。但作为营利组织的企业，可以直接做慈善，也可以间接做慈善。

从企业责任承担的角度，企业与非营利组织之间的关系，主要表现形式为公益捐赠，即企业捐赠财物或非财物资源给非营利组织，由后者向社会提供公共品（或私人品），前者也就间接地承担了相应的社会或环境责任。因此，企业公益捐赠的真实透明和非营利组织有效运用资金，就是包括政府、企业、社会公众等在内的利益相关者应当重点监管的内容。

（二）推动非营利组织可持续发展的建议

政策激励与法律规范以及多元监督是非营利组织健康发展和提供公共品的必不可少的外部条件。信息公开和内部管理是非营利组织持续发展的基础。

推动非营利组织良性发展，首要的是建立适合中国国情和文化背景的非政府组织问责制和监督体系，是提高非营利组织公信力的必然选择，增强非营利组织提供社会公益的透明度，实现非营利组织活动的公开化、透明化。

1. 加强捐赠方的监管

捐赠方在捐赠前对捐赠的资产享有所有权，一旦捐赠完成，捐赠方就对该资产失去了控制权，而与公益慈善组织之间形成了委托代理的关系。受益者是依据公益慈善组织设定的标准而享有一定利益的人，包括特定受益者和不特定受益者，两者都应享有捐赠过程的监督权和知情权。民间公益慈善组织的民间性及公益性决定了其必然将自己置于社会权力的监督、制衡之下。明确捐赠人和受益人的监督地位能够对公益慈善组织的治理起到积极的制约作用。但是，由于其强制性较弱，如果没有法律的保障，这种监督的权利只能是一种被架空、被虚置的权利，因此，需要以司法作为后盾来保障社会权力主体诉权的实际行使。此外，还可以采取多种方法鼓励民间公益慈善组织利益相关者的监督。例如，简化捐赠程序，尽量缩短捐赠方的捐赠时间，提高捐赠效率；又如，建立便捷、高效的信息查询渠道，方便捐赠方了解捐赠物资的去向和用途等。值得注意的是，信息公开的同时要注意保护受益人的隐私和尊严。

2. 加强制度监管和支持

非营利组织先天蕴含着道德色彩与价值判断，社会公众对非营利组织的公信力的关注往往超过了其他社会机构，将公信力视为非营利组织的生命，是毫不夸张的。因此需要围绕公信力加强制度监管。全国人大常委会执法检查组在2020年10月曾指出，“慈善法制定后，失信失序事件有所减少，但社会各界对慈善的信心仍处于低位。调查显示，当前慈善行业公信力一般。2018年和2019年，慈善捐赠总量停滞不前，非营利组织公信力偏弱是其中重要因素之一”。在现代市场经济条件下，非营利组织要提高功效，必须吸收和运用一些市场机制，才能做大做强，因此解决非营利组织公信力建设的制度保障问题，首先必须明确商业和公益的界线，重点关注非营利组织的非营利性质；其次加强监管的执法力度，依法依规进行治理。

公益慈善意识的普及需要从青少年抓起，需要对青少年的公益慈善文化教育进行专题研究，顶层设计，使这一教育在不同年龄段的内容相互衔接，形成系统。有关教育部门应该出台政策，规定教学时间和教学内容。同时，在高等学校慈善专业人才的培养、慈善理论研究等方面给予政策性的支持。各类社会组织培育孵化基地应当优先培育孵化公益慈善类和社会服务类社会组织。同时，政府在政策制定方面也应当给予适当的倾斜。网络慈善是近年来开展慈善募捐的新平台，它大大地提高了慈善捐助的便捷性。它的优势是明显的，但短板也是突出的。信息的不透明性对慈善捐助双方的诚信提出了巨大的考验。网络慈善是新生事物，各种法规还不够健全，这就要求我们认真研究网络慈善面临的新的伦理问题，对其突出的诚信问题，通过不断完善法治的手段加以解决。

3. 加强第三方评估

第三方评估机构特指与民间公益慈善组织不存在利益关系，具有一定独立性和专业性的民间评估机构。这些机构会制订一系列评价标准，包括本行业的资质标准、职业道德、行为准则、组织管理规范和议事规则等，继而根据这些标准对行业内的各个组织进行分析评估，最后得出相对权威的评估结果。

第三方的独立性是保证评估结果公正的起点，第三方的专业性和权威性则是保证评估结果公正的基础。第三方评估机制作为一种有效的外部制衡机制，弥补了公益慈善组织自我评估的缺陷，它与政府监督和社会公众监督共同构成了完整的外部监督体系。广义的第三方评估主体外延较大，包括各类科研院所的专家组成的评估。同时，政府要明确自身的职权，注意厘清与第三方评估机构的界限，培养第三方评估机构的独立性。

4. 加强同行的互律

通过确定同行的互律，确立从业人员的从业资格，确保非政府组织遵守的组织规范，加强对非政府组织提供社会公益的监督。可以建立包括全国性协会的互律、联合会的互律和行业协会的互律；在从业人员的资格认证方面，美国的认证制度通常由非营利组织的行业协会倡议和推广。如美国的医学协会医生资格认证制度、家庭和儿童服务认证委员会推行的家庭和儿童服务机构的认证制度等。

5. 加强媒体与公众的监督

新闻媒体的监督虽是一种信息型的软监督，但其社会威慑力却相当大，在西方被称为“第四种权力”“第二决策圈”，通过媒体对非政府组织提供社会公益的报道，能够对非政府组织起到监督作用。公众是非政府组织提供社会公益服务的直接对象，它是非政府组织服务质量的直接感受者，对非政府组织具有直接的发言权，在多元的外部监督机制中，公众监督是最关键的方式。同时公民意识的增强，非政府组织只是公众表达意愿的方式与途径，这更是公众监督非政府组织的原因。因此建立面向公众的问责机制是公众监督的一种重要举措。非政府组织每年向社会公布其组织的资源流向和使用效果的详细年度报告，在年底要向捐赠者提交一份就其捐赠物资的详细流向报告；同时并在公布年度报告后的一定期间内，设立专门的质询处和质询电话，回答社会公众相关问题的质询。

6. 创新人力资源管理

非营利组织应该制订一套系统的人力资源规划体系，包括开发规划、培训规划、人员调配规划、晋升规划、工资规划等，着力提高组织人员的职业意识和专业素质，为组织完成各项工作提供有效的人力支持。首先，在人员招募方面，必须按照公开、公平、择优录取的原则选取专业性人才，可以适当扩大专业面，不要仅仅局限在社会学、护理学等常用专业。同时，要营造自主学习的氛围并适时地针对在职工作人员和志愿者进行培训，尤其要注重培养组织成员的使命感、责任感和职业操守，还可以通过头脑风暴等的方式强化团队意识，提高成员的归属感和认同感。其次，做好绩效管理。非营利组织的评估指标要与组织战略目标相匹配，评估要以工作实绩为主，还要注重考核内容的可评价性和必要性。为了提高评估的精准度，可以依据评估内容选择一种或多种考评方法，尽量减少评估误差，为薪酬管理提供可靠依据。同时要善于利用绩效评估的结果，对表现优秀的成员给予表彰和奖励并发挥示范效应以激励组织成员，降低组织人员的流动性。再次，做好薪酬管理和员工激励。在设计工资制度时，要充分考虑到员工的激励工资和福利待遇。对于领薪的专职人员和不领薪的志愿人员应该实行不同的管理办法。对于专职的工作人员，可以将假期交通费、防暑降温费以及与职位相关的各项服务纳入激励机制中，而对志愿人员则主要以精神奖励为主，对于积累一定数量义工日的人员还可以在上学、就业等方面给予优待。最后，注重人员的职业生涯管理。职业生涯管理有利于最大限度地发掘从业人员的潜力，激发工作积极性，因此，组织应适时地给予工作人员对外交流和晋升的机会。此外，组织的领导者还应协调好组织发展与员工个人职业发展之间的关系，在促进民间非营利组织持续发展的同时努力实现组织成员的理想抱负。

二、建立健全环境责任保险制度

（一）环境责任保险概述

环境污染事故导致地方和群众的经济损失，甚至诱发群体性上访事件。为保护环境受害者和社会弱势群体的利益、降低企业环境管理的风险、推动环保部门职能转变，需要建立一种长效保障机制——环境污染责任保险制度。

环境污染责任保险是以被保险人因污染环境而对第三者承担的损害赔偿和治理责任为标的责任保险，利用保险的方式参与环境污染事故的处理，是对我国现行的以行政手段为主的“事后处理”型环境政策的补充和完善，是环境管理与市场手段相结合的有益尝试。

环境污染责任保险鼓励参保企业降低污染排放总量和强度，可以帮助企业实现由“污染末端治理”向“污染全过程控制”的转变，提高企业防范环境风险的能力，有利于转移和分散参保企业的经营风险。环境污染责任保险也有助于维护污染受害者的合法权益，有效缓解和减少环境突发事件中矛盾纠纷的发生，稳定社会经济秩序，促进政府职能转变。

（二）强制性环境责任保险在我国的实践

2020 年 8 月，山西省已正式启动环境污染强制责任保险试点工作，全省 8 类高风险行业的 1609 家企业被纳入试点范围。

2021 年，深圳市生态环境局和深圳市银保监局联合印发《深圳市环境污染强制责任保险实施办法》（以下简称《办法》），明确环境高风险企业必须投保环境污染强制责任保险。《办法》要求环境高风险企业必须投保，具体包括依法实行排污许可重点管理的、纳入深圳市重点排污单位名录的、企业突发环境事件应急预案中确定的环境风险等级为较大及以上环境风险的。对拒不投保或者续保的单位，深圳市生态环境部门将责令改正，拒不改正的，将依法予以处罚。

2022 年 4 月，湖南省要求 8 类高风险行业企业（涉重金属重点行业、化学原料及化学制品制造业、危险废物处置类企业、列入湖南省土壤污染重点监管单位名录的企业、建设或者使用尾矿（渣）库的企业、经营污水处理厂、垃圾填埋场、垃圾焚烧发电厂的企业、近三年发生过突发生态环境事件的企业、园区中从事环境高风险生产经营活动的企业）纳入环境污染强制责任保险试点，是政府要求“买保险”的重点对象。

《深圳市环境污染强制责任保险实施办法》还对保险机构在事前承保、事中风险防控服务、事后赔偿全流程进行规范。保险公司在开展环境污染强制责任保险前，应当按照统一的保险条款、基础保险费率和浮动费率依法向相关部门进行备案，并与其他保险业务分开管理，单独核算。同时，保险公司需要每年从保费中提取不低于 25% 的费用为企业提供环境风险预警、环境风险评估、环境风险隐患排查、环保教育培训等风险防控服务。

（三）推进我国环境责任保险发展，促进企业责任承担

（1）强制性环境责任保险为主，任意性环境责任保险为辅。强制性保险，或政策性保险指一国政府基于政策性因素及目的所举办之保险，多由政府制定法律为实施依据。决定某种风险是采取商业性保险还是采取政策性保险，取决

于该种风险对国家、社会、经济发展的影响程度，以及在正常商业环境下承保该种风险的盈利程度。对于持续性的环境侵权，应通过国家的宏观政策予以干预，采取政策性保险模式；而对于突发性的环境侵权，由于对侵权人、受害人损害程度的认定较为容易，对其发生的概率也容易统计，可以采取商业保险模式。在产生环境污染和危害最严重的行业实行强制环境责任保险，如石油、化工、采矿、水泥、造纸、核燃料生产、有毒危险废弃物的处理等行业。在城建、公用事业、商业等污染较轻的行业可以实行任意环境责任保险，是否投保取决于企业的自愿，因为这类企业是否投保，对企业和社会的影响都不会很大。

（2）在险种设计中要避免道德风险和逆向选择。因为环境问题涉及公共利益，与环境有关的产权主体不明晰，应特别关注企业投保前后的道德风险和逆向选择。企业投保环境责任保险后，要制订相应的条款限制或降低被保险人的不诚实或欺诈行为。例如，限制保险责任范围、明确除外责任、对被保险人的不诚实行为给予严厉经济制裁等，以降低道德风险。在保险实务中，保险人承保时要对投保企业进行检查，严格估算企业的风险程度，要求被保险人提供对确定损失概率及损失数额有意义的补充资料；保险人还要对被保险人的防灾防损设备和措施提出建议。在合同有效期内，要监督企业的生产活动，提出避免发生环境污染事故的措施。在发生保险事故时应明确企业的责任程度，按照污染的种类和造成污染的原因确定不同的赔偿数额，视其违背保险人提出的防污染措施的情况并决定制裁的措施。

（3）在发展步骤上应采取分步走的策略。先承保突发性的环境侵权行为，待条件成熟时再承保持续性的环境侵权行为，通过渐进的方式构建环境责任保险制度。就环境侵权而言，根据环境侵权的原因可以把环境侵权分为突发性和持续性两种，突发性环境侵权行为的发生具有偶然性，在事故发生前一般没有明显的症状，但一旦发生，就即时造成损害，受害人也能发现受害之所在，且能比较容易对损害作出认定；而持续性的环境侵权延续时间长，甚至是多种因素复合累积之结果，特别是在环境法律法规因迁就经济发展和技术落后的现状而放宽环保要求的情况下，其损害的发生往往存在必然性、确定性。因此，侵权人和受害人对侵权行为发生的具体经过，常常缺乏深刻认识，以至于对侵权行为何时存在、侵权人是谁等问题难以认定，受害人更无从举证。

（4）政府实行环保保费补贴和其他引导政策，以鼓励企业参保。我国农村地区采用保费补贴的办法推行新型农村合作医疗和新型农村养老保险，取得了较好的效果，这一做法也可以借鉴到环境责任保险的推广上。政府可以从收取的环境保护税中拿出一部分作为环保保费补贴。政府对于积极购买环境污染责任保险的企业政府应该给予相比未购买环境污染责任保险的企业更多一点的排放指标。对于具有环境污染风险的企业而言，环境污染指标是直接与经济利益挂钩的，有很现实的利益。对于鼓励自愿投保政府还需要更大的力度促进，将购买环境污染责任保险的购买作为某些行政许可的前置条件，如将投保环境责任保险与项目竞标资格相关联。

三、制定全面的转型金融标准

转型金融尚未形成被广泛认可的定义或标准。国际上，转型金融的概念由可持续金融演化而来，后者最早由欧盟在 2016 年提出。2019 年 3 月，经合组织（OECD）正式提出转型金融的概念，该组织也是最早开始研究转型金融的机构之一。2020 年 3 月，欧盟进一步将可持续金融中绿色金融和转型金融的概念进行区分，其中，转型金融定义成“为应对气候变化影响，运用多样化金融工具对特别是传统碳密集型的经济活动或市场主体向低碳和零碳排放转型的金融支持”。目前国内普遍使用的是国际资本市场协会（ICMA）《气候转型金融手册》对转型金融的定义，即气候转型金融是指针对市场实体、经济活动和资产项目向低碳和零碳排放转型的金融支持，尤其是针对传统的碳密集和高环境影响项目、经济活动或市场主体。

目前，我国绿色金融的基本框架和业务模式已经较为清晰，激励性政策举措的覆盖范围明显扩大。但我国金融机构资产中，高碳行业信贷资产占比较高，气候变化和低碳转型会对财富格局和资产管理行业影响重大。一些金融机构过快退出化石能源等高碳资产，将增加转型风险；如果过慢退出高碳资产，既不利于实现碳达峰碳中和目标，同样也会加大金融风险。对此，应通过强化金融监管、开展气候风险压力测试等手段，引导金融机构按照碳达峰碳中和时间表和路线图要求，不断提升绿色金融能力水平，支持经济有序低碳转型。

实现我国碳达峰碳中和目标，既需要大力发展绿色金融，加快发展绿色低碳产业和项目；又需要强化转型金融，有序推动高碳行业和经济活动的低碳转型。紧密结合中国实际，充分借鉴《G20 转型金融框架》，总结提炼绿色金融的有效做法和有益模式并将其运用到转型金融领域，做好绿色金融与转型金融的有效衔接。

（1）研究制定分类和综合相结合的转型金融标准。

我国已初步明确了转型金融的基本原则，并组织开展了部分重点领域，如钢铁、煤电、建筑建材、农业等转型金融标准研究。应当抓紧研究并公布分类和综合相结合的转型金融标准，为满足高碳行业低碳转型的合理融资需求提供依据。

（2）强化气候类信息披露要求。

近年来，我国金融机构由大到小、由易到难、分层次、分步骤探索开展环境信息披露，气候类信息的编制及披露能力有了长足提高。要进一步督促经济主体制订碳减排路线图，促进经济利益与节能降碳行为挂钩；在落实现有部门规章和金融行业标准的基础上，重点探索开发符合中国国情的金融机构碳核算方法，逐步拓展碳核算和相关信息披露范围。

（3）进一步丰富和完善转型金融工具。

高碳行业低碳转型难度大，相关经济主体面临诸多风险，应在已有转型债券、可持续发展挂钩债券和挂钩贷款等转型金融工具有益探索的基础上，进一步创新股权类融资工具、证券化产品、保险和担保等风险缓释工具。大力增加转型金融产品与服务供给，支持具有明确低碳转型策略、内部治理完善的企业获得多种形式的融资。

（4）强化转型金融激励约束机制。

应积极探索、及时推出财政、金融支持工具，不断扩大政策覆盖面，充分动员社会资金投向具有显著碳减排效益的项目。研究完善绿色金融综合评价指标体系，有序扩大评价范围、拓展评价结果运用场景。

（5）推动公正转型。

气候变化和经济绿色低碳转型，往往对高碳行业、农业等易受气候影响的行业，部分地区，低收入人群等产生较大影响，必须高度重视公正转型问题。宏观金融政策应更加关注就业目标，强化和完善就业统计和支持，引导金融机构加大对转型压力较大地区、行业和人群的金融支持力度，切实防范金融风险，维护经济社会稳定。

四、有效发挥新闻媒体的责任信息传播作用

（一）新闻媒体是特殊且关键的利益相关者

前些年在国内，随着新闻媒体对“矿难”“三鹿毒奶粉”“苏丹红”“地沟油”等一系列触目惊心的事件曝出，一系列恶劣的问题让社会公众对提高企业社会责任的呼声越来越高，企业社会责任达到空前的关注度。由此可见，新闻媒体在促进企业社会责任承担的作用非常明显。新闻媒体参与可持续财务治理的方式，主要表现为影响企业财权的配置和行使，即间接地参与到企业财务治理中，间接地影响企业责任承担行为和结果。虽然新闻媒体参与财务治理方式是间接的，但其发挥的作用和力量却是不可低估的。

新闻媒体作为企业利益相关者，其地位特殊，对其他行业企业的责任承担起到重要的沟通、传播和交流作用。从这个角度来说，讨论其他行业企业责任承担，离不开新闻媒体自身的责任承担问题，因为后者涉及的不仅是其自身的责任承担问题。当前我国社会主义现代化建设进入了高质量发展阶段，面临的内部矛盾主要包括发展不平衡、收入和机会不平等，人民群众对生活质量的要求逐步提高，同时来自国际势力的干扰破坏依然存在，再加上互联网、自媒体等传播工具的兴起，信息传播速度和广度前所未有。由于通信技术和互联网技术的应用和发展，每个人都可能是新闻的制造者和传播者，成为提供互联网新闻载体平台的新闻媒体。这不仅仅颠覆了传统的传播方式和路径，对原有的传播观念和伦理也提出了挑战。因此，新闻媒体是否能健康发展，不仅事关行业的兴衰，更会影响到社会的安定和其他行业企业责任承担。新闻媒体社会责任与其他行业相比，有着特殊的意义。

（1）新闻媒体不同于其他行业，其首要的职能是喉舌功能，既是党和政府的喉舌，也是人民的喉舌。新闻媒体要保证始终在新闻传播中坚持正确的舆论导向，把体现党的意志同人民的心声结合起来。由此可见，政治属性是新闻责任的核心内容。但市场经济体制下，新闻媒体与其他行业企业一样，需要靠

自身的经营在市场中生存和发展，也有自身的经济责任。我们经常发现，一些新闻媒体没能很好地平衡其关系，出现了为了提高收视率、点击率和收听率进而追求经济利益而背离和违背社会责任的现象，特别是在本应严肃的新闻报道中过度商业化、娱乐化，甚至一些知名新闻媒体也屡屡卷入报道失德的事件中，使新闻媒体应有的公信力下降，引起大众舆论的强烈不满并受到谴责，给国家、社会和公众带来了负面影响。因此，研究新闻媒体如何在目前的国际、国内环境下约束自己的行为，做负责任的新闻媒体，特别是在影响比较大的新闻报道中肩负起应有的责任意义重大。

（2）新闻媒体不只是一个信息传播的工具，无论是在西方还是我国，新闻传播总是也应该占领着意识形态的制高点，并对人类的社会生活和人们的思维活动产生重大影响。在今天这个信息爆炸的时代，新闻媒体的社会责任尤为突出。新闻媒体每天提供的信息实际都在传达着所在社会的主流价值和文化，潜移默化地影响着受众的思想。大众新闻媒体对社会价值观念、社会风气、社会文化的塑造起着关键性的作用。一方面，新闻媒体应当自觉开展客观公正自由的报道活动，不哗众取宠、不低俗媚俗，努力做到中立、严谨、专业、及时；另一方面，社会公众也应该尽到积极监督、提出要求和建议、为新闻媒体提供有意义有价值的新闻线索的义务。

（3）大众新闻媒体具有引发舆论、引导舆论的作用，这决定了其在化解社会矛盾、维护社会稳定中的特殊作用。在我国经济高速发展的背景下，新闻媒体已经渗透到每个人的生活中。特别是随着通信技术和移动互联网技术的发展，传播速度、范围、形式等发生了空前的变化，其影响力远远超出了传统的想象。互联网既能创造正能量也能带来负能量。例如，大量虚假信息充斥、信息质量良莠不齐、新闻源头难以溯源，甚至恶意的诽谤现象屡屡出现，而这些问题已经成为阻碍新闻发展的顽疾。在这种情况下，新闻媒体若能在政府和百姓之间构建一个合议空间，充分发挥人文关怀的职能，就能很好地润滑社会关系、缓解社会矛盾。

（二）新闻媒体传播企业责任承担的基本原则

新闻媒体传播的内容是什么直接体现了新闻媒体对应负责任的理解。新闻媒体的内容应符合以下基本原则。

（1）真实客观性。

新闻真实客观是一个历史命题，是新闻工作者也是公众历来关注的问题。因为新闻真实关系到整个社会所接收的信息的真实性，影响其他利益相关者对具体的企业责任行为和结果等的把握、判断，影响其他利益相关者的态度、情感的变化和行为决策。当然，新闻的真实性也关系到传播者以及相关新闻媒体的利益，尤其是他们的社会信度。因此，做到传播的新闻真实客观，微观上是维护新闻工作者的职业道德，宏观上是维护整个社会的新闻传播秩序以及与之相关的社会行为秩序。

从新闻媒体自身的责任承担角度，作为以传播信息为主要功能的新闻媒体，其基本的社会责任之一就是传播内容真实客观，也就是说要客观真实地报道事实和客观地反映社会之需，这包含四个层面的责任。首先，不隐瞒事实，客观报道事实，满足公民的知情权是新闻媒体重要的社会责任；其次，要满足公民获取正确信息的需要，公民是否能进行正确的判断，依赖于他是否能够获得正确的讯息，因此，保证客观报道事实是新闻媒体重要的社会责任；再次，履行监督责任，客观报道有关事实，将不当的企业行为暴露在阳光之下，可以有效行使新闻媒体监督的责任；最后，构建和谐合理社会的责任。一个社会中每个人的需要和利益是不一样的，如实反映这些需要和利益，以便社会认识和满足这些需要和利益，对于构建一个和谐和合理的社会是必要的。

（2）及时性。

及时性就是及时、迅速地传播信息，它是新闻的生命。新闻的价值主要是通过时效性体现的，如果新闻报道的时间距离企业责任承担行为发生的时间过长，就难以起到沟通和交流的效果。同时也是由企业的利益相关者决定的，企业的利益相关者都需要通过新闻媒体的及时传播以了解和把握各个企业责任承担的情况，以做出各自的理性决策。从新闻媒体行业角度，及时性也是新闻同行竞争的结果。因此，及时报道企业责任承担，不仅是新闻记者的职业素养要求，也不仅是新闻媒体自身利益的要求，更重要的是社会公众的需要。社会需要及时传递信息，并通过新闻信息协调、平衡社会各个成员的行为与社会之间的关系。

（3）全面性和适度性。

新闻传播行为中信息处理的另一项原则，就是兼顾把握信息的全面性和适度性。所谓全面性，就是全面地报道企业责任行为和结果的信息，而不是只报喜不报忧；也不是只按照传播者的意愿展示实现其传播动机的信息。全面性是建立在利益相关者信息需求基础上的，是以推进社会的文明、进步、发展为前提的。全面性也是新闻真实性、客观性的一个重要方面。除了注意新闻的全面性外，还需要顾及新闻信息量的适度性。所谓适度性，指的是公众心理期望的和社会道德要求的新闻信息量度。因此，在新闻信息的处理方面，不但要考虑新闻真实性所要求的全面性，更要考虑受众对新闻信息需求的适度性，以及对新闻当事人信息暴露的适度性。例如，在灾难新闻、犯罪新闻、战争新闻等报道中，应该把握关于灾难细节、犯罪细节、战争细节等的描写度，既要全面传输新闻信息，又不至于过度描写灾难或犯罪现场、战争场面的惨烈，以免刺激受众的神经。

（4）公平性。

新闻媒体需要公平地对待利益相关者，这也是新闻媒体自身社会责任的一项内容，即公平地报道企业责任事实，公平地反映各方诉求，公平地满足各方的需要。企业的每个利益相关者有不同的利益诉求甚至利益需求的偏好。新闻媒体有责任公平地满足不同利益相关者的需要和喜好。在现代社会里，只要不违法、不违反不伤害原则，每个公民或利益团体都有言论自由的权利。

（三）新闻媒体自身的道德责任

新闻媒体与其他传播主体一样，也要符合其所处的道德制度要求，特别是主流道德理念的要求。新闻传播理念是支撑整个新闻媒体传播行为的灵魂。它决定新闻媒体的传播动机，制约新闻传播的信息性质，影响新闻媒体对社会价值观念、社会风气、社会文化的塑造。新闻传播理念受制于多种因素，其中最主要的是其所处的社会的主流道德意识。

作为新闻媒体，其基本的社会道义是维护社会正义，揭露和鞭挞社会丑恶，推进企业责任主动承担，推动人类社会的发展和进步。这是公众的社会道德期望，也是新闻媒体存在和发展的基础。只有如此，新闻媒体才能赢得社会的认同和支持，才能在人类进步历程中发挥作用。因此，在各种新闻媒体工作者的职业道德准则中，都有关于信息获取的伦理规约，它要求记者“通过合法和正当的手段获取新闻”，获取新闻的手段是否恰当也直接体现了新闻媒体对其社会责任的诠释。

（1）保护新闻信息源的利益。

2009 年 11 月修订的《中国新闻工作者的职业道德准则》中明确要求记者“通过合法和正当的手段获取新闻，尊重被采访者的声明和正当要求”，特别强调要维护信源提供者的利益及其人格尊严，为信源提供者保密。提供新闻信息来源的人，看似不属于新闻传播范畴，但实际上是新闻传播系统的一个有机组成部分。

一般人所看到的只是记者以及相关的新闻，很少看到新闻来源的提供者。但新闻线索的提供者确实在新闻传播中起了重要作用。没有新闻线人，记者获取新闻信息的途径将大大减少，因此新闻媒体有义务保护信源提供者的利益。

从新闻媒体和新闻记者以及社会的长远利益看，保护信息源的正当权益，符合信源主体的权益要求，也符合新闻传播主体的利益要求，是符合传播规律的。只有充分保护新闻信息源的正当权益，才能保证新闻传播主体的社会信度，才能维持足够的新闻信息来源，才能取信于公众。新闻记者或新闻媒体保护信源提供者的利益，要在新闻传播行为的信息处理过程中为其保密，并在新闻信息的发布方式、方法、时机等方面，充分考虑其利益。一旦信源主体的权益遭受侵害，新闻媒体和记者则将背负道德风险。因此，充分保护信源主体的权益，是传播主体的必然选择。

（2）保护新闻事件主体的正当权益。

除了新闻信息源的正当权益应该受保护外，还应该保护新闻事件当事人以及相关利益主体的正当权益。这也是信息获取的原则之一。如果新闻传播主体只追求新闻价值，过分强调新闻的真实性、准确性，把新闻事件当事人以及相关的利益主体的所有信息包括隐私等也公之于众，势必遭到社会道德的谴责，消损新闻媒体的信度，影响应有的传播效果。因此，适当保护新闻信息当事人以及相关利益人的正当权益，符合社会道德要求。但是，在新闻传播实践中，也存在一些损害新闻当事人的现象，如为了盲目满足部分人的好奇心，片面追求新闻信息的具体全面，公开报道当事人的隐私信息，致使新闻当事人被骚扰，正常生活受到影响，这是为了追求经济效益而放弃社会效益的做法，这是本末倒置，长远来看只能适得其反。

（3）不伤害式采访。

“不伤害他人”是新闻人的职业操守底线。一些关注度高影响范围大的社会事件，受众有知情权，新闻媒体有报道的义务和责任。但是如果受害人不愿意接受采访，新闻媒体要把尊重和保护受害人放在第一位，而暂时搁置“满足受众知情权”的要求，或者另谋方法，在避免给受害人造成二次伤害的前提下进行报道。因此，坚持“不伤害式采访”，尊重当事人的感情，维护当事人的权益，是新闻媒体履行社会责任的表现。

以上是从正面讨论新闻媒体的道德责任。反过来讨论，新闻媒体应尽量避免“信用污点”。

（1）新闻腐败。

新闻腐败是指新闻报道过程产生的腐败现象，涉及新闻传播社会关系中的各个方面。新闻腐败，严格地说是指一切违背社会道德和法律的新闻传播行为，如以权谋私、新闻要挟、收受贿赂、有偿新闻、有偿不闻、新闻广告等。新闻腐败的根源源于人性的贪欲，源于新闻传播者职业道德意识的薄弱，源于新闻道德监督的缺失或不力，也与社会环境中各种腐败的滋生有很大关系。

新闻腐败是社会腐败的一个重要方面，是其他社会领域的腐败在新闻领域中的延伸和发展。由于新闻传播的信息特点决定了新闻腐败不但会破坏良好传播秩序，而且会引发其他社会腐败，败坏整个社会的道德风尚，腐蚀公众的思想和灵魂，具有很强的危害性，因此，铲除新闻腐败就更为重要和迫切。

（2）虚假新闻。

随着新闻媒体产业化变革的不断加深，商业气息在新闻媒体中弥漫开来。新闻媒体之间的竞争、新闻从业人员之间的竞争愈演愈烈，以至于出现了许多虚假新闻甚至是谣言新闻。新闻从业者故意无中生有、添枝加叶，混淆视听，炒作社会舆论，愚弄听众读者。由此而引发的社会冲突也呈上升趋势。这在一些娱乐新闻报道中比较突出。有些新闻媒体及其从业者，已经到了为了追求经济利益而不择手段、甘愿以牺牲信度、信誉为代价的地步，用“利令智昏”来形容也不为过。

虚假新闻就是偏离客观事实的新闻，导致虚假新闻出现的原因是多方面的，既有社会制度的原因，也有社会风气的因素，还应考虑新闻的性质和人类自身的某些本性，以及新闻媒体从业人员的素质、职业道德状况等，这些都是导致虚假新闻产生的原因。但是无论如何，虚假新闻都是新闻媒体发展的

"毒瘤"，是阻碍新闻媒体健康发展的"绊脚石"，必须严加监督。

（3）侵犯隐私权。

新闻侵权行为是新闻媒体在行使权力时侵犯了相关主体权利的行为。其中侵犯隐私权最为突出和恶劣。隐私权是指自然人享有的对其个人的、与公共利益无关的个人信息、私人活动和私有领域进行支配的一种人格权。在我国，隐私权被纳入名誉权的范畴，尚未作为独立条款提出。为了博取眼球取得轰动效应是新闻媒体侵犯公民隐私权的主要动因。此外，由于新闻媒体间的竞争压力加剧，满足潜在的受众信息需求也是促使记者或新闻媒体甘冒道德风险侵犯他人隐私的原因之一。因此，解决侵犯公民隐私权现象，除了要加强新闻传播的法制建设、提高记者以及新闻媒体的法律意识外，还要从提高记者的职业道德素养、提高受众的信息接受道德、营造良好的传播环境等方面着手。当然，进行严格的监督也是行之有效的方法。

五、建立企业责任承担的外部评级体系和信息公开制度

1. 建立量化的由市场导向的第三方企业责任承担评价体系

目前，我国企业包括上市公司在内发布的社会责任报告，多数表现出定性描述、行政导向和自评为主的特点，缺乏量化指标，不能直观地反映出企业责任承担的优劣等级。使用行政手段推进有强制性，但却不能内化为企业的自觉性，并非长效机制，而且如果使用不当，还易对企业造成不必要的束缚。而企业对社会责任的自我评述很难做到客观和深刻，因此亟须建立一套市场导向的、由中立的第三方进行的、量化的评价体系，由第三方评价机构使用恰当的评价指标和方法对各类企业的社会责任承担情况进行评价，然后将评价等级公开发布于市场，供企业利益相关者决策参考。

2. 建立企业责任承担信息的公共平台

市场化的企业责任承担的评价体系还需要建立一个公开透明的信息共享平台，能够使第三方充分获取相关企业的责任行为和责任结果还有政府审计问责等方面信息，如同上市公司财务报告的公开。根据委托—代理理论，确保政务透明、信息公开才能够有效地降低委托代理过程中存在的信息不对称问题造成

的影响，尽可能减少道德风险和逆向选择风险，利益相关者才能做出正确的决策。例如，生产同类产品的两个企业，用同样的钱用于企业社会责任活动开支，一个直接捐给某基金，另一个用于长期的教育、环保、帮助下岗职工提供再就业培训甚至帮助创业。显然，后者的做法更迎合公众对于企业承担社会责任的要求，也能获得更多的企业价值提升，这样的竞争方式显然优于单一地进行捐款数额上的比拼，也有利于将企业培养成社会和市场的参与者而非被管理者，更能促进企业与社会的良性互动。

3. 将责任承担纳入企业信用评级做起

建立企业责任承担的外部评级体系，可以先从责任承担纳入企业信用评级做起。等条件成熟以后，再开展企业责任承担的专业第三方评级。首先，将责任承担纳入企业信用评级，能够引导企业积极承担社会和环境责任，减少经济发展过程中的负外部性影响，促进经济、社会和环境的协调发展。其次，能够督促企业防范控制责任风险。现有的大量研究表明，企业承担社会和环境责任的情况会反映到自身财务报表中，即责任承担会与企业财务状况呈正相关关系。责任承担较好的企业往往具有较好的盈利能力，呈现较强的市场竞争力。如果一家企业能够较好地履行社会责任，那么该企业往往能够获得政府、消费者、投资者以及合作伙伴等的认同，无形中会增加自身的声誉资本，获得长期的竞争力。最后，也是绿色金融、转型金融发展的需要。金融机构除了要控制自身经营风险，保持一定的利润空间，促进自身长期稳健发展外，还应当积极响应国家政策，服务实体经济，促进经济高质量发展。促进经济高质量发展一方面要在贷款投向上有所甄别，通过扶持特定的行业使贷款资金起到调整经济结构的引导作用；另一方面也要将承担社会和环境责任的导向传导到信贷企业，化解或减少经济发展过程中的负外部性。经济社会高质量发展本质上就需要经济主体——企业在发展的同时要兼顾经济效益、社会效益和环境效益。

企业责任承担与企业信用评级之间的关系，已有一些理论和实证方面的研究。例如，张仁一等（2022）使用2010～2019年的数据作为样本，对ESG和ESG*与债券评级的影响进行实证研究。研究发现，ESG对企业债券评级有明显的促进作用，ESG*则会降低企业债券评级。高质量的审计能够很好地识别

ESG* 行为，并能够在信用评级中有所体现，从而缓解债券评级的膨胀。同时发现，企业规模存在一定的调节作用，ESG 或 ESG* 对债券评级的影响都是基于一定的规模才产生的。陈益云等（2017）以 2010 ~ 2015 年上市公司发行的债券数据为样本，实证检验了企业社会责任与发债主体信用评级的关系，发现承担社会责任越多，企业发债时信用评级就越高。研究结论表明，信用评级分析师在对企业进行评级时，不仅会关注企业的财务信息，也会关注企业的非财务信息（例如，企业社会责任方面的信息）。站在企业的角度，这将使其更加重视承担企业社会责任。企业承担社会责任，通过信用评级降低其融资成本。从这个角度来说，应加强规范信用评级机构的评级行为，切实保障承担社会责任企业的真实利益，给予其真实的信用评级。

将责任承担纳入企业信用评级首先需要提高评级机构从业人员责任承担意识。要提高评级机构从业人员的责任意识，包括银行等授信企业内部评级部门的人员，也包括第三方评价机构的评价人员。应当通过培训、实地参观等多种形式提高从业人员的责任承担意识。其次，需要制订不同行业的责任承担标准。不同行业在履行责任承担方面也各自有所侧重，如农林牧渔行业比较注重消费者责任，又如是否向消费者提供符合可持续发展要求的产品和服务等。工程建设类企业则比较注重环境和员工责任，如是否存在污染防控措施，员工职业健康安全是否存在保障等。可以根据不同行业的经营特点，并借鉴相关组织或研究机构的责任承担评价指标标准，制订符合自身实际情况、可操作的责任承担行业指标，并将其纳入企业信用评级系统。同时建立动态调整机制，针对责任承担评价指标发生变化的情况，评级机构应当在定期评价的基础上建立指标动态调整机制。此外，对于责任承担资料的获取，对于没有发布责任承担报告的企业，评级机构可以通过向这类企业提供责任承担调查问卷等形式获取企业责任承担履行情况。最后，科学设定企业信用评级中的责任承担权重。不同行业承担的环境责任、员工责任、消费者责任、社区责任等并不相同，因此其责任承担在整个企业信用评级体系中的具体权重和分数应当略有区别。但综合来看，责任承担应当设置在企业信用评级中的定性部分，成为企业定性评价的一大组成部分。具体还应当参考企业竞争能力、管理水平、经营状况、信誉状况等模块合理设定分数和权重。

第二节　企业内部维度

一、构建基于关键利益相关者驱动责任承担的财务治理机制

1. 股东驱动社会责任的财务治理机制

股东作为企业的利益相关者，是企业剩余收益的享有者和剩余风险承担者，股东拥有企业的最终控制权，通过股东大会、董事会、监事会等途径参与企业治理。首先，股东尤其是内部股东通过董事会对企业社会责任有关的财务决策施加控制或影响，从而推动企业承担社会责任，以满足股东社会责任方面的利益要求；其次，股东通过激励与约束机制来安排社会责任的具体执行，表现为激励和约束管理者执行社会责任有关的财务决策，管理者拥有社会责任的财务执行权；最后，股东通过监事会对企业社会责任履行进行监督，具体表现为对社会责任有关的财务监督权的行使。

企业也可以设置企业社会责任委员会，以专门负责和监督企业承担社会责任。一般可以在董事会下设专门的企业社会责任委员会，企业社会责任委员会接受董事会的领导，与审计委员会、薪酬委员会等都属于企业的常设机构。较高层次的企业社会责任委员会是与董事会和监事会平行的机构。企业社会责任委员会的工作内容包括与企业社会责任履行相关的所有工作，股东在企业社会责任委员会拥有席位，通过投票机制等行使与社会责任有关的财务决策权和财务监督权。

2. 政府驱动社会责任的财务治理机制

政府主要通过经济、法律和行政手段监管企业社会责任行为。政府与企业（国有股东的情况除外）之间没有显性的契约关系，但政府与企业互相影响，如政府的税收收入取决于企业利润，政府也会制订法律法规或政策以规范和引导企业行为，这些法律法规可以认为是政府与企业之间的隐性契约。通常政府并没有直接介入企业财务治理，而是通过制订法规政策等间接地施加控制或影响，所谓间接主要是指通过股东、债权人或消费者等其他利益相关者参与企业

财务治理。除非企业有国有股东，一般不认为政府在董事会等决策机构中直接影响企业的财务决策。

如企业设有企业社会责任委员会，可以考虑安排一定数量的政府席位，这样就有了政府能够直接参与企业社会责任实现的财务治理机制，与政府的法律、行政和经济手段监管企业社会责任同时发挥作用。

3. 消费者驱动社会责任的财务治理机制

消费者通过产品或服务的购买对企业社会责任实现起到激励约束作用。消费者是企业的完全契约利益相关者，与企业之间通过交易契约确定关系，交易契约明确了企业应当满足消费者的利益，包括社会责任方面的利益满足。一方面，企业价值创造最终是通过消费者的购买行为来实现的，消费者决定着企业的生存和发展，从而影响企业社会责任的实现；另一方面，企业社会责任的履行会对消费者行为产生影响，当前消费者的社会责任意识越来越强烈，尤其在竞争激烈的产品和服务市场，如果企业社会责任表现不好，消费者对企业及其产品或服务的评价可能也就不好，因此影响企业的销售和业绩；如果企业社会责任表现良好，则可提升其品牌声誉，提高消费者的忠诚度。

通过以上分析可以看出，消费者主要通过市场机制驱动企业社会责任实现，通常没有直接参与到企业社会责任实现的财务治理机制中。但消费者通过市场机制影响股东、债权人等其他利益相关者，后者都直接参与企业社会责任实现的财务治理。有时候，消费者可能具有多重身份，如是企业的股东或债权人，消费者也可能是政府，因此消费者驱动企业社会责任的财务治理机制，既有间接方式也有直接方式。

如企业设有企业社会责任委员会，可以考虑安排一定数量的消费者席位，这样就有了消费者能够直接参与企业社会责任实现的财务治理机制，与消费者通过市场机制监管企业社会责任并同时发挥作用。

二、加强责任承担相关的战略管理与内部控制

1. 加强责任承担战略管理

企业存在与发展的根本理由，在于通过正向的商业手段满足不断变化的社

会需求。企业利润是实现满足这一需求过程中的结果，不是目的。企业必须根据自身的核心价值、主打领域、关键技能、综合资源精准地对接到社会或环境的重大议题之上，才能为不断满足社会需求找到短期的增长点和长期的发展路径。因此企业首先应当将自身的发展战略与责任承担相结合，将企业责任承担提升到企业战略的高度，即倡导战略责任承担。本书第七章所讨论的战略公益捐赠理论，对于其他方面的企业责任承担，同样有借鉴意义。企业责任承担不能滞后于企业的发展，要随着企业业务版图的发展和业务量的扩大与时俱进。基于可持续发展的理念，寻找企业能够实现自我价值创造和社会共享价值创造的机会，将企业与利益相关者串联起来形成价值链体系，进而实现该生态价值链的价值提升。

以英飞特公司为例，早在20世纪90年代中叶，全球最大的模块地毯供应商之一英特飞公司创始人兼CEO睿·安德森（Ray Anderson），提出了以成为环境友好型可持续企业为目标的战略，立志转变公司的生产和经营方式，他带领全体员工承诺了具体的变革目标，即在2020年之前消除所有对环境的负面影响、生产基地实现100%可再生能源供电、尽可能多地使用再生或生物基原材料、有能力回收英特飞在全球所有市场中售出的产品；并将此计划称为Mission Zero®（零号任务）。英特飞创立的商业循环系统，在内部（生产过程中）和外部（客户使用后弃置）之间捋顺了回收和利用的全过程，并引入了超越单一财务考量的“绿色变量”，采纳以降低环境影响为前置价值的“绿色创新”方法学，形成新型的“高社会影响－高经济价值”模式。英特飞在企业内部倡导思维模式转变、技术创新、能力建设、环境效益指标衡量；在公司外部推动上下游达成共识、形成供应链协同、研发新型材料及更新工序、推出新型商业模式；最终取得了成功，并成为引领全球地毯行业的领军者。

企业战略的制定和实施遵循一个基本的商业逻辑，即在这个消费者期望持续变动、市场动向变化莫测的世界里，负责任的增长是唯一可行的可持续发展模式。

2. 加强责任承担内部控制

对于如何构建企业责任风险管控体系，可以借鉴在内部控制领域COSO委员会提出的企业全面风险管控模型（Enterprise Risk，ERM）。ERM框架涵盖企业内部环境、目标设定、风险评估、控制活动、信息与沟通、监管等方面，其实施的最终目的是实现经济、社会、环境的综合利益最大化。基于 COSO 的全面风险管控框架，在建立企业责任 ERM 模型时，第一，要明确企业所有的运营活动都贯穿着责任风险，在制订企业战略时，要树立责任目标，在内部环境体系中融入责任价值观；第二，要进行责任风险评估，全面分析在企业运营各环节出现的责任风险源，构建有效的兼顾内外和上下的责任风险管控模式，重点是责任风险识别和评价；第三，由于责任风险涉及各种利益相关者，因而要加强他们之间的沟通与协作，建立良好的责任风险管控部门与业务部门的协作关系，做到管控流程通畅，既要管控负能量更要开发；第四，要优化责任风险管控方法，在完善企业治理结构的框架下，对责任风险管控体系进行动态、持续优化，实现风险管控成本最低的效果；第五，要构建责任风险管控监督体系，对发现的风险或内控缺陷及时向责任人或董事会报告，并及时调整风险管控方法。

内部审计是企业监督约束机制的重要组成部分。对于企业业务流程参与部门来说，一方面，是社会责任风险管控的实施部门；另一方面，也是内部审计的监督对象。企业内部审计部门要有意识地参与企业的风险管控工作，帮助企业发现潜在风险，及时揭示风险变化趋势和实现风险预警。内部审计不仅要审计企业责任承担的具体行为和结果，更重要的是机制审查，即审核企业内部控制机制中嵌入责任风险管控的情况，以期在企业内部控制方面建立责任承担的长效机制。

三、加强和完善责任信息披露

责任信息披露是指企业通过各种媒介向股东、政府、消费者或客户等利益相关者传达责任承担情况。企业责任信息披露内容应该包含正面信息和负面信息。

从信息不对称角度，高质量的责任信息披露，能够有效降低利益相关者之间的信息不对称程度，有助于财务治理效率的提高，有助于解决责任承担相关的利益冲突。充分可靠的责任信息披露，能够获得良好的社会舆论，提升企业的信誉，赢得投资者的支持和消费者的信赖。俗话说，“水能载舟亦能覆舟”，赢得了市场和客户的信任，企业才会有好的经济效益。对企业股东来说，可以通过责任信息披露监督企业资金的流入和去向，以及企业开展责任投融资情况，能够有效避免管理层的不作为和舞弊行为的发生，有利于缓解代理冲突，因此股东理应支持企业责任信息披露。对企业的债权人来说，企业社会责任的披露能够从侧面反映出企业的经营状况及人道主义，增强债权人的信任程度，能够缓解融资约束，有利于企业可持续发展。

从政府角度来说，企业责任信息披露有利于减轻政府对企业的监管负担。如果责任信息不透明，政府很难出台具有针对性的政策，必然影响政府的监管，监管不到位，影响资源的再分配；由于社会责任包含的范围涉及民生，企业切实履行社会责任，能够帮助政府实现多种社会资源的再分配，企业的专项资金可以将手伸到相关领域政策扶持的盲区，帮助需要被帮助、但政策无法照顾或照顾不到的人；充分可靠的企业责任信息披露能够真实反映出某些领域的问题，引导政府政策制定和相关法律法规的完善，降低政府政策制定的成本，引导政府政策导向和相关领域法规的完善。此外，充分可靠的责任信息披露的制度规范，也能够给企业责任承担施加压力，有利于国家相关政策的有效执行。

实践中，我国企业责任信息披露还存在较多的问题。首先，企业责任信息披露内容透明度有待提高。信息透明度意味着信息具备完整性和可靠性的特征。通常来说，信息越透明，更可以缓解信息不对称带来的弊端。信息透明度高，有利于对企业进行准确的价值评估，投资者由此作出的决策也就越准确。公众对企业负面责任信息的获取更多是通过媒体等企业外部渠道。企业责任信息披露不仅应披露企业经营活动中产生的正外部性，而且应当披露企业经营活动产生的负外部性，不能只讲好的一面，正反两方面事实都应当准确、客观、真实地被表达。但实践中很多企业倾向于报喜不报忧，对于腐败、所受到的调查、投诉、惩罚，和自己出现的问题或者产生的负面影响，较少进行充分的汇报，报告缺乏批判性。其次，企业对于责任信息披露缺少统一或操作性较强的数量和质量标准，企业在进行责任信息披露时选择性空间较大。企业对于责任会计信息使用缺少量化，报告中还是以文字叙述为主，没有对社会责任的有关科目进行量化记录，缺乏可比性。企业责任报告的平均篇幅短，信息数量较少，质量不高，大大降低了报告传递信息的效率和真实性。例如对于与环保、碳排放等相关的在建工程，或者办公节能和办公场所的信息，缺乏一些数据的展示。最后，我国对于企业的责任信息披露要求和标准建立相对较晚，缺乏第三方机构参与责任信息审验，导致企业参与的外部条例较少，同时企业内部缺少相关的责任承担条例和标准。由于企业责任报告审验情况差，缺少第三方机构的认证，导致报告使用者对报告的客观性和可信度难以判断。

因此企业责任信息披露体系亟待完善，企业责任信息披露体系的建设包括建立责任信息披露内容标准、强化责任信息披露质量、规范责任信息披露方式和途径，以及完善责任报告审验机制等方面。

1. 统一责任信息披露的内容标准

古语云，没有规矩，不成方圆。但规矩太多，也难成方圆。多年来，在企业责任报告领域，“标准”版本较多，不仅让报告编制者无所适从、增加了负担，也使企业责任报告的质量受到了影响，难以有效满足投资者以及其他利益相关方的信息需求。目前国内披露规范较为常用的有：CASS－CSR 编写指南；深圳交易所指引；香港交易所指引；上海交易所指引；深圳交易所规范；GB/T 报告指南。国际上，企业责任信息报告经常被称为可持续发展报告，主要关注企业环境责任信息披露，目前国际标准被使用最多的有：可持续报告指南；ISO26000；AA1000 系列；2030 议程；可持续发展目标。其中《可持续报告指南》是使用次数最多，也是最受认可的标准。《可持续指南》最早的一版在 2000 年发布，旨在供公司或组织披露其经济、环境及社会绩效。2013 年报告倡议组织发布了《可持续指南》的第四代，并开始对企业使用的版本提出了要求。《可持续指南》并非强制要求企业按照该指南披露，并且披露的质量也没有具体的标准，仅仅是提供一种依据。

上述国际国内标准主要从企业责任承担的实践或行为角度规范企业的责任信息报告，内容不够完整，缺乏意愿和能力等责任承担的前瞻性内容，也较少涉及企业责任承担的绩效评估信息披露。笔者认为企业责任信息的披露从内容上可以围绕五个维度展开，即意愿、能力、战略、行动和绩效。责任意愿是指企业责任承担的意识和愿望，责任能力即责任承担的资源情况，责任战略是指企业责任投融资战略制定，责任行动即责任战略的实施情况，责任绩效是指企业责任承担的实际效果，不仅包括企业自身责任绩效，还应当包括企业关联方的责任绩效。

企业责任信息披露的另一条路径是将责任承担相关信息与财务信息整合到一起，编制整合报告（IR，Integrated Reporting）。例如国际可持续发展准则理事会（International Sustainability Standards Board，ISSB）（主要关注环境和气候变化的信息披露），试图将环境气候信息整合到企业年度报告等主流报告中。另外，哈佛大学已经设计出了一套能够反映公司财务、社会和环境表现的财务账户，即影响力加权财务账户（Impact – Weighted Financial Accounts，IWA）—IWA 是财务报表（如损益表或资产负债表）的行项目（Line Item），通过反映企业对员工、客户、环境和社会的正面和负面影响，以补充传统财务报表。理论上这种整合报告方式是可行的，实际应用还需要做进一步的研究。

2. 提高责任信息披露的质量

笔者认为，从信息质量特征的角度来说，责任信息与其他财务或非财务信息有不同的侧重。其他财务或非财务信息，既强调可靠性也要求相关性，例如历史成本被认为相关性较差但可靠性较高，而公允价值被认为相关性较好但可靠性较差。企业责任承担不同于其他经济业务，不是市场化交易，更多与政府提供公共品相似，不适合采用公允价值等计量属性。责任信息首先需要具有的质量特征是可靠性或者说真实性，为包括投资人在内的更广泛的利益相关方员工、客户、供应商、监管机构、债权人等提供真实可验证的信息，不仅披露正面信息也应当披露负面信息；其次才考虑其相关性，责任信息披露应该为投资者及其他利益相关者决策服务。客观真实反映企业责任承担情况是第一位的，尤其是强制披露内容。因此为提高可靠性，加强政府和媒体的监督十分重要。对于自愿披露的责任信息，应当加强第三方机构的审验。

3. 完善责任信息披露方式和途径

良好的信息披露渠道对于帮助企业树立公信力，增加企业认可度有重要意义。在当前全媒体时代，可以建立多渠道多方式完善的舆情披露平台来发布责任信息。保证企业在确认事实之后第一时间发布情况说明，便于保证信息披露的及时性和透明度，以此提高信息披露质量和水平。在平台上进行信息披露要做到言辞客观、诚恳，采用文字、图像、声音等多种方式传达，必要时可寻求专业人士的帮助，保证信息内容的真实完整和可理解。企业要意识到并尽力补齐信息传播能力短板，遇到问题不遮掩，尤其对于负面信息，企业需要在第一时间对事件进行彻底调查，在平台上做出澄清说明，这样能够减少舆论的恐慌，展现企业负责任和勇于承担责任的一面，减少企业声誉损失和降低不必要的社会成本。

4. 企业责任信息披露需要体现行业特征

企业所在不同的行业，其责任承担的内容有一定的差异，责任信息的具体披露内容也就有明显的行业特征。因此需要依法成立行业自律组织，根据行业内的具体情况制定相应的行业责任信息披露规则和责任信息披露标准。行业协会共同制定责任信息披露的必要内容和可选择性内容，逐渐将责任信息披露作为一项行业竞争性原则。当行业标准对企业责任信息披露的要求更高时，企业才会以此标准来严格要求自己，否则达不到准入条件。对于政府所倡导的责任领域，企业要尽量向绿色低碳、扶贫、环境、就业等领域倾斜，按要求进行履责并真实完整地披露。制度规定得越完善，企业越能从制度中获得启发、明确自己的方向，从而能够有效降低责任信息不可靠风险。

5. 主动加强责任信息披露第三方审验

企业责任信息披露需要加强主动向第三方进行审验的意识，增强规范性和可信度。披露鉴证有助于提高信息披露的严谨性，保障数据的可靠性和公平性。尤其是对于自愿披露，应当避免将责任信息的自愿披露演化成表面化的形象管理行为。为增强企业责任信息披露第三方评审的独立性以及专业性，我们应该尽快与国际接轨，让更多的企业社会责任专业咨询机构和注册会计师主导企业责任信息披露的第三方评审。考虑到企业责任信息披露的审验在审验对象、方法、指标评价、责任界定等方面具有特殊性，建议在具体的评审过程中应当结合相关领域内专家的意见，真正做到合理、公正的评审。

6. 设置独立的责任信息组织机构

企业应当设置独立的责任信息组织机构，以责任信息披露工作为中心，负责构建和维护责任信息管理系统，对企业责任承担情况进行记录和对外披露，以反映和监督企业责任承担行为，加强责任相关意识和知识的内部培训，积极参与责任承担相关标准的制定，并经常与利益相关者进行有效的沟通。

参考文献

[1] Galaskiewicz J. Social Organization of an Urban Grants Economy: A Study of Business Philanthropy and Nonprofit Organization [M]. Academic Press, 1985.

[2] Mcguire J B, Sundgren A, Schneeweis T. Corporate Social Responsibility and Firm Financial Performance [J]. Academy of Management Journal. 1988, 1 (4): 854 - 872.

[3] Clarkson, M. B. E. Stakeholder Framework for Analyzing and Evaluating Corporate Social Performance Academy of Management Review. 1995, 20 (1): 92 - 117.

[4] Clarkson, M. A. Stakeholder Framework for Analyzing and Evaluating Corporate Social Performance. Academy of Management Review, 1995, 20 (1): 92 - 117.

[5] Michael E. Porter and Claas van der Linde. Toward a New Conception of the environment - competitiveness relationship [J]. Journal of Economic Perspectives. 1995, 9 (4): 97 - 118.

[6] Boycko Maxim, Shleifer Andrei & Vishny Robert W. A Theory of Privatization. Economic Journal. 1996 (435): 309 - 319.

[7] Preston, Lee E., and O' Bannon, Douglas P. The Corporate Social - Financial Performance Relationship: A Typology and Analysis [J]. Business and Society. 1997 (36): 419 - 429.

[8] Stanwick P A, Stanwick S D. The relationship between corporate social performance, and organizational size, financial performance, and environmental performance: An empirical examination [J]. Journal of business ethics. 1998, 17 (2): 195 - 204.

[9] Lehni M. WBCSD Project on Eco - efficiency metrics & reporting [J]. State of Play Report, WBCSD, Geneva, 1998.

[10] Bolton, Gary E., Axel Ockenfels, "ERC: A Theory of Equity, Reciprocity, and Competition", The American Economic Review. 2000, 90 (1): 166－193.

[11] McWilliams, A., D. Siegel. Corporate Social Responsibility: A Theory of the Firm Perspective. The Academy of Management Review. 2001, 26 (1): 117－127.

[12] Berndaette M, Muralidhar R K, Brown R M, et al. An Empirical Investigation of the Relationship Between Change in Corporate Social Performance and Financial Performance: . A Stakeholder Theory Perspective [J]. Journal of Business Ethics. 2001.

[13] Robert D. Mohr. Technical Change, External Economies, and the Porter Hypothesis [J]. Journal of Environmental Economics and Management. 2002, 43: 158－168.

[14] Andonova L B. Openness and the Environment in Central and Eastern Europe: Can Trade and Foreign Investment Stimulate Better Environmental Management in Enterprises? [J]. The Journal of Environment Development. 2003, 12 (2): 177－204.

[15] Margolis, J. D., J. P. Walsh. Misery Loves Companies: Rethinking Social Initiatives by Business Administrative Science Quarterly. 2003, 48 (2): 268－305.

[16] Van Marrewijk, M. Concepts and Definitions of CSR and Corporate Sustainability: Between Agency and Communion. Journal of Business Ethics. 2003, 44 (2－3): 95－105.

[17] Hemingway, A., P. W. M aclagan. Managers' Personal Values as Drivers of Corporate Social Responsibility Journal of Business Ethics. 2004, 50 (1): 33－44.

[18] Klaus Rennings, Andreas Ziegler, Kathrin Ankele, Esther Hoffmann. The influence of different characteristics of the EU environmental management and auditing scheme on technical environmental innovations and economic performance [J]. Ecological Economics. 2005 (1).

[19] Neubaum, D. O., Z. Shaker. Institutional Ownership and Corporate Social Performance: The Moderating Effects of Investment Horizon, Activism, and Coordination. Journal of Management, 2006, 32 (1): 108－131.

[20] Stephen, Brammer, Stephen, et al. Voluntary Environmental Disclosures by Large UK Companies [J]. Journal of Business Finance & Accounting. 2006.

[21] Jo, H., Y. Kim.. Disclosure Frequency and Earnings Management. Journal of Financial Economic. 2007, 84 (2): 561 – 590.

[22] Brine M, Brown R, Hackett G. Corporate social responsibility and financial performance in the Australian context [J]. Economic Round – up, 2007 (2): 47 – 58.

[23] Ciliberti F, Pontrandolfo P, Scozzi B. Investigating corporate social responsibility in supply chains: A SME perspective [J]. Journal of Cleaner Production, 2008, 16 (15): 1579 – 1588.

[24] Scholtens B, Dam L. Banking on the Equator. Are Banks That Adopted the Equator Principles Different from Non – Adopters? [J]. World Development, 2007, 35 (8): 1307 – 1328.

[25] Peloza J, Papania L. The missing link between corporatesocial responsibility and financial performance: Stakeholder salience and identification [J]. Corporate Reputation Review. 2008, 11 (2): 169 – 181.

[26] Slater D J, Dixo – Foeler H R. CEO International Assignment Experience and Corporate Social Performance [J]. Journalof Business Ethics. 2009, 89 (3): 473 – 489.

[27] Reverte, C. Determinants of Corporate Social Responsibility Disclosure Ratings by Spanish Listed Firms. Journal of Business Ethics. 2009, 88 (2): 351 – 366.

[28] Peloza J. The challenge of measuring financial impacts from investments in corporate social performance. Journal of Management. 2009 (35): 1518 – 1541.

[29] Amir, B., A. Rubin. Corporate Social Responsibility as a Conflict Between Shareholders. Journal of Business Ethics. 2010, 97 (1): 71 – 86.

[30] Li, S., M. Fetscherin, I. Alon, C. Lattemann, K. Yeh. Corporate Social Responsibility in Emerging Markets: The Importance of the Governance Environment. Management International Review. 2010, 50 (5): 635 – 654.

[31] Muller, A., A. Kolk. Extrinsic and Intrinsic Drivers of Corporate Social Performance: Evidence from Foreign and Domestic Firms in Mexico. Journal of Man-

agement Studies. 2010, 47 (1): 1 -26.

[32] Siregar, S. V. , Y. Bac; htiar. Corporate Social Reporting: Empirical Evidence from Indonesia Stock Exchange International Journal of Islamic; Middle East Finance and Management. 2010, 3 (3): 24 -252.

[33] René Kemp, Serena Pontoglio. The innovation effects of environmental policy instruments - A typical case of the blind men and the elephant? [J]. Ecological Economics. 2011, 72: 28 -36.

[34] Dhaliwal, D. S. , S. Radhakrishnan, A. Tsang, Y. G. Yang. Nonfinancial Disclosure and Analyst Forecast Accuracy: International Evidence on Corporate Social Responsibility Disclosure. The Accounting Review, 2012, 87 (3): 723 - 759.

[35] Tang Z, Clyde Eirikur Hull, Rothenberg S. How Corporate Social Responsibility Engagement Strategy Moderates the CSR - Financial Performance Relationship [J]. Journal of Management Studies, 2012, 49 (7).

[36] Cox, James C. , "Private Goods, Public Goods, and Common Pools with 'Homo Reciprocans'", Southern Economic Journal. 2012, 79 (1): 1 -14.

[37] Donald, V. M. , P. R. Martin. A Broader Perspective on Corporate Social Responsibility Research in Accounting. Accounting Review. 2012, 87 (3): 797 -806.

[38] Servaes, H, A. Tamayo. The Impact of Corporate Social Responsibility on Firm Value : The Role of Customer Awareness. Management Science. 2013, 59 (1): 1045 -1061.

[39] Cheng B, Ioannou I, Serafeim G. Corporate Social Responsibility and Access to Finance [J]. Strategic Management Journal. 2014, 35 (1): 1 -23.

[40] Ella Mae Matsumura、Ella Mae Matsumura and Sandra C. Vera - Munoz. Firm - Value Effects of Carbon Emissions and Carbon Disclosures [J]. The Accounting Review. 2014, 89 (2): 695 -724.

[41] Chang K, Kim I, Ying L. The Heterogeneous Impact of Corporate Social Responsibility Activities That Target Different Stakeholders [J]. Journal of Business Ethics, 2014, 125 (2): 211 -234.

[42] Colin C. J. Cheng, Chen - lung Yang, Chwen Sheu. The link between

eco – innovation and business performance: a Taiwanese industry context [J]. Journal of Cleaner Production. 2014.

[43] Kamatra N, Kartikaningdyah E. Effect corporate social responsibility on financial performance [J]. International Journal of Economics and Financial Issues. 2015, 5 (1): 157 – 164.

[44] Suh Y, Seol H, Bae H, et al. Eco – efficiency Based on Social Performance and its Relationship with Financial Performance [J]. Journal of Industrial Ecology, 2015, 18 (6): 909 – 919.

[45] Nicola Misani, Stefano Pogutz. Unraveling the effects of environmental outcomes and processes on financial performance: A non – linear approach [J]. Ecological Economics. 2015.

[46] Dennis J. Aigner, Corporate Social Responsibility and Financial Performance [J]. Corporate Responsibility. 2016 (08).

[47] Green Process Innovation and Financial Performance in Emerging Economies: Moderating Effects of Absorptive Capacity and Green Subsidies [J]. Xie, Xuemei, Huo, Jiage, Qi, Guoyou, Zhu, Kevin Xiaoguo. IEEE Transactions on Engineering Management. 2016 (1).

[48] Shu C, Zhoukz, Xiao Y, et al. How green management influences product innovation in China: the role of institutional benefits [J]. Journal of business ethics. 2016, 133 (3): 471 – 485.

[49] The driving forces of process eco – innovation and its impact on performance: Insights from Slovenia [J]. Jana Hojnik, Mitja Ruzzier. Journal of Cleaner Production. 2016.

[50] Green Innovation and Performance: The View of Organizational Capability and Social Reciprocity [J]. Jing – Wen Huang, Yong – Hui Li. Journal of Business Ethics. 2017 (2).

[51] Maqbool S, Zameer M N. Corporate social responsibility and financial performance: An empirical analysis of Indian banks [J]. Future Business Journal. 2018, 4 (1): 84 – 93.

[52] Frederiek Schoubben, Korte Nieuwstraat. The influence of carbon cost

pass through on the link between carbon emission and corporate financial performance in the context of the European Union Emission Trading Scheme [J]. Business strategy and the environment. 2018 (6): 1422 - 1436.

[53] Jan Weiss, Andreas Stephan, Tatiana Anisimova. Well - designed environmental regulation and firm performance: Swedish evidence on the Porter hypothesis and the effect of regulatory time strategies [J]. Journal of Environmental Planning and Management. 2018: 964 - 568.

[54] Tommy Andrianl, Yvonne Augustine Sudibyo. Disclosure Effect of Carbon Emission and Corporate Social Responsibility to Financial Performance [J]. Journal of Economics and Sustainable Development. 2019 (6): 87 - 94.

[55] Bhattacharyya A, Rahman M L. Mandatory CSR expenditure and firm performance [J]. Journal of Contemporary Accounting and Economics, 2019, 15 (3): 100 - 163.

[56] Long W, Li S, Wu H, et al. Corporate social responsibility and financial performance: The roles of government intervention and market competition [J]. Corporate Social Responsibility and Environmental Management, 2020, 27 (2): 525 - 541.

[57] Awaysheh A, Heron R A, Perry T, et al. On the relation between corporate social responsibility and financial performance [J]. Strategic Management Journal. 2020, 41 (6): 965 - 987.

[58] Bardos, K. S., M. Ertugrul, L. S. Gao. Corporate Social Responsibility, Product Market Perception, and Firm Value. Journal of Corporate Finance. 2020. 60 (1): 1 - 18.

[59] T P Ostapchuk, Zhytomyr Polytechnic State University, S Y Biriuchenko. The Internal Social Responsibility Management: Essence and Efficiency of Implementation [J]. Business Inform. 2020, 5 (508).

[60] Oscar Licandro. Relationship between general CSR management practices and the development of internal social responsibility [J]. Journal of Business, Universidad del Pacífico (Lima, Peru). 2020, 12 (2).

[61] Bruno Cassiman, Reinhilde Veugelers. In Search of Complementary in

Innovation Strategy: Internal R&D and External Knowledge Acquisition [J]. Management Science, 2006, 52 (1): 68 -82.

[62] Ante G, Ken K. The Effects of Perceived Corporate Social Responsibility on Employee Attitudes [J]. Business Ethics Quarterly, 2014, 24 (2): 165 - 202.

[63] De Roeck K, Maon F. Building the theoretical puzzle of employees' reactions to corporate social responsibility: An integrative conceptual framework and research agenda [J]. Journal of Business Ethics. 2016, 149 (3): 609 -625.

[64] Farooq O, Rupp D, Farooq M. The multiple pathways through which internal and external corporate social responsibility influence organizational identification and multiple outcomes: The moderating role of cultural and social orientations [J]. Academy of Management Journal, 2016, 60 (3): 1 -69.

[65] Bocquet R, Le Bas C, Mothe C, et al. Are firms with different CSR profiles equally innovative? Empirical analysis with survey data [J]. European Management Journal, 2013, 31 (6): 642 -654.

[66] Luo X, Du S. Exploring the relationship between corporate social responsibility and firm innovation [J]. Marketing Letters, 2015, 26 (4): 703 - 714.

[67] Ning L, Pan X, Xu X. Corporate social responsibility, environmental product innovation and firm performance: Evidence from Chinese listed firms [C]. Technology &Engineering Management Conference, IEEE, 2017: 1 -69.

[68] Rupp D E, Shao R, Thornton M A, et al. Applicants'and Employees' Reactions to Corporate Social Responsibility: The Moderating Effects of First - Party Justice Perceptions and Moral Identity [J]. Personnel Psychology, 2013, 66 (4): 895 -933.

[69] Wisse B, Van Eijbergen R, Rietzschel E F, et al. Catering to the needs of an aging workforce: The role of employee age in the relationship between corporate social responsibility and employee satisfaction [J]. Journal of Business Ethics, 2018, 147 (4): 875 -888.

[70] SHU C, ZHOU K Z, XIAO Y, et al. How green management influences

product innovation in China: the role of institutional benefits [J]. Journal of business ethics, 2016, 133 (3): 471 -485

[71] Andonova L B. Openness and the Environment in Centraland Eastern Europe: Can Trade and Foreign Investment Stimulate Better Environmental Management in Enterprises? [J]. The Journal of Environment Development, 2003, 12 (2): 177 -204.

[72] Chao yun Lu、Kun Zhu. Do tax expenses crowd in or crowd out corporate social responsibility performance? Evidence from Chinese listed firms [J]. Journal of Cleaner Production, 2021 (1 -11) .

[73] Petitjean Mikael. Eco -friendly policies and financial performance: Was the financial crisis a game changer for large US companies? [J]. Energy Economics, 2019, 80: 502 -511.

[74] Reece W S. Charitable Contributions. New Evidence on Household Behavior [J]. America Economic Review, 1979, 69 (1): 142 -151.

[75] Slater D J, Dixo -Foeler H R. CEO International Assignment Experience and Corporate Social Performance [J]. Journal of Business Ethics, 2009, 89 (3): 473 -489.

[76] Slater D J, Dixo -Foeler H R. CEO International Assignment Experience and Corporate Social Performance [J]. Journal of Business Ethics, 2009, 89 (3): 473 -489.

[77] Galaskiewicz J. Social Organization of an Urban Grants Economy: A Study of Business Philanthropy and Nonprofit Organization [M]. Academic Press, 1985.

[78] Huong Vu Van, Kim Cuong Ly. Does rising corporate social responsibility promote firm tax payments? New perspectives from a quantile approach [J]. International Review of Financial Analysis, 2021 (1 -10) .

[79] Campello, M. , and Gao, J. Customer Concentration and Loan Contract Terms [J]. Journal of Financial Economics, 2017, (123): 108 -136.

[80] Hariom Manchiraju and Shivaram Rajgopal. Does Corporate Social Responsibility (CSR) Create Shareholder Value? Evidence from the Indian Companies

Act [J]. Journal of Accounting Research, 2017, 55 (5): 1257 - 1300.

[81] Yuyetta, Etna Nur Afri, Syafruddin Muchamad and Muid, Dul. Factors Affecting Firm's Social Responsibility Disclosure. Advanced Science Letters, 2017: 23 (8): 7083 - 7086.

[82] 蒋洪. 财政学 [M]. 北京: 高等教育出版社, 2000.

[83] 李增泉. 激励机制与企业绩效——一项基于上市公司的实证研究 [J]. 会计研究, 2000 (1): 24 - 30.

[84] 潘成云. 解读产业价值链——兼析我国新兴产业价值链基本特征 [J]. 当代财经, 2001 (9).

[85] [英] 宾默尔著, 王小卫, 钱勇译. 博弈论与社会契约 [M]. 上海: 上海财经大学出版社, 2003.

[86] 姚晓民, 何存花. 公司财务治理效率: 利益相关者的信息对称和利益制衡 [J]. 财贸经济, 2003 (4): 56 - 58.

[87] 杜义飞, 李仕明. 产业价值链: 价值战略的创新形式 [J]. 科学学研究, 2004 (5).

[88] 伍中信. 现代公司财务治理理论的形成与发展 [J]. 会计研究, 2005 (10): 13 - 18, 96.

[89] 陈玉清, 马丽丽. 我国上市公司社会责任会计信息市场反应实证分析 [J]. 会计研究, 2005 (11): 76 - 81.

[90] 于富生, 张敏. 论价值链会计管理框架 [J]. 会计研究, 2005 (11): 45 - 49, 97.

[91] 葛晓梅, 王京芳, 薛斌. 促进中小企业绿色技术创新的对策研究 [J]. 科学学与科学技术管理, 2005 (12): 87 - 91.

[92] 宋献中, 龚明晓. 公司会计年报中社会责任信息的价值研究——基于内容的专家问卷分析 [J]. 管理世界, 2006 (12): 104 - 111.

[93] 庇古. 福利经济学 [M]. 朱泱, 张胜纪, 吴良健, 译. 北京: 商务印书馆, 2006.

[94] 卜庆军, 古赞歌, 孙春晓. 基于企业核心竞争力的产业链整合模式研究 [J]. 企业经济, 2006 (2): 59 - 61.

[95] 刘运国, 陈国菲. BSC 与 EVA 相结合的企业绩效评价研究——基于

GP企业集团的案例分析 [J]. 会计研究，2007 (9)：50－59，96.

[96] 江希和. 有关慈善捐赠税收优惠政策的国际比较 [J]. 财会月刊，2007 (7)：73－75.

[97] 沈洪涛，沈艺峰. 公司社会责任思想起源与演变 [M]. 上海：世纪出版集团，上海人民出版社，2007.

[98] 赵微，丁诚. 利用混合锦标赛模型对传统计件工资制的一个改进 [J]. 江西科学，2008 (2)：287－290，303.

[99] 杨自业，尹开国. 公司社会绩效影响财务绩效的实证研究——来自中国上市公司的经验证据 [J]. 中国软科学，2009 (11)：109－118.

[100] 田虹. 企业社会责任与企业绩效的相关性——基于中国通信行业的经验数据 [J]. 经济管理，2009 (1)：72－79.

[101] 张晏，夏纪军. 公共品自愿供给机制研究进展 [J]. 经济学动态，2009 (1)：90－95.

[102] 郑立群，毕立凤，夏庆. 基于平衡计分卡和绿色EVA的企业融入型环境业绩评价 [J]. 统计与决策，2009 (7)：167－169.

[103] 朱迎春. 我国企业慈善捐赠税收政策激励效应——基于2007年我国A股上市公司数据的实证研究 [J]. 当代财经，2010 (1)：36－42.

[104] 任给. 企业经营绩效与企业社会责任的关系——基于沪深上市公司数据的经验研究 [J]. 西华师范大学学报（哲学社会科学版），2010 (6)：29－34.

[105] 贾明，张喆. 高管的政治关联会影响企业的慈善捐赠的行为吗? [J]. 管理世界，2010 (4)：100－113.

[106] 刘芳雄. 论企业社会责任的驱动机制 [J]. 南京大学法律评论，2010 (1)：135－144.

[107] 李淑琴，曾俊平. 利益相关者与公司财务治理探析 [J]. 经济与管理，2010 (8)：54－58.

[108] 王秋霞. 基于GEVA和BSC的资源型企业环境绩效评价体系构建 [J]. 商业会计，2011 (27)：9－11.

[109] 高永强，何晓斌，李路路. 民营企业家社会身份、经济条件与企业慈善捐赠 [J]. 经济研究，2011 (12)：111－123.

[110] 李华巢，吴家曦，李京文．浙江省中小企业社会责任调查报告[J]．管理世界，2011（9）：1-6.

[111] 邓波，张学军，郭军华．基于三阶段DEA模型的区域生态效率研究[J]．中国软科学，2011（1）：92-99.

[112] 崔树银．我国企业慈善捐赠的障碍以及政策选择[J]．企业活力，2011（11）：75-79.

[113] 毕克新，杨朝均，黄平．FDI对我国制造业绿色工艺创新的影响研究——基于行业面板数据的实证分析[J]．中国软科学，2011（9）：172-180.

[114] 毕茜，彭珏，左永彦．环境信息披露制度、公司治理和环境信息披露[J]．会计研究，2012（7）：39-47，96.

[115] 宋建波，盛春艳．企业履行社会责任对财务绩效影响研究——来自中国制造业上市公司的实证检验[J]．财经问题研究，2012（8）：99-104.

[116] 郭毅，苏欣．供应链社会责任管理与零售业的可持续发展[J]．北京工商大学学报（社会科学版），2012，27（4）：12-16.

[117] 王雁飞，朱瑜．组织社会化与员工行为绩效——基于个人—组织匹配视角的纵向实证研究[J]．管理世界，2012（5）：109-124.

[118] 张兆国，梁志钢，尹开国．利益相关者视角下企业社会责任问题研究[J]．中国软科学，2012（2）：139-146.

[119] 黎文靖，胡玉明．国企内部薪酬差距激励了谁？[J]．经济研究，2012，47（12）：125-136.

[120] 丁栋虹，陈学猛．社会责任与公司绩效关系实证研究——来自中国上市公司的证据[J]．学习与探索，2013（4）：101-106.

[121] 宋建波，李丹妮．企业环境责任与环境绩效理论研究及实践启示[J]．中国人民大学学报，2013，27（3）：80-86.

[122] 郭毅，丰乐明，刘寅．企业规模、资本结构与供应链社会责任风险[J]．科研管理，2013，34（6）：84-90.

[123] 陈启斐，刘志彪．反向服务外包对我国制造业价值链提升的实证分析[J]．经济学家，2013（11）：68-75.

[124] 周晓珺，陈清华．上市公司利益相关者对财务治理效率作用机理研究——基于企业“成长场”理论[J]．世界经济与政治论坛，2013（6）：

140－152.

[125] 张兆国，靳小翠，李庚秦．企业社会责任与财务绩效之间交互跨期影响实证研究 [J]. 会计研究，2013 (8)：32－39，96.

[126] 陈启斐，刘志彪．反向服务外包对我国制造业价值链提升的实证分析 [J]. 经济学家，2013 (11)：68－75.

[127] 田红娜，毕克新，吕萍．制造业绿色工艺创新的动力机制研究 [J]. 湖南大学学报（社会科学版），2013，27 (1)：78－84.

[128] 张敏，马黎珺，张雯．企业慈善捐赠的政企纽带效应——基于我国上市公司的经验证据 [J]. 管理世界，2013 (7)：163－171.

[129] 刘俊，刘峰．财政集权、政府控制与企业税负——来自中国公司的证据 [J]. 会计研究，2014 (1)：21－27.

[130] 肖海林，薛琼．公司治理、企业社会责任和企业绩效 [J]. 财经问题研究，2014 (12)：91－98.

[131] 王成方．债务结构、企业绩效与高管变更 [J]. 中国注册会计师，2014 (8)：35－41，3.

[132] 朱乃平，朱丽，孔玉生，沈阳．技术创新投入、社会责任承担对财务绩效的协同影响研究．会计研究 [J]，2014 (2)：57－63.

[133] 彭荷芳，陆玉梅．民营企业员工社会责任与企业绩效相关性实证研究 [J]. 会计之友，2014 (34)：8－13.

[134] 李国平，张倩倩，周宏．企业社会责任与财务绩效：理论、方法与检验经济学动态 [J]. 2014 (6)：138－148.

[135] 刘玉焕，井润田．企业社会责任能提高财务绩效吗？——文献综述与理论框架 [J]. 外国经济与管理，2014 (12)：72－80.

[136] 尹开国，刘小芹，陈华东．基于内生性的企业社会责任与财务绩效关系研究——来自中国上市公司的经验证据 [J]. 中国软科学，2014 (6)：98－108.

[137] 符怡，丛颖．企业社会责任下公司财务治理问题分析 [J]. 财经界，2014 (24)：191－192.

[138] 戴亦一，潘越，冯舒．中国企业的慈善捐赠是一种“政治献金”吗？——来自市委书记更替的证据 [J]. 经济研究，2014 (2)：74－86.

[139] 李强，朱杨慧．外部压力、公司治理与环境信息披露质量——基于煤炭行业上市公司的实证检验［J］．经济与管理，2014（3）：68－73.

[140] 王文成，王诗卉．中国国有企业社会责任与企业绩效相关性研究［J］．中国软科学，2014（8）：131－137.

[141] 黄晓瑞，吴显华．慈善捐赠的一个政策工具：税收激励［J］．武汉大学学报，2015（7）：28－33.

[142] 窦鑫丰．企业社会责任对财务绩效影响的滞后效应——基于沪深上市公司面板数据的实证分析［J］．产业经济研究，2015（3）：74－81.

[143] 王咏梅．平衡计分卡在企业绩效管理中的应用分析［J］．会计之友，2015（2）：67－71.

[144] 陈向军，鲜于静子．基于社会责任的内部创业对财务绩效影响研究［J］．商业经济研究，2015（33）：91－93.

[145] 买生，杨英英，李俊亭．公司社会责任治理：多理论融合的理论模型［J］．管理评论，2015，27（6）：100－110.

[146] 吴方，严伟，邢潇倩．医药企业社会责任与财务绩效相关性的实证研究——基于68家医药上市公司的面板数据［J］．生态经济，2015（31）：112－116.

[147] 黄晓杏，胡振鹏，傅春，余达锦．绿色创新战略对企业绩效的影响机理——基于绿色动态能力的中介效应［J］．科技进步与对策，2015，32（17）：104－109.

[148] 赵蓓，吴芳，张岩．企业可见度、社会责任与绩效厦门大学学报（哲学社会科学版），2015（3）：20－28.

[149] 于洪彦，黄晓治，曹鑫．企业社会责任与企业绩效关系中企业社会资本的调节作用［J］．管理评论，2015，27（1）：169－180.

[150] 吴磊．公司治理与社会责任对企业成长的影响——以中国制造业A股上市公司为例［J］．中南财经政法大学学报，2015（2）：143－149.

[151] 李艳丽，高岚．林业企业社会责任：研究述评与展望［J］．林业经济，2015，37（6）：117－124.

[152] 叶陈刚，裘丽，张立娟．公司治理结构、内部控制质量与企业财务绩效［J］．审计研究，2016（2）：104－112.

［153］崔也光，李博，孙玉清．公司治理、财务状况能够影响碳信息披露质量吗？——基于中国电力行业上市公司的数据［J］．经济与管理，2016（8）：125－133．

［154］袁放建、陈思同．政治关联、慈善捐赠与企业绩效——来自我国上市公司的证据［J］．经济与管理评论，2016（2）：41－47．

［155］贾兴平，刘益，廖勇海．利益相关者压力、企业社会责任与企业价值管理学［J］．2016（13）：267－274．

［156］眭文娟，张慧玉，车璐．寓利于义？企业慈善捐赠工具性的实证解析［J］．中国软科学，2016（3）：107－129．

［157］魏丽玲，陆肠．企业社会责任与财务绩效关系研究——以食品饮料制造业为例［J］．东南大学学报（哲学社会科学版），2016，18（S2）：26－29．

［158］张礼涛，王建玲．上市公司内部控制质量对公司社会责任履行水平的影响［J］．西北大学学报（哲学社会科学版），2016，46（5）：55－62．

［159］杨皖苏，杨善林．中国情境下企业社会责任与财务绩效关系的实证研究——基于大、中小型上市公司的对比分析［J］．中国管理科学，2016，24（1）：143－150．

［160］闫华红，吴启富，毕洁．基于碳排放价值链的企业绩效评价体系的构建与应用［J］．审计研究，2016（6）：55－58．

［161］彭飞，范子英．税收优惠、捐赠成本与企业捐赠［J］．世界经济，2016（7）：144－167．

［162］李清堂．基于人文关怀和心理疏导的企业思想政治工作研究——中国核工业建设集团公司加强人文关怀和心理疏导的探索与实践［J］．经济研究参考2016（10）：51－54，71．

［163］王锋正，郭晓川．政府治理、环境管制与绿色工艺创新［J］．财经研究，2016，42（9）：30－40．

［164］李冬伟，张春婷．环境战略、绿色创新与绿色形象［J］．财会月刊，2017（32）：3－10．

［165］杨婷蓉，丁慧平．绿色EVA：基于预期生态效率的经济增加值［J］．东北大学学报，2017（2）：147－152．

［166］任力，洪喆．环境信息披露对企业价值的影响研究［J］．经济管

理，2017（3）：34-47.

[167] 张静. 高管薪酬、社会责任和企业绩效相关性研究——来自房地产行业的数据 [J]. 兰州大学学报（社会科学版），2017，45（2）：158-167.

[168] 胡珺，王红建，宋献中. 企业慈善捐赠局有战略效应吗？——基于产品市场竞争的视角 [J]. 审计与经济研究，2017（4）：83-92.

[169] 董千里，王东方，于立新. 企业规模、企业社会责任与企业财务绩效关系研究 [J]. 技术经济与管理研究，2017（2）：23-28.

[170] 唐伟，沈田田. 基于产权性质的企业社会责任与财务绩效关系 [J]. 同济大学学报（自然科学版），2017，45（7）：1083-1090.

[171] 高勇强，陈亚静，张云均. "红领巾"还是"绿领巾"：民营企业慈善捐赠动机研究 [J]. 管理世界，2018（8）：106-114.

[172] 付鸿彦，任国升，廉晓洁. 战略型社会责任与企业财务绩效的实证研究——基于客户企业社会责任满意度的中介效应 [J]. 会计之友，2018（24）：32-36.

[173] 李百兴，王博，卿小权. 企业社会责任履行、媒体监督与财务绩效研究——基于A股重污染行业的经验数据 [J]. 会计研究，2018（7）：64-71.

[174] 涂红，郑误. 企业社会责任、所有制与公司价值 [J]. 南开学报（哲学社会科学版），2018（6）：147-156.

[175] 李文昌，杨沈炜. 内部控制与企业社会责任关系研究——基于财务绩效的中介效应 [J]. 财会通讯，2018（36）：99-103.

[176] 田笑丰，聂文婷. 产权性质、普通职工薪酬与公司绩效 [J]. 财会通讯，2018（6）：60-63.

[177] 董雪. 保险公司承担社会责任与其经营业绩的相关性研究——基于人身险和财产险公司面板数据的证据 [J]. 上海保险，2018（10）：33-38.

[178] 蔡阳. 企业履行社会责任驱动财务绩效的实证研究——来自江苏省上市公司的经验数据 [J]. 市场周刊，2018（10）：91-93，102.

[179] 石博，田红娜. 基于生态位态势的家电制造业绿色工艺创新路径选择研究 [J]. 管理评论，2018，30（2）：83-93.

[180] 李维安，张耀伟，郑敏娜，李晓琳，崔光耀，李惠. 中国上市公司绿色治理及其评价研究 [J]. 管理世界，2019，35（5）：126-133，160.

[181] 陈一．中国新能源电动汽车企业的虚拟价值链研究——以蔚来汽车为例［J］．科技和产业，2019，19（9）：114－118.

[182] 崔广慧，姜英兵．环境规制对企业环境治理行为的影响——基于新《环保法》的准自然实验［J］．经济管理，2019（10）：54－72.

[183] 凤亚红，郭裕莉．煤炭企业社会责任与财务绩效关系研究［J］．煤炭工程，2019，51（4）：147－151.

[184] 陈云香，孙华平，张茜，刘宏笪．价值链曲线视角下中国新能源汽车电池产业转型升级策略研究［J］．经济研究参考，2019（9）：46－51.

[185] 葛钰杰，孙红梅．企业转型与节能环保的财务绩效逻辑——基于高能耗、高污染上市公司的实证研究［J］．中国环保产业，2019（6）：14－20.

[186] 白云霞，唐伟正，刘刚．税收计划与企业税负［J］．经济研究，2019（5）：98－112.

[187] 王化中，李超．社会责任、公司治理与财务绩效关系研究——基于食品上市公司面板数据的实证分析［J］．价格理论与实践，2019（12）：145－148.

[188] 石颖．新形势下非薪酬激励机制的研究［J］．中国管理信息化，2019，22（24）：105－106.

[189] 骆嘉琪，匡海波，沈思祎．企业社会责任对财务绩效的影响研究——以交通运输行业为例［J］．科研管理，2019（2）：199－208.

[190] 李兰云，王宗浩，阚立娜．内部控制与公司社会责任履行——基于代理成本的中介效应检验［J］．南京审计大学学报，2019，16（1）：28－36.

[191] 宋亚军，田宇．晋升激励、社会资本与企业财务治理效率［J］．财会通讯，2019（15）：72－75.

[192] 李文，王佳．地方财政压力对企业税负的影响——基于多层线性模型的分析［J］．财贸研究，2020（5）：52－65.

[193] 詹新宇，王一欢．地方政府经济竞争下的企业负担——来自上市公司的经验证据［J］．经济理论与经济管理，2020（6）：39－57.

[194] 李林木，于海峰，王冲，付宇．赏罚机制、税收遵从与企业绩效——基于纳税信用管理制度的研究［J］．经济研究，2020（6）：89－104.

[195] 冯泰文，陶静祎，王辰．绿色创业导向对绿色创新和企业绩效的影

响——基于行业的调节作用［J］．中国流通经济，2020，34（10）：90－103.

［196］朱金凤，黄丹丹，张坦．税收优惠政策对企业慈善捐赠的激励效应［J］．会计之友，2020（15）：55－60.

［197］杨姗姗．企业社会责任与财务绩效——基于公司治理角度的分析［J］．中国注册会计师，2020（11）：60－64.

［198］李来儿，李梦悦．我国煤炭行业上市公司社会责任与财务绩效实证分析［J］．当代会计，2020（14）：121－124.

［199］杨静．公司治理、企业社会责任和财务绩效关系研究［J］．商业会计，2020（21）：85－88.

［200］周志方，李瑾瑾，曾辉祥．政治和经济利益相关者对企业碳绩效的影响研究——基于中国上市公司的实证分析［J］．云南财经大学学报，2020（4）：72－88.

［201］张国清，陈晓艳，肖华．过程、结果维度的环境治理与企业财务绩效［J］．经济管理，2020，42（5）：120－139.

［202］何菊莲．企业人力资本心理养护促进非财务绩效提高的机理研究［J］．湖南社会科学，2020（5）：79－86.

［203］胡卫敏，王凌峰．行业竞争与薪酬差距的综合治理效应［J］．经济研究参考，2020（23）：64－79.

［204］解学梅，王若怡，霍佳阁．政府财政激励下的绿色工艺创新与企业绩效：基于内容分析法的实证研究［J］．管理评论，2020，32（5）：109－124.

［205］沈弋，徐光华，吕明晗，钱明．企业慈善捐赠与税收规避——给予企业社会责任文化统一性视角［J］．管理评论，2020（2）：254－265.

［206］李伟．煤炭企业履行社会责任对于财务绩效的影响——基于利益相关者视角［J］．煤炭经济研究，2021，41（1）：82－88.

［207］刘明广．绿色创新与企业绩效关系的分析［J］．技术与创新管理，2021，42（5）：498－503，509.

［208］赵庆国，何佳．基于社会责任的中介效应内部控制对公司绩效的实证研究［J］．沈阳航空航天大学学报，2021，38（5）：83－92.

［209］张爱美，李夏冰，金杰，吴卫红，杨雪宁．环境规制、代理成本与公司绩效——来自化工行业上市公司的经验证据［J］．会计研究，2021（8）：

81 –93.

[210] 张伟伟. 有色金属工业碳排放现状与实现碳中和的途径 [J]. 有色冶金节能, 2021, 4 (2): 1 –3.

[211] 陶文丽. 高管内部薪酬差距与公司绩效——基于投资效率的中介效应 [J]. 经营与管理, 2021 (11): 121 –127.

[212] 夏雪花, 王琼, 宫义飞. 上市公司内部控制质量对高管——员工薪酬差距的影响 [J]. 财会月刊, 2021 (2): 51 –60.

[213] 彭琳. 外资公司内部社会责任对员工工作绩效的影响研究 [J]. 中国物价, 2021 (9): 105 –108.

[214] 汪明月, 张浩, 李颖明, 王子彤. 绿色技术创新绩效传导路径的双重异质性研究——基于642家工业企业的调查数据 [J]. 科学学与科学技术管理, 2021 (8): 141 –166.

[215] 周子勋. 科学有序推进实现碳达峰碳中和目标 [N]. 中国经济时报, 2021 –12 –22.

[216] 李彬, 凌润泽. 民营企业参与对口支援的微观效应分析: 企业税负的视角 [J]. 山东大学学报, 2021 (2): 23 –34.

[217] 钟鹏, 吴涛, 李晓渝. 上市公司企业社会责任报告、社会责任缺失与财务绩效关系的实证研究 [J]. 预测, 2021, 40 (1): 17 –23.

[218] 张劲松, 李沐瑶. 企业社会责任, 内部控制与财务绩效关系研究: 基于技术创新视角 [J]. 预测, 2021, 40 (4): 81 –87.

[219] 王瑶, 黄贤环. 企业高质量发展的指标体系构建与实现路径 [J]. 统计与决策, 2021, 37 (12): 182 –184.

[220] 解学梅, 朱琪玮. 企业绿色创新实践如何破解 "和谐共生" 难题? [J]. 管理世界, 2021, 37 (1): 128 –149, 9.

[221] 汪明月, 李颖明, 王子彤. 工业企业不同类型绿色技术创新内在关联与绩效传导路径 [J]. 资源科学, 2021, 43 (8): 1534 –1548.

[222] 王丹莉. 内部薪酬差距对公司增加价值的影响研究——基于利益相关者理论的研究视角 [J]. 会计之友, 2021 (10): 117 –123.

[223] 焦然, 温素彬, 张金泉. 基于WSR的企业社会责任对营运资金管理效率影响研究——利益相关者认知的调节作用 [J]. 管理评论, 2021, 33

(5)：217－235.

[224] 南美格．企业社会责任与财务绩效关系实证研究 [J]．特区经济，2022 (10)：122－128.

[225] 霍紫薇，李恩平．煤炭企业履行社会责任对企业价值的影响研究——基于舆论环境的调节作用 [J]．煤炭经济研究，2022，42 (7)：71－77.

[226] 金昕，郭芮，陈博玮，邵俊岗．绿色工艺创新如何提升企业绩效？——基于智力资本的多重中介和组织冗余的调节效应 [J]．科技管理研究，2022，42 (6)：221－228.

[227] 张小溪，马宗明．双碳目标下 ESG 与上市公司高质量发展——基于 ESG "101" 框架的实证分析 [J]．北京工业大学学报（社会科学版），2022，22 (5)：101－122.

[228] 鹿立阳，张静茹，崔运周．利益相关者视角下社会责任履责对企业财务绩效的影响研究——基于文化娱乐产业的实证分析 [J]．商业会计，2022 (3)：82－86.

[229] 李茜，徐佳铭，熊杰，刘海鑫．企业社会责任一致性对财务绩效的影响研究 [J]．管理学报，2022，19 (2)：245－253.

[230] 郭玲．纳税信用评级对企业实际税负水平的影响 [J]．中南财经政法大学学报，2022 (1)：86－97.

[231] 吴文值，王帅，高洪波．捐赠免税政策能否有效促进企业的第三次分配——基于上市公司的经验数据 [J]．中国流通经济，2022 (7)：107－117.

[232] 韩金红，杨小伟．重污染企业慈善捐赠行为研究 [J]．会计之友，2022 (6)：48－54.

[233] 雒京华，赵博雅．ESG 表现与企业短期财务绩效——基于制度环境的调节效应检验 [J]．武汉金融，2022 (7)：20－28.

[234] 苏小凤，许文兴，林榅荷，等．基于员工视角的内外部企业社会责任对组织认同的影响机制研究——以闽、湘、鄂农业企业为例 [J]．领导科学，2019，741 (4)：75－79.

[235] 马晨，周祖城．感知的企业社会责任对员工态度的影响：自尊的调节效应 [J]．系统管理学报，2017，26 (2)：295－303.

[236] 黄俊，贾煜，秦颖，等．员工感知的企业员工责任会激发员工创

新行为吗——工作满足和工作投入的中介作用［J］. 科技进步与对策，2016，33（22）：116－121.

［237］付非，赵迎欢. 企业社会责任、员工组织认同与员工创新行为——企业能力的调节作用［J］. 技术经济与管理研究，2017（12）：39－43.

［238］李文茜，刘益. 技术创新、企业社会责任与企业竞争力——基于上市公司数据的实证分析［J］. 科学学与科学技术管理，2017，38（1）：154－165.

［239］刘俊，秦传燕. 企业社会责任与员工绩效的关系：一项元分析［J］. 心理科学进展，2018，26（7）：16－28.

［240］罗津，贾兴平. 企业社会责任行为与技术创新关系研究——基于社会资本理论［J］. 研究与发展管理，2017，29（4）：104－114.

［241］吴爱华，孟祥华. 企业间行为、社会责任与合作创新绩效［J］. 科技管理研究，2015，（21）：141－147.

［242］徐芳，王静. 企业社会责任履行对人才敬业度影响因素的实证检验［J］. 经济与管理研究，2016，37（10）：57－63.

［243］晁罡，程鹏，张水英. 基于员工视角的企业社会责任对工作投入影响的实证研究［J］. 管理学报，2012，9（6）：831－836.

［244］李文茜，贾兴平，廖勇海，等. 多视角整合下企业社会责任对企业技术创新绩效的影响研究［J］. 管理学报，2018，15（2），237－245.

［245］刘远，周祖城. 员工感知的企业社会责任、情感承诺与组织公民行为的关系——承诺型人力资源实践的跨层调节作用［J］. 管理评论，2015，27（10）：118－127.

［246］龚晨，毕克新. 低碳情境下制造企业社会责任对创新绩效的影响研究［J］. 预测，2018，37（1）：43－48.

［247］买生，张郁金. 企业社会责任对员工忠诚的影响机制研究——基于员工感知的伦理决策的影响［J］. 中外管理，2017，11（32）：59－61.

［248］颜爱民，李歌. 企业社会责任对员工行为的跨层分析——外部荣誉感和组织支持感的中介作用［J］. 管理评论，2016，28（1）：121－129.

［249］彭正龙，王海花. 企业社会责任表现与员工满意度对组织即兴效能的影响［J］. 心理科学，2010，33（1）：118 — 121.

[250] 何显富，蒲云，朱玉霞，等．中国情境下企业社会责任量表的修正与信效度检验 [J]．软科学，2010，24 (12)：106－110.

[251] 李维安，王鹏程，徐业坤．慈善捐赠，政治关联与债务融资——民营企业与政府的资源交换行为 [J]．南开管理评论，2015，18 (1)：4－14.

[252] 罗珊梅，李明辉．社会责任信息披露、审计师选择与融资约束——来自A股市场的新证据 [J]．山西财经大学学报，2015，37 (2)：105－115.

[253] 颜爱民，龚紫，谢菊兰．外部企业社会责任对员工创新行为的影响机制研究 [J]．中南大学学报（社会科学版），2020，26 (01)：107－116.

[254] 朱霞，路正南．企业社会资本对技术创新绩效的影响研究 [J]．技术经济与管理究，2014 (11)：35－38.

[255] 毕克新，杨朝均，黄平．FDI对我国制造业绿色工艺创新的影响研究——基于行业面板数据的实证分析 [J]．中国软科学，2011 (09)：172－180.

[256] 王锋正，郭晓川．政府治理、环境管制与绿色工艺创新 [J]．财经研究，2016，42 (09)：30－40.

[257] 姚晓民，何存花．公司财务治理效率：利益相关者的信息对称和利益制衡 [J]．财贸经济，2003 (04)：56－58.

[258] 张国清，陈晓艳，肖华．过程、结果维度的环境治理与企业财务绩效 [J]．经济管理，2020，42 (05)：120－139.

[259] 毕茜，彭珏，左永彦．环境信息披露制度、公司治理和环境信息披露 [J]．会计研究，2012 (07)：39－47＋96.

[260] 解学梅，朱琪玮．企业绿色创新实践如何破解“和谐共生”难题？[J]．管理世界，2021，37 (01)：128－149＋9.

[261] 张小溪，马宗明．双碳目标下ESG与上市公司高质量发展——基于ESG“101”框架的实证分析 [J]．北京工业大学学报（社会科学版），2022，22 (05)：101－122.

[262] 李维安，张耀伟，郑敏娜，李晓琳，崔光耀，李惠．中国上市公司绿色治理及其评价研究 [J]．管理世界，2019，35 (05)：126－133＋160.

[263] 汪明月，李颖明，王子彤．工业企业不同类型绿色技术创新内在关联与绩效传导路径 [J]．资源科学，2021，43 (08)：1534－1548.

[264] 崔新健．企业社会责任概念的辨析 [J]. 社会科学，2007 (12)：28-33.

[265] 李璇，倪得兵，唐小我．中间产品交易方式与供应链企业社会责任行为之间的关系 [J]. 中国管理科学，2013，21 (S2)：461-467.

[266] 颜波，刘已．基于连续时间动态博弈的供应链企业社会责任研究 [J]. 管理学报，2016，(06)：913-921.

[267] 崔树银．我国企业慈善捐赠的障碍以及政策选择 [J]. 企业活力，2011 (11)：75-79.

[268] 贾明、张喆．高管的政治关联会影响企业的慈善捐赠的行为吗? [J]. 管理世界，2010 (04)：100-113.

[269] 高永强、何晓斌、李路路．民营企业家社会身份、经济条件与企业慈善捐赠 [J]. 经济研究，2011 (12)：111-123.

[270] 戴亦一、潘越、冯舒．中国企业的慈善捐赠是一种"政治献金"吗? ——来自市委书记更替的证据 [J]. 经济研究，2014 (02)：74-86.

[271] 张敏、马黎珺、张雯．企业慈善捐赠的政企纽带效应——基于我国上市公司的经验证据 [J]. 管理世界，2013 (07)：163-171.

[272] 胡珺、王红建，宋献中．企业慈善捐赠局有战略效应吗? ——基于产品市场竞争的视角 [J]. 审计与经济研究，2017 (04：. 83-92.

[273] 袁放建、陈思同．政治关联、慈善捐赠与企业绩效——来自我国上市公司的证据 [J]. 经济与管理评论，2016 (02)：41-47.

[274] 朱迎春．我国企业慈善捐赠税收政策激励效应——基于 2007 年我国 A 股上市公司数据的实证研究 [J]. 当代财经，2010 (01)：36-42.

[275] 高勇强、陈亚静、张云均．"红领巾"还是"绿领巾"．民营企业慈善捐赠动机研究 [J]，管理世界．2018 (08)：106-114.

[276] 李文、王佳．地方财政压力对企业税负的影响——基于多层线性模型的分析 [J]. 财贸研究，2020 (05)：52-65.

[277] 白云霞、唐伟正、刘刚．税收计划与企业税负 [J]. 经济研究，2019 (05)：98-112.

[278] 郭玲．纳税信用评级对企业实际税负水平的影响 [J]. 中南财经政法大学学报，2022 (01)：86-97.

[279] 刘俊、刘峰. 财政集权、政府控制与企业税负——来自中国公司的证据 [J]. 会计研究，2014 (01)：21-27.

[280] 詹新宇、王一欢. 地方政府经济竞争下的企业负担——来自上市公司的经验证据 [J]. 经济理论与经济管理，2020 (06)：39-57.

[281] 陶东杰、李成、蔡红英. 纳税信用评级披露与企业纳税遵从——来自上市公司的证据 [J]. 税收管理，2019 (09)：101-108.

[282] 李林木、于海峰、王冲、付宇. 赏罚机制、税收遵从与企业绩效——基于纳税信用管理制度的研究 [J]. 经济研究，2020 (06)：89-104.

[283] 叶陈云，叶陈毅，姜玲玲. 企业社会责任信息披露因素、质量及效果研究综述：一个理论分析框架 [J]. 商业会计，2019 (15)：68-71.

[284] 黄晓瑞、吴显华. 慈善捐赠的一个政策工具. 税收激励 [J]. 武汉大学学报，2015 (07)：28-33.

[285] 彭飞、范子英. 税收优惠、捐赠成本与企业捐赠 [J]. 世界经济，2016 (07)：144-167.

[286] 吴文值、王帅、高洪波. 捐赠免税政策能否有效促进企业的第三次分配——基于上市公司的经验数据 [J]. 中国流通经济，2022 (07)：107-117.

[287] 沈弋、徐光华、吕明晗、钱明. 企业慈善捐赠与税收规避——给予企业社会责任文化统一性视角 [J]. 管理评论，2020 (02)：254-265.

[288] 朱金凤、黄丹丹、张坦. 税收优惠政策对企业慈善捐赠的激励效应 [J]. 会计之友，2020 (15)：55-60.

[289] 李彬、凌润泽. 民营企业参与对口支援的微观效应分析：企业税负的视角 [J]. 山东大学学报，2021 (02)：23-34.

[290] 韩金红、杨小伟. 重污染企业慈善捐赠行为研究 [J]. 会计之友，2022 (06)：48-54.

[291] 戴瑞，杜红叶 & 李莉. 我国企业社会责任信息披露现状研究 [J]. 商业会计，2021 (02)：87-90.

[292] 齐丽云，张碧波，李腾飞. 企业社会责任报告质量评价研究 [J]. 科研管理，2016，37 (S1)：644-651.

[293] 李国平 & 韦晓茜. 企业社会责任内涵、度量与经济后果——基于

国外企业社会责任理论研究综述 [J]. 会计研究, 2012 (08): 33 - 40 + 96.

[294] 张兆国, 梁志钢, 尹开国. 利益相关者视角下企业社会责任问题研究 [J]. 中国软科学, 2012 (02): 139 - 146.

[295] 孟晓俊, 肖作平 & 曲佳莉. 企业社会责任信息披露与资本成本的互动关系——基于信息不对称视角的一个分析框架 [J]. 会计研究, 2010 (09): 25 - 29 + 96.